网络知识产权保护

郑海味 等◎著

ZHEJIANG UNIVERSITY PRESS
浙江大学出版社
·杭州·

图书在版编目(CIP)数据

网络知识产权保护/郑海味等著. —杭州:浙江
大学出版社,2023.11
ISBN 978-7-308-24397-1

Ⅰ.①网… Ⅱ.①郑… Ⅲ.①计算机网络－知识产权
法－研究－中国 Ⅳ.①D923.404

中国国家版本馆 CIP 数据核字(2023)第 221394 号

网络知识产权保护
WANGLUO ZHISHI CHANQUAN BAOHU

郑海味　等著

策划编辑	吴伟伟	
责任编辑	陈　翩	
文字编辑	刘婧雯	
责任校对	丁沛岚	
封面设计	雷建军	
出版发行	浙江大学出版社	
	(杭州市天目山路 148 号　邮政编码 310007)	
	(网址:http://www.zjupress.com)	
排　　版	浙江大千时代文化传媒有限公司	
印　　刷	杭州高腾印务有限公司	
开　　本	710mm×1000mm　1/16	
印　　张	21	
字　　数	273 千	
版 印 次	2023 年 11 月第 1 版　2023 年 11 月第 1 次印刷	
书　　号	ISBN 978-7-308-24397-1	
定　　价	98.00 元	

前　言

　　随着新一轮技术革命和产业变革的深入发展,互联网、云计算、人工智能等现代信息技术给产业发展带来了更多的机会,也给社会治理各领域的制度带来了猛烈的冲击。作为以制度创新促进技术创新的知识产权制度,它所面临的影响是前所未有的。尤其是在网络环境下,传统知识产权法的理论和实务不断受到挑战,不少技术问题与法律问题交织,网络技术以一种前所未有的姿态改变新的知识产品的创造方式、保护模式、使用方式,知识产权的客体范围不断扩大,权利主体资格引发争议,权利内容随技术发展增加或缩减。概言之,网络环境下的知识产权法律问题更加突出,法律关系更加复杂。当下我国正在实施"网络强国战略""知识产权强国战略",研究和解决网络环境下知识产权问题,是这两个强国战略的必然要求。研究、构建网络环境下的知识产权法律制度显得意义重大且十分急迫。

　　本书紧密结合"互联网＋"背景,在介绍传统的知识产权法内容的基础上,分析区块链技术、人工智能、大数据等新技术带来的知识产权保护问题;系统介绍新技术发展对知识产权保护客体、内容扩张,以及权利主体复杂化的巨大影响;对新型侵权行为进行讨论认定;对实践中广泛引发讨论的如计算机程序、网络直播、网络用户点评、网页快照、网络域名等新型知识产权保护问题进行讨论；并对司法判决的相关案例作出点评和模拟指导。本书体现了以下三个特点。

第一，强调知识产权法与信息技术内容的交叉融合。现代信息技术的新期待对知识产权教育提出了新要求。人类文明已经进入信息文明时代，大数据、云计算、人工智能、区块链等信息化技术已经对知识产权教育提出了新要求。知识产权作为激励创新的制度，必须和新技术融合在一起。本书对新技术发展给传统知识产权法律关系带来的冲击展开讨论，研究当前新技术发展带来的知识产权客体扩张等新问题，为解决新型知识产权法律问题提供新思路、新方法。

第二，将分散的网络相关知识产权保护制度进行系统化介绍。近年来，网络知识产权相关立法不断出台，但是基于新生客体的属性和领域各有不同，相关内容分散在各部法律、法规、部门规章和司法解释中，从法律位阶的各个层面对网络著作权、专利权、商标权等问题进行规制。这反映出了新技术带来的知识产权问题的复杂性，给学习者带来了困难。本书以网络知识产权法为体系对分散的网络相关知识产权保护制度做了系统整理和探讨，为学习网络相关的知识产权保护知识提供了"一站式服务"样本。

第三，采用基础理论知识点介绍与实践模拟相结合的撰写方式。在系统整理新业态、新领域的知识产权新客体等知识点基础上，导入实证案例展开讨论，同时提供信息拓展、实践模拟，为读者提供样例，使知识点介绍更通俗易懂。

本书由杭州电子科技大学郑海味、赖利娜、申屠彩芳、张文韬、郭威、刘庆等共同撰写，郑海味负责全书统稿，张一博为统稿、校稿提供了帮助。感谢潘建江老师提供了指导建议，感谢出版社的吴伟伟、刘婧雯编辑全程参与了本书的出版工作！衷心感谢杭州电子科技大学研究生院为本书的出版提供了立项资助！感谢浙江大学出版社的鼎力支持！

　　现代信息技术的发展还在继续加速，网络环境下的知识产权问题将会更加复杂。较之于技术和经济的迅猛发展，法律的滞后是必然的；本书也难免存在疏漏，恳请专家、读者指正！同时我们将一如既往努力奔跑！

郑海味

2023 年 1 月

目　录

第一章　网络知识产权法概述 ………………………………… 1

第一节　网络技术发展对知识产权法的影响与挑战 ………… 1

第二节　网络知识产权立法 …………………………… 13

第二章　新技术带来的知识产权保护问题 ………………… 19

第一节　区块链技术与知识产权保护 ………………… 20

第二节　人工智能与知识产权保护 …………………… 42

第三节　大数据技术与知识产权保护 ………………… 56

第三章　域外网络知识产权法律制度 ……………………… 73

第一节　主要国际公约与协定 ………………………… 73

第二节　美国网络知识产权法律制度 ………………… 88

第三节　欧盟网络知识产权法律制度 ………………… 106

第四节　英国网络知识产权法律制度 ………………… 121

第五节　其他国家相关法律制度 ……………………… 129

第四章　网络环境下的著作权法 ·· 141

第一节　传统的著作权客体、主体与内容 ······················ 141

第二节　网络环境下著作权客体 ································· 173

第三节　网络环境下著作权主体 ································· 185

第四节　网络环境下著作权内容 ································· 196

第五节　涉网的著作权限制与侵权 ······························· 204

第五章　网络环境下的商标法 ·· 218

第一节　传统商标权概述 ··· 218

第二节　网络环境下商标权的确立 ······························· 235

第三节　网络环境下商标侵权行为认定 ························· 240

第六章　网络环境下的专利法 ·· 252

第一节　传统的专利权客体与内容 ······························· 252

第二节　网络环境下专利权客体与内容 ························· 269

第三节　网络环境下专利侵权行为认定 ························· 277

第七章　法律责任 ·· 286

第一节　民事法律责任 ··· 287

第二节　行政法律责任 ··· 307

第三节　刑事法律责任 ··· 318

第一章 网络知识产权法概述

当今世界正经历百年未有之大变局,新一轮科技革命和产业变革如火如荼,创新驱动发展战略深入实施,现代产业体系建设加快推进,我国经济已由高速增长阶段转向高质量发展阶段。知识产权制度在其中发挥了保驾护航的作用。但是在技术迭代升级加速下,制度的滞后性、被动性越发明显,知识产权制度受到前所未有的影响与挑战,面临不少新问题。党的二十大、国家"十四五"规划和"知识产权强国战略"都指出,知识产权制度在促进经济社会高质量发展中的作用需要进一步发挥,在推动构建新发展格局中的重要作用要充分发挥,要为全面建设社会主义现代化国家提供有力支撑。因此,在当下互联网经济、数字经济快速发展大背景下,研究、构建网络环境下的知识产权法律制度十分急迫且有重大意义。

第一节 网络技术发展对知识产权法的影响与挑战

每一次信息技术革命都对人类生产生活、经济政治、法律文化产生巨大影响。第五次信息技术革命即现代信息技术革命,是一场正在进行的前所未有的大变革,这使得传统知识产权相关制度的产生基础发生了巨大的变化。在数字化网络环境下,技术问题与法律问题交织,知识产权赖以存在的物质基础发生了重大变化,网络技术以一种崭新的姿态在改变人们的生活,新知识产品的创造方式、保护模式、使用方式都发生了改变,知识产权法律关系变化加剧:客体范围扩大或受到质疑,权利主体争议或平衡,权利内容新增或被限制。

法学作为一门学科,是有内在逻辑的。因此,在网络环境下,我们研究知识产权法律制度的发展,就应该从信息时代的逻辑角度出发,紧跟科学技术的发展。不仅要研究探索互联网对知识产权法律制度的影响,也要探索当下互联网对知识产权法律制度提出的问题与挑战,更要摸索互联网对未来知识产权法律制度赋予的使命和任务。

一、网络技术对知识产权客体带来的影响与挑战

新技术对人类的创新行为、创新思想的手段和形式进行了升级,这必然会对保护创新的制度发展提出挑战和要求。本书讨论的网络技术,指的是广义上的包括大数据、云计算、人工智能(AI)等与互联网密切关联的技术。在这些技术的发展过程中,相关产业得到迅速的发展,由此衍生的相关产品,或对传统的知识产权法律制度带来直接的挑战,或带来间接的影响;反过来,知识产权法律制度对客体范围的扩大或限制,也直接影响到相关产业的发展。因此,网络环境下的知识产权客体,也随着技术更新处于升温快、迭代快的状态。

（一）对著作权客体的影响与挑战

新技术发展衍生出大量的知识产品,如基于电子技术发展新出现的视听作品,基于数字网络传播技术发展出现的网络游戏,基于计算机新技术发展出现的计算机软件、计算机字体库、数据库等。这些技

术发展还带来了对短视频、网络直播画面、网络用户点评、体育赛事直播等网络环境下新生客体的知识产权保护问题的讨论。最近几年,关于人工智能生成物的可版权性问题,尤其是 ChatGPT 的相关保护问题更是引发了广泛讨论。《著作权法》明确规定了著作权保护的客体为作品,同时列明了八类作品类型,以及"符合作品特征的其他智力成果"兜底条款。但是在新技术发展形势下,其衍生的作品是否可以被这八类作品全覆盖,或者可以纳入智力成果范畴呢?

ChatGPT 的生成物有版权吗? 最近信息技术革命界的一个热词非 ChatGPT 莫属。自 2022 年 11 月 OpenAI 公司推出了聊天机器人 ChatGPT 以来,相关的知识产权问题的讨论也随之而来。ChatGPT 的学习很大程度上依赖海量数据,即通过大量文本语料库,包括 Common Crawl、WebText、维基百科和书籍语料库进行训练,然后根据它所学到的内容来回答问题或生成文本、图片。目前,ChatGPT 可以编写代码、撰写诗歌,甚至还能完成商业计划书、专利申请文件、短篇小说等,有时它产出文本的效率甚至比人工创作更高。那么,这些生成物能主张版权保护吗? 对此,学界持反对意见的占主流。最核心的观点是采用美国大猩猩自拍照案件的结论,即著作权权利的主体必须是人或者拟制主体,不能是动物。因此人工智能也不具有主体资格,因而无从讨论其生成物是否具有版权问题。也有人从著作权的客体角度否认给予版权保护,如有人工智能研究专家认为:"目前 ChatGPT 本质上还是在做词条的排列组合,会根据人类表达的需求给出最接近人类喜好的答案。当它的力度达到'词'这个级别的时候会让人感觉好像是在创作,但实际上它无法跳出训练文本库的归纳范围,即无法创造人类不知道的新知识。"①

---

① 李若一,王林,贾骥业. ChatGPT 背后的知识产权风险[N]. 中国青年报,2023-02-21.

　　网络游戏直播是否构成作品？若是，构成何种类型的作品？网络游戏直播是指玩家将自己操作游戏的画面记录并同时播放、推送至直播平台，其他用户可以通过该平台进行观看、讨论。它以直播为目的，在播放游戏画面的同时配上玩家个人摄像头画面、直播者口头解说，以及背景音乐等。如果上述表达满足独创性，其作品属性已被学者和司法实践认同。但是对于其构成何种类型的作品，却有不少争议。有学者认为只要是操作性的游戏直播画面便能够作为演绎作品进行保护；有学者认为游戏整体运行画面可以作为视听作品来保护[①]；也有学者认为应当从游戏画面本身是否构成作品和玩家玩游戏的直播画面是否构成新作品两个角度分析是否进行保护[②]。

　　短视频是否构成作品？近几年的司法实践中有不少关于短视频是否构成作品的争议。其实如果从法理上来看，问题很简单。短视频与长视频的差别主要在于时间长短，而时间的长短并非作品的构成要件，要判断的是短视频本身是否具有独创性，具体的短视频是构成视听作品还是录音录像制品的问题。如北京微播视界科技有限公司诉北京快手科技有限公司案：抖音用户"ahua"自行设计并拍摄了一系列记录自己日常生活的短视频并上传至抖音，包括涉案视频"纸飞猪"，后"ahua"发现快手用户在快手上传的短视频与其享有权利的视频内容一致，原告获"ahua"的授权诉至法院。一审法院审理后认为，快手公司的行为侵害原告涉案短视频即录像制品的邻接权；二审判决对涉案作品类型认定予以改正，认为其侵犯了短视频作为视听作品的著作权。

　　除上述问题外，大量的新技术衍生产品是否可以作为作品以及何种类型的作品的讨论还很多。例如，基于数字网络技术的发展，在互

[①]　焦和平. 形式解释论下网络游戏动态画面的著作权保护路径[J]. 现代法学,2021(2):44-59.

[②]　王小夏,顾晨昊. 网络游戏直播画面的著作权问题[J]. 中国出版,2017(23):60-63.

联网上新出现的网页是否构成作品,是否受到著作权法保护?网络游戏是作为电影作品,或新设电子游戏作品,还是新设多媒体作品进行保护?电子游戏有一定的动画效果和剧情,依照一定的规则实现输赢结果的可视化软件作为何种类型的作品?① 游戏元素是否构成作品,如游戏角色名称、游戏物品名称、游戏技能名称、游戏境界名称、NPC(非玩家控制角色)名称等?

(二)对商业标识客体的影响与挑战

随着实体企业和互联网的结合越来越密切,市场主体的商业标识的表现与建设重心转移至互联网上。传统环境下的商标,一般是文字、图形、字母、数字、三维标志、颜色组合等,以及上述要素的组合。随着新的网络技术的出现,新类型的区别性标识也随之产生。商业标识的表现形式从视觉标识发展到听觉标识,甚至有国家已扩展至嗅觉标识。我国 2013 年修订的《商标法》第八条规定:"任何能够将自然人、法人或者其他组织的商品与他人的商品区别开的标志,包括文字、图形、字母、数字、三维标志、颜色组合和声音等,以及上述要素的组合,均可以作为商标申请注册。"这就将声音商标纳入商标法的保护范畴。2022 年实施的《商标审查审理指南》,对声音商标作出了明确规定:"声音商标是指由用以区别商品或者服务来源的声音本身构成的商标。声音商标可以由音乐性质的声音构成,如一段乐曲;可以由非音乐性质的声音构成,如自然界的声音、人或动物的声音;也可以由音乐性质与非音乐性质兼有的声音构成。"这些规定明确了新型商标的类型扩张,但是目前对于声音商标显著性的认定还有不少争议。

网络世界中的域名也是技术发展带来的新型知识产权客体。域名是一组由字母、数字、连接符和实点组成的字符型的地址代码,在因

---

① 孙磊,曹丽萍.网络游戏知识产权的司法保护[M].北京:中国法制出版社,2017:27.

特网上代表着不同的网站,是市场主体在网络上的形象和商誉的代表。其因具有标识性和技术性双重功能,与具有标识功能的商标有可能产生冲突。实践中,商标申请阶段出现了大量的依域名在先而提出的异议,也出现了将域名注册为商标,或将商标申请为域名的纠纷。

处理新型商业标识与传统的商标标识权利冲突,出现了两种思路。一是适用保护合法的在先权利的规则,将注册使用在先的域名作为商标的在先权利加以保护;二是将域名与商标标识融合成新的区别性标识。由于域名注册管理系统的发源地在美国,标识只能由英文和数字组成,这给中国消费者带来记忆困难,不能直接输入域名快速访问网站。在这样的环境下,具有商标权和域名权的创新型商业标识".商标"出现了。这是由国际互联网名称与数字地址分配机构二者共同授权而正式设立的域名,是顶级域名,也是全球唯一用中文"商标"作为后缀的域名,主要用于区分互联网上不同商品或者服务信息来源,使得企业的商标既可以在域名的访问过程中体现导航功能,也可以实现标识功能,比如京东、恒大集团、立白等企业均注册有".商标"域名。[①] 这说明信息技术发展既会对现有商业标识保护规则提出挑战,也会为保护规则的功能发挥和融合发展提供支撑。

(三)对专利权客体的影响与挑战

人类的近现代科技发展史,也是专利保护客体不断扩大、不断强化的历史。每一次科技的重大创新,几乎都会给专利保护客体带来冲击。科技成果的诞生必然带来产业经济利益,所以随着技术发展的时代车轮滚滚向前,作为给天才之火添加利益之薪的制度,专利制度要么因其阻碍技术发展和其背后的产业利益最大化而被淘汰,要么选择在利益平衡中顺应修改回应。这便有了专利客体范围的不断突破和

---

① 刘子龙. 互联网环境下商标与域名冲突及其解决对策分析[J]. 法制博览,2020(26):68-69.

扩大。从蒸汽时代、电气时代到信息技术时代,无不如此。

比如,关于计算机软件、纯商业方法的可专利保护问题的演变。最初的计算机软件主要是解决数学计算应用问题,侧重逻辑推演,属于纯智力活动范畴,根据专利客体保护除外的规定,计算机软件不可作为专利客体。美国1972年的Benson案明确了这一思想,法官指出,Benson企图先占数学公式及此公式逻辑上的步骤,此专利权利要求抽象且广泛包含已知或未知之应用,不具有可专利性。[①] 但之后,随着计算机软件技术和相关产业的迅速发展,产业界对加大计算机软件保护力度的呼声越来越高,在审判实践和理论阐释中,司法界率先作出调整。直至1999年,在State Street Bank v. Signature Financial Group案中,美国联邦巡回上诉法院(CAFC)的判决基本上认定了计算机软件的可专利性,并且废除了长期形成的"商业方法不受专利法保护"的司法规则。[②]

目前,我国的《专利审查指南》也已规定包含技术特征的商业规则和方法不应当依据《专利法》第二十五条排除其获得专利的可能性,这其实是明确了符合"技术三性"条件的商业方法的可专利性。计算机软件与商业方法等的发展关联着互联网有关的产业,产业发展的经济利益对专利客体范围提出新挑战,继而突破现有专利客体,已成为新技术迅速发展背景下专利客体演变的规律。

专利权保护客体的扩张,还表现在把局部外观设计专利纳入保护范围。2020年修订的《专利法》明确扩张了外观设计的保护范围。《专利法》第二条规定:"外观设计,是指对产品的整体或者局部的形状、图案或者其结合以及色彩与形状、图案的结合所作出的富有美感并适于工业应用的新设计。"这就将原来外观设计专利从保护整体设

---

① 郑成思. 知识产权文丛(第12卷)[M]. 北京:中国方正出版社,2005:345-346.
② AT&T Corp. v. Excel Comm. Inc. 50 U. S. P. Q. 2d 1447,1452. (Fed. Cir. 1999).

计范围至保护局部设计。在智能制造时代,产品制造速度加快,与外观设计相关产业的创新元素的产生和更替速度也加快,具有美感的新颖的外观是增加视觉冲击力及提升产品竞争力的重要因素。对于一些流行元素,局部外观设计专利能提供整体外观设计专利无法实现的保护可能和保护强度。比如耐克公司就善于利用局部专利制度,将产品的不同部分申请局部专利,在可能的范围内最大限度地范围保护范围。另外,《专利审查指南》还将图形用户界面引入了外观设计专利的保护客体。

二、对知识产权主体的影响与挑战

(一)基于新技术出现的新类型主体是否可以作为权利主体

互联网技术的发展给知识产权的客体带来影响的同时,也给知识产权的主体带来了新问题。

如前文所说的人工智能如果形成了具有独创性的生成物,ChatGPT是否可以成为作者? 其背后的开发者的商业利益是否可以得到保护? 如果认定人工智能生成物不属于著作权意义上的作品,那么ChatGPT当然不可能成为作者,根据传统的著作权法理论,作者这一权利主体是基于作品这一客体而有的资格,没有作品便没有作者。如此这一问题的结论便非常简单。但是现实远比此复杂。据《自然》网站报道,至少有四份已发表和预印本上的论文使用了ChatGPT作为论文的"合著者",但也有权威杂志如《科学》杂志声明不接受使用ChatGPT生成的投稿论文,也不允许ChatGPT作为合作作者。

由此带来的问题是,如果ChatGPT不能成为作者,那么开发者是否有可能基于该生成物获得商业利益? 如果没有商业利益,是否会影响其持续创新? 而如果开发者不能基于ChatGPT的生成物获得著作权主体资格,其商业利益保护的依据又是什么? 人工智能公司投入大量财力物力开发高度智能的程序,对其生成物不予版权保护,是否也有违公平,不利于激励创新? 如何设置权利分配、利益分配规则,平衡各主体之间的利益,是一个巨大的挑战。

(二)基于新技术出现的新类型主体是否可能成为侵权主体

基于网络技术产生的不同角色的网络服务商,在何种情况下构成侵权成为侵权主体,现有的侵权责任法已作出基本的规定。目前未形成一致意见的主要聚焦于人工智能领域。而在判定人工智能是否成为侵权主体之前,先要回答它的行为是否被认定为侵权行为。

第一,ChatGPT 利用文本语料库进行的学习是否会侵犯原作品的版权? 有人认为,正如人类基于对前人海量知识的学习进行创造不构成侵权一样,ChatGPT 也有权利对前人知识进行学习而不构成侵权。但也有人提出相反观点,人类的学习通过自然功能如视觉摄入,而机器人学习必然伴随着大量复制、数字化输入;人类学习的结果是作者进行独创性的创作,而 ChatGPT 却是对原作品进行复制剪辑合成,并非独创性的创作行为,两者有区别。正因为如此,不少媒体质疑 ChatGPT 的学习行为。全球著名的媒体集团——新闻集团(News Corp.)旗下道琼斯公司的法律总顾问贾森·康蒂(Jason Conti)也在提供给媒体的一份声明中称,任何想使用《华尔街日报》记者的作品来训练人工智能的人,都应该从道琼斯获得适当的授权。

第二,ChatGPT 回答的答案或者生成的文本与他人作品构成实质相似,是否构成侵权? ChatGPT 的回答没有注明来源,或者开发者此前并未获得授权,如果用户使用了该文本,是否存在侵权风险? 谁承担侵权责任? 这就引申出对文本数据挖掘(text data mining)行为是否构成合理使用问题的讨论。文本数据挖掘是指人工智能借助机器分析从庞大的数据中挖掘出各类有价值的信息,从自然语言文本中挖掘用户所感兴趣的模式与知识的技术。① 在大数据时代，文本数据挖掘行为是否构成合理使用？2020年，《著作权法》修订时，很多学者曾提出在合理使用中增列文本数据挖掘作为例外的观点，即对于出于科学研究或其他合理目的，在必要限度内使用已经合法接触的作品开展信息分析的行为构成合理使用。② 虽然在合理使用中为转换性使用提供空间，是一种对待新技术背景下作品使用方式的开放的态度，但是法律制度的修改是个系统工程，需要综合考虑法律文化、司法实践以及产业发展与著作权人利益平衡等问题。因此，2020年修订的《著作权法》最终并未接受将文本数据挖掘行为列为合理使用行为。这就意味着当ChatGPT提供的答案或者生成的文本与他人作品构成实质相似时，并不能被免责，用户对此文本作出受著作权人控制的行为，也难逃侵权责任的承担。

2023年4月，国家互联网信息办公室就《生成式人工智能服务管理办法（征求意见稿）》征求意见。该意见稿提出利用生成式人工智能产品提供聊天和文本、图像、声音生成等服务的组织和个人，需承担该产品生成内容生产者的责任；应当对生成式人工智能产品的预训练数据、优化训练数据来源的合法性负责，预训练、优化训练数据应不含有侵犯知识产权的内容；数据包含个人信息的，应当征得个人信息主体同意或者符合法律、行政法规规定的其他情形。该意见稿对开发人工智能生成物的文本不得侵犯他人合法版权，作出了明确的界定，这表明了国家互联网信息办公室的态度，但是否具有实践可操作性，还有待讨论。

另外，在网络技术发展过程中必然产生新一类特殊的市场主体，

① 宗成庆，夏睿，张家俊. 文本数据发掘[M]. 北京：清华大学出版社，2019：1-2.
② 王文敏，高军. 人工智能时代图书馆信息分析的著作权例外规则[J]. 图书馆论坛，2020（9）：60-68.

即网络服务商。其因平台或行为涉知识产权问题,成为因新技术发展出现的新一类权利主体或侵权主体。它是否具有权利主体的身份取决于自己是否创作作品或依合同获得版权。不过,在网络用户点评相关纠纷中,其是否可作为权利主体的身份依然有讨论空间。网络服务商可以成为侵权主体是没有疑义的,但在个案中判定其是否承担责任,则需要区分其是技术服务提供者,还是内容服务提供者;根据不同情况区分其是否享受"避风港"原则,或适用"红旗"原则,讨论其是否承担注意义务、过滤义务。在判定过程中要正确看待技术中立原则,虽然技术本身是中性的,但技术使用行为并不一定是中性的,有些技术使用行为可能会侵害著作权。判断新技术传播作品的行为是否构成侵权,要看该技术使用行为是否损害著作权人基于专有权行使而产生的利益是否被破坏。

三、对知识产权内容带来的影响与挑战

互联网技术的发展,自然带来了知识产权权利内容的扩张,在知识产权法律体系中,因此产生最大变化的是著作权法。2001 年修订的《著作权法》增设了信息网络传播权、机械表演权等权利内容;2020 年修订的《著作权法》又对广播组织者增设信息网络传播权,对录音制作者增设二次获酬权,权利内容随技术发展不断扩张。

广播组织者权利制度是随着互联网、电视网、电信网等"三网融合"技术的革新发展而变动最大的著作权制度之一。随着数字化技术与传媒技术的融合,广播组织行业进入技术融合发展的通道,他们突破传统的传播技术,开始依托数字经济发展背景,利用"数字赋能"技术,用网络直播、转播、点播等多种方式传播节目,这种变革既可提升传播效率和节目收视率,又能即时满足观众选择需求。《著作权法》增设广播组织者的信息网络传播权,使广播组织对其播出节目的控制从

"非交互式"领域扩展到"交互式"领域,扩张了广播组织者的权利内容。

录音制作者的广播权与公开表演权的增设,同样也是来自新技术发展带来的挑战和产业发展的需求。数字技术的发展,导致数字音乐技术迅速发展,此时录音制作者通过原来法律规定的复制、出租、发行及信息网络传播等行为获得报酬的空间被大大挤压,而将录音制品通过有线、无线或者技术设备向公众传播的方式却大大增加,如此原本的法律控制手段不再有效,也不再适应当前内容产业迅速发展的形势。2020年修订的《著作权法》适时增加了录音制作者的广播权和公开表演权,第四十五条规定"将录音制品用于有线或者无线公开传播,或者通过传送声音的技术设备向公众公开播送的,应当向录音制作者支付报酬"。该权利的增设不仅受技术发展的影响,同时也出于与国际接轨的需要。《保护表演者、唱片制作者和广播组织的国际公约》(简称《罗马公约》)对于广播组织者权利内容的规定就包含了上述两项权利,其出发点也是应对技术发展的挑战和保护产业发展的需求,制定二次获酬权。

【实践探究】

(一)信息拓展

2023年,随着AI技术的发展,出现了不少模仿真人演唱的AI机器人,其中"AI孙燕姿"成为新晋网红。在某站、某网络音乐软件上,这位"AI孙燕姿"翻唱了孙燕姿、周杰伦、刘欢等多位当红歌手的歌曲,作品播放量超过百万人次。这种现象引发了广泛的讨论,因为这不是孙燕姿本人表演自己或他人享有著作权的作品,而是在AI技术的帮助之下,通过收集孙燕姿本人的声音数据,对AI机器人进行训练,最终实现声音替换。这种行为是否会构成侵权?为什么?

（二）交流讨论

在人类历史中,技术革命为什么会给知识产权制度带来影响和挑战?每一次技术革命分别会给哪些知识产权制度带来什么样的变化?

【习题】

最近一次的信息技术革命对哪一类知识产权制度带来的冲击最大?为什么?

第二节　网络知识产权立法

在网络技术诞生和发展起步阶段,由于技术中立性和网络开放共享的观点占主流,网络领域的立法显得滞后。随着数字技术的进一步变革,信息的创造、传播及侵权方式从根本上被改变,一方面数字技术为知识交流传播提供了便利,另一方面也为知识产权侵权提供了更便捷的机会和更广泛的平台。另外,网络服务商作为新型主体,在其中也逐渐超越技术中介的角色,它既可能成为知识产权的创造者、传播者,也可能成为直接侵权者或间接侵权者。可见在“互联网＋”蓬勃发展的环境下,知识产权问题与经济、技术的协调发展呈现复杂的交叉状态,迫切需要有相应的法律规则建立秩序,既促进知识产权发挥激励创新的作用,又可为技术和产业发展保驾护航。网络知识产权法应运而生。

一、网络知识产权法概念

我国的网络知识产权立法与我国的计算机技术、网络技术发展联系在一起。立法的时间虽然不长，对网络知识产权法的界定也尚未有共识，但是网络知识产权法的概念已经基本形成。在高校的法律教学和实践讨论中，已逐渐形成了相对独立的课程，以讨论网络相关知识产权的制度、规则。

一般认为，网络知识产权法是与网络技术有关的知识产权法律制度的统称。但是，从现有实际来看，网络相关的知识产权问题并不是仅限于网络技术，因此更多的学者认为，网络知识产权法是基于现代信息技术，调整与现代信息技术相关的知识产品的社会关系形成的法律规范总和。

二、网络知识产权法的特征

在传统的知识产权法中，知识产权具有四大特性，即非物质性（无体性）、专有性、时间性、地域性。但是在网络环境下，除知识产权的客体的非物质性（无体性）这一核心特征不会改变之外，另外三大特征都发生了不同程度的改变。

（一）知识产权的专有性内容发生了变化

知识产权作为合法的垄断权，具有专有性是必然的。但是在网络环境下，专有性内容发生了变化。一方面，知识产权专有权因网络技术的发展衍生出许多新的内容，如信息网络传播权、机械表演权，录音制作者的二次获酬权等，受保护的客体与权利内容不断丰富拓展，知识产权客体保护范围、客体数量随着技术发展同步增加。另一方面，对权利内容的限制也因技术发展在增加，如对著作权人法定许可使用范围的扩大，对通过信息网络开展的农村扶贫项目课程开发使用作品的准法定使用许可；将网络环境阅读者的阅读需求作为公共利益限制了著作权人权利的部分主张，如《此间的少年》著作权侵权案的判决；网络浏览行为构成暂时复制但不侵权；等等。知识产权的专有性在一定程度上呈现出被限制的特点。这主要是受互联网发展及其价值需求的影响，我们既要保护创新主体的积极性，也要鼓励通过信息网络实现信息交流的共享便捷，促进资源的最大限度共享；既要实现知识产权的专有性，又要对网络环境下的权利滥用进行预防。

（二）知识产权的时间性发生了变化

知识产权保护时间的设置，是专利权人利益和社会公共利益平衡的结果，一方面，它使专利权人在法定期限内获得合法垄断权；另一方面，这一权利不能是永久的禁止权，为了推动全社会持续的创新，应给予社会公众充分利用他人知识产品进行再创新和自由共享的权利。因此，知识产权法对著作权、商标权、专利权都设置了相应的保护期限。在技术和经济迅速发展的背景下，知识产权人的利益和社会公共利益也受到了动态影响。

我国 2020 年修订的《专利法》，将外观设计专利保护期限由原来的 10 年延长至 15 年。这是加入《工业品外观设计国际保存海牙协定》（简称《海牙协定》）的需要，同时也是出于新技术发展背景下利益平衡保护的需要。新技术的发展及普及，使外观设计专利权被侵犯的难度大大降低，从加强保护专利权人利益的角度考虑，延长专利权期限，对需要较长保护期限的产业发展有利，使产品设计风格和存货周期得以更久的延续。

（三）知识产权的地域性受到冲击

传统知识产权的地域性与网络信息共享性、开放性产生了矛盾，在互联网产业及互联网经济快速发展的情况下，这种矛盾变得更加激烈。因为网络信息传递的无国界跨地域,使网络背景下的知识产权地域保护显得力不从心。尤其是网络技术的隐秘性、传播的开放性都使得在侵权认定时,对行为实施地、结果发生地等方面的认定更加困难。基于该背景与现状,多数国家通过修订知识产权法律制度,与国际规则协调靠拢。原有知识产权的地域性特征正在明显弱化,网络背景下的知识产权保护从地域性走向国际化,势不可当。

三、网络知识产权法律体系

直至今日,我国并没有将网络知识产权法作为一个独立的法律部门,也尚未有一部专门的网络知识产权法。从独立制度体系的角度来说,网络知识产权法的内容应当基本涵盖基本理论、新技术带来的知识产权问题、网络环境下的著作权法、网络环境下的商标法、网络环境下的专利法、网络环境下的与知识产权有关的反不正当竞争法、网络知识产权侵权与法律救济等。但是目前对网络知识产权保护的法律规定散见于多部法律、行政法规、部门规章、司法解释之中。相关的立法主体涉及全国人大及其常委会、国务院、国家知识产权局、工业和信息化部等多个机关。立法机关的多阶层也反映出网络知识产权立法的复杂性和困难性。

在法律层面,主要有《民法典》将个人信息、数据、网络虚拟财产纳入保护范围,并在侵权责任编对"避风港"规则、"红旗"规则等作出了规定;《刑法》规定了侵犯知识产权的八个罪名;《著作权法》《商标法》《专利法》《反不正当竞争法》《电子商务法》对网络知识产权保护相关的主体、客体、内容、侵权构成以及权利限制等问题进行了部分规定;《网络安全法》规定了要保护网络技术知识产权;《数据安全法》指出,对商业秘密、保密商务信息等数据应当依法予以保密。上述法律构成了网络知识产权法的核心框架。

在法规规章层面,主要有国务院颁布的《信息网络传播权保护条例(2013 年修订)》《计算机软件保护条例(2013 年修订)》,以及《集成电路布图设计保护条例》等,对网络涉及的部分知识产权保护问题作出规定。

在司法解释方面,主要有《最高人民法院关于审理涉及计算机网络域名民事纠纷案件适用法律若干问题的解释(2020 年修正)》《最高人民法院关于审理侵害信息网络传播权民事纠纷案件适用法律若干问题的规定(2020 年修正)》,以及 2020 年发布的《最高人民法院关于审理涉电子商务平台知识产权民事案件的指导意见》《最高人民法院关于涉网络知识产权侵权纠纷几个法律适用问题的批复》,等等。

【实践探究】

(一)信息拓展

2023 年,全国开展数据知识产权工作试点。江苏、浙江等省份围绕数据知识产权基础制度构建、产权登记、纠纷化解等问题,尝试推出了数据知识产权登记平台,合力开展数据知识产权协同保护。对于"数据权益""数据知识产权"的概念表述,学界和行政部门还有不同声音,但是对于数据相关知识产权的保护已经在积极推进中。目前,在江苏省数据知识产权登记平台上,部分企业和个人进行了注册并通过了审核,先后登记了区域个体工商户活跃度分析研究数据库、高速通行费计算数据、高速 ETC 支付次数统计等数据资源。平台为创新主体依法取得的、按照一定规则处理的、具有商业价值和智力成果属性的数据集提供知识产权登记服务。根据规则,数据知识产权登记证书将作为创新主体持有相应数据权益的初步证明,可以在数据资产入表、交易流通、纠纷处理等多种场景下应用。

（二）交流讨论

你认为网络知识产权法是专门立法好，还是分散立法，如通过现有的多部法律源源不断地修订好？为什么？

【习题】

1. 网络知识产权法的概念是什么？

2. 网络知识产权法的特征有哪些变化？

3. 网络知识产权法律体系包括哪些内容？

第二章　新技术带来的知识产权保护问题

　　党的十九大报告提出,要倡导创新文化,强化知识产权的创造、保护、运用。这为知识产权在推动经济社会发展中的作用指明了方向,是数字经济时代知识产权强国建设的体现。新一代信息技术(包括人工智能、互联网、大数据等)的持续发展,推动着数字经济繁荣,不断赋能世界经济向前迈进[①],但也引发了大量的知识产权问题。如何面对技术的发展与创新给知识产权领域带来的挑战,成为亟待研究和解决的问题,而运用新技术优化知识产权保护则是信息时代下有效的应对方法之一。区块链、人工智能、大数据新一代信息技术的创新,已被应用于金融服务、教育就业、智能制造、社会公益、文化娱乐、供应链管理等多个领域,随着信息技术应用的扩展,新产品和新客体也逐渐衍生出来,随之而来的知识产权保护问题也逐渐凸显。为打造全链路知识产权保护生态,促进数字经济的健康长远发展,讨论、明确相关的知识产权制度是十分必要的。

---

　　① 丰子义.从世界现代化看中国式现代化[J].北京师范大学学报(社会科学版),2023(1):5-15.

第一节　区块链技术与知识产权保护

【案例导入】

原告杭州华泰一媒文化传媒有限公司(以下简称华泰一媒公司)诉称,郑亿、林碧波系都市快报社记者,二人共同创作并在《都市快报》中发表涉案文章,二位记者出具声明涉案文章著作权归都市快报社享有。都市快报社将涉案文章的信息网络传播权授权于华泰一媒公司。被告深圳市道同科技发展有限公司(以下简称道同公司)未经许可,在其运营的第一女性时尚网中使用了涉案文章,华泰一媒公司通过浙江数秦科技有限公司(以下简称数秦公司)运营的第三方存证平台——保全网的自动抓取程序对侵权页面和网页源码进行固证,并通过区块链技术将前两项内容和调用日志等计算成哈希值上传到公证通(Factom)区块链和比特币区块链中,对道同公司的侵权行为予以存证。被告道同公司认为其未发布涉案文章,不认可区块链电子证据的效力。区块链电子证据的司法效力如何,区块链与知识产权保护有何关系,将是本节重点探讨的内容。

区块链是实施网络强国战略的重要引擎,被认为是具有潜力的颠覆性技术之一,受到多个领域关注。区块链对社会发展的各方面均产生了重要影响,对数字版权保护的影响尤为突出。[①]

在理论研究层面,有部分学者认为区块链技术的属性是安全性、

[①] 李永明,赖利娜. 区块链背景下数字版权全链条保护的困境与出路[J]. 科技管理研究,2022(10):140-150.

匿名性、数据完整性,并具有去中心化(即不用借助任何第三方机构控制相关信息流转)等特点,有利于数字版权登记的应用。① 有部分学者认为区块链为知识产权保护带来技术革新,可实现智能合约式的版权交易。② 有部分学者认为区块链为知识产权保护带来机遇的同时也存在挑战。③ 有学者从技术角度分析,目前数字版权保护从确权到维权都存在问题,运用区块链技术可搭建集数字版权确权与交易于一体的版权保护平台。④ 在产业层面,区块链技术创业企业、互联网科技巨头、专业内容生产平台是目前开展区块链+数字版权保护的三类主要主体,如阿里云的蚂蚁区块链版权保护解决方案,百度超级链的百度超级链版权保护解决方案,纸贵科技的纸贵版权,数秦公司的知识产权解决方案,版权家的区块链版权存证、取证、监测综合方案,汇桔网的汇桔网数字版权服务。中国版权保护中心和版权家已经应用区块链技术在版权管理服务平台上管理数字作品、微电影、微视频和其他类型作品。⑤ 在司法实践中,杭州互联网法院审判我国区块链存证第一案表明区块链存证效力得到了法院认可。⑥ 目前,我国有三处互联网法院都有相应的区块链技术应用,它们分别为杭州互联网法院的司

---

① 韩秋明,王革. 区块链技术国外研究述评[J]. 科技进步与对策,2018(2):154-160;张颖. 区块链技术驱动下的著作权登记制度变革[J]. 图书馆论坛,2019(12):84-89.

② 张青. 数字版权管理技术在数字图书馆中的应用[J]. 出版广角,2017(4):44-46;杜玉辉. 基于区块链技术的数字版权保护问题探析[J]. 中国传媒科技,2018(7):119-120;李莉,周斯琴,刘芹,等. 基于区块链的数字版权交易系统[J]. 网络与信息安全学报,2018(7):22-29;赵丰,孙菲. 区块链技术背景下版权金融发展的问题研究[J]. 科技与法律,2018(4):61-69;王磊,薛子育,张乃光. 网络盗版搜索与版权追踪溯源技术研究[J]. 广播电视信息,2018(A1):39-41.

③ 陈永伟. 用区块链破解开放式创新中的知识产权难题[J]. 知识产权,2018(3):72-79;赖利娜,李永明. 区块链技术下数字版权保护的机遇、挑战与发展路径[J]. 法治研究,2020(4):127-135.

④ 杨玉苑. 基于区块链技术的版权保护问题研究[J]. 科技传播,2018(13):165-168.

⑤ 李永明,赖利娜. 区块链背景下数字版权全链条保护的困境与出路[J]. 科技管理研究,2022(10):140-150.

⑥ 杭州互联网法院(2018)浙 0192 民初 81 号民事判决书。

法区块链、北京互联网法院的天平链、广州互联网法院的网通法链。①

技术革新和发展不可避免地向知识产权领域发起了挑战。鉴于区块链技术的特点②,应用于新信息技术背景的知识产权保护是最有效的对策之一。区块链是继互联网、云计算、大数据、人工智能等信息技术之后的创新技术,已在金融服务、智能制造、教育就业、供应链管理、文化娱乐、社会公益等多个领域都得到应用和发展。③ 习近平总书记在中央政治局第十八次集体学习时强调,"我们要把区块链作为核心技术自主创新的重要突破口","加快推动区块链技术和产业创新发展"。④ 在中央层面首次提及区块链技术的重要性,把依法治网落实到区块链管理中,应用区块链技术创新与发展数字经济新模式,建设中国特色社会主义网络强国。⑤

一、区块链的界定与特征

区块链本质上是一种集成点对点传输、加密算法、共识机制、分布式数据存储等技术的去中心化数据库。⑥ 区块链技术的先驱中本聪(ID 名)最先介绍了点对点电子现金系统比特币的概念,并介绍了比特币交易过程中的基础性技术——区块链。⑦ 比特币是区块链产业生

---

① 李永明,赖利娜. 区块链背景下数字版权全链条保护的困境与出路[J]. 科技管理研究,2022(10):140-150.

② 李永明,赖利娜. 区块链背景下数字版权全链条保护的困境与出路[J]. 科技管理研究,2022(10):140-150.

③ 数据局. 工信部:2016 中国区块链技术和应用发展白皮书[EB/OL]. (2016-10-18)[2019-12-20]. http://www.shujuju.cn/lecture/detail/2134.

④ 中华人民共和国中央人民政府网. 习近平主持中央政治局第十八次集体学习并讲话[EB/OL]. (2019-10-25)[2020-02-28]. http://www.gov.cn/xinwen/2019-10/25/content_5444957.htm.

⑤ 李拯. 区块链:换道超车的突破口[N]. 人民日报,2019-11-04.

⑥ 数据局. 工信部:2016 中国区块链技术和应用发展白皮书[EB/OL]. (2016-10-18)[2019-12-20]. http://www.shujuju.cn/lecture/detail/2134.

⑦ Satoshi Nakamoto. Bitcoin:A Peer-to-Peer Electronic Cash System[EB/OL]. (2008-11-01)[2019-12-20]. https://bitcoin.org/en/bitcoin-paper.

态创新的第一个应用。① 2013 年底,维塔利克·布特林(Vitalik
Buterin)发布了以太坊②,将智能合约引入区块链,打开了区块链在货
币领域以外的应用③,从开始的货币体系中点对点的电子现金应用拓
展到债权、产权、股权、金融合约、证券、博彩及防伪等金融领域④。由
于区块链的开源性质,在不同的开源许可协议中可能存在不同的知识
产权侵权风险。⑤ 基于数据库技术、加密技术等高价值技术集成创新
的区块链技术被称为商业模式创新。⑥ 2020 年 2 月 1 日起实施的《专
利审查指南》明确规定,如果权利要求中除了算法特征或商业规则和
方法特征,还包含技术特征,该权利要求就整体而言并不是一种智力
活动的规则和方法,则不应当依据《专利法》第二十五条第一款第(二)
项排除其获得专利权的可能性。该项法律规定促进了区块链技术在
医疗场景下的商业模式应用。⑦ 因此,区块链技术被认为是最具有潜
力的颠覆性技术之一,受到多个领域关注。⑧ 在知识产权领域,以区块
链资源层保证底层技术的不断更新精进,集成知识产权登记确权、授
权交易、监测维权等服务,最终形成支撑数字版权产业的多主体共治,
从而通过区块链重塑知识产权价值,打造知识产权全链条保护平台。⑨

　　区块链的技术特征在于去中心化、去信任化、不可篡改性、可追溯

---

① 袁勇,王飞跃. 区块链技术发展现状与展望[J]. 自动化学报,2016(4):481-494.

② Ethereum. A Next-Generation Smart Contract and Decentralized Application Platform[EB/
OL].(2022-01-05)[2022-01-13]. https://ethereum.org/en/whitepaper/.

③ 高锡荣,谭宇. 在线知识共享中侵权问题及其技术破解框架研究[J]. 数字图书馆论坛,
2019(6):29-38.

④ 李俊. 技术和法律:区块链金融发展的双轨[J]. 上海立信会计金融学院学报,2017(3):54-59.

⑤ 周洁. 区块链知识产权布局研究[J]. 信息通信技术与政策,2018(10):31-34.

⑥ 谢敬东,陆池鑫,孙欣,等. 区块链技术在能源与电力系统领域的应用和展望[J]. 电测与仪
表,2021(6):1-12.

⑦ 倪培昆. 区块链技术及其在医疗领域的价值研究[J]. 医学信息学杂志,2018(2):9-13.

⑧ 李永明,赖利娜. 区块链背景下数字版权全链条保护的困境与出路[J]. 科技管理研究,2022
(10):140-150.

⑨ 李永明,赖利娜. 区块链背景下数字版权全链条保护的困境与出路[J]. 科技管理研究,2022
(10):140-150.

性。第一,去中心化是区块链的核心特征,体现为分布式数据库。数据被分别存储至各个节点中,各节点之间的关系是平等的,都拥有相同的记账权,而具体每个数据由哪个节点记录是不确定的,需要由各个节点竞争选取。第二,去信任化是基于区块链共识机制而衍生的特性。全部节点上的数据运算都是公开透明的,一旦某个节点上的数据发生变化,就会被分发广播至所有的节点,打破信息不对称的结构①,各个节点只有共同遵守既定规则并付出一定的代价,才能在竞争过程中获得奖励,由此在没有中心机构做背书的情况下,可以在整个区块链各节点之间建立起信任②。第三,不可篡改性体现在数据的生成或者更改需要经过所有其他节点的核对,只有得到50%以上的节点认证,数据才会被添加或变更,基于共识算法中最长链规则,各个节点在接收到新区块的数据后,会立即停止当前计算并对新区块进行验证,所有节点共同记账、共同维护③,才能保障整个区块链数据的一致性。第四,可追溯性有赖于"时间戳"技术。数据一旦被录入区块链平台,便会生成唯一的、不可修改的、可验证的字符串,来证明该数据被录入的时间,即"时间戳",通过哈希算法生成相应的散列值,上一个区块中的散列值将被纳入下一个区块中,在将每个区块按照时间顺序排列的同时,实现对上一个时间存在块的加强。④ 区块链技术的出现,实现了互联网"从信息的去中心化到价值的去中心化"的进程,为当前版权价值的保护带来了新契机。全局性、历史性的数据记录功能,给数字版权保护提供了新的发展思路和技术路径。

---

① 赵丰,周围. 基于区块链技术保护数字版权问题探析[J]. 科技与法律,2017(1):60.
② 蔡晓晴,邓尧,张亮,等. 区块链原理及其核心技术[J]. 计算机学报,2021(1):84-131.
③ 徐明星,田颖,李霁月. 图说区块链[M]. 北京:中信出版社,2017:27-28.
④ 向凌云. 区块链的逻辑[M]. 北京:中国商业出版社,2018:56.

二、区块链技术下知识产权保护的机遇

(一)知识产权保护下的区块链技术的司法效力

《最高人民法院关于互联网法院审理案件若干问题的规定》第十一条规定,当事人提交的电子数据,通过电子签名、可信时间戳、哈希值校验、区块链等证据收集、固定和防篡改的技术手段或者通过电子取证存证平台认证,能够证明其真实性的,互联网法院应当确认。也就是说,最高人民法院在司法解释中明确了以区块链技术收集的证据为有效证据。

近年来,区块链证据保全技术已陆续在司法实践中被各地法院所认可。"区块链第一案"中,原告华泰一媒公司起诉被告道同公司,称其运营的网站发表了侵犯原告版权的作品。原告在向法院举证时,通过第三方存证平台进行了侵权网页的自动抓取及侵权页面的源码识别,并将上述两项内容和调用日志等的压缩包计算成哈希值上传至区块链[①],而杭州互联网法院在对该电子数据从来源真实性、内容完整性、存储可靠性等三个方面进行审查后,最终认定该种电子数据可以作为该案侵权认定的依据,首次确认了利用区块链技术固定的证据的法律效力。杭州互联网法院认为对于采用区块链等技术手段进行存证固定的电子数据,应秉承开放、中立的态度进行个案分析认定,肯定了区块链在证据保全方面的应用价值。[②] 此外,广州仲裁委还利用区块链技术进行了相关的仲裁审查,并据此作出了裁决书。这意味着区块链技术在司法领域正式得到了实际的应用,验证了区块链技术在司

---

① 张书乐. 内容巨头开始布局区块链反盗版[J]. 法人,2018(8):66-67.
② 杭州互联网法院(2018)浙 0192 民初 81 号民事判决书。

法领域的应用价值和可能性。^① 2019 年上半年，全国范围内法院已陆续上线基于区块链技术开发的电子证据平台，并对接电子法院系统，协助案件审理。由吉林省高级人民法院牵头，吉林省 90 余家法院上线区块链电子证据平台；青海省高级人民法院结合国家司法资源与区块链分布式存储系统的先进技术搭建区块链电子证据平台；成都市郫都区人民法院分别在案件审理阶段和执行阶段引入司法区块链电子证据，可对证据真实性进行认证，并且提供证据风险评估以及九种文件哈希值的校验。区块链电子证据平台，因此具有三种功能：一是基于区块链的分布式账本系统构架，打通与对接电子证据，为当事人提供电子数据取证及电子数据存储认证等服务；二是基于区块链技术的不可篡改和共识机制，构建出一条更加安全、更加可靠的信息共享通道，当事人可以通过信息共享通道获得相关证据信息，此时，只需通过电子数据的关键词则可实时入链；三是基于区块链的公私钥技术、加密技术和去中心技术，保证数据的可靠性、证据的安全性。这些功能一是优化了证据保全，通过与区块链技术的结合，分布式存储电子证据关键信息，从而实现电子证据不可修改、增加、删除，并具有追溯性，可重现提取过程；二是优化了证据认证过程，包括对证人证言、物证、勘验笔录、试听材料、鉴定意见等各类型电子证据的认证；三是当事人可将证据存入区块链电子证据平台，以便后期随时调用，有利于提高司法效率，提高司法服务质量。

而利用区块链技术中的"时间戳"，完整记录作品的创作过程及后续的交易过程，可以作为著作权产生、变更的时间证明，并结合数字签名技术，可以确定作品的创作者或者著作权人。由于在司法层面上，利用区块链技术固定的证据具有法律效力，法院在认为能够证明其真

---

① 工业和信息化部信息中心. 中国区块链产业发展报告(2018)[M]. 北京:经济日报出版社,2018:70.

实性时,应当予以确认。因此利用区块链技术确认的数字版权著作权的产生时间及所有权人等信息在符合电子数据来源真实性、存储可靠性、内容完整性的前提下,同样应当具有司法效力。

（二）知识产权保护下区块链技术的权威公信力

以区块链技术为基础的 DCI（Digital Copyright Identifier,数字版权唯一标识符）体系[①]是由中国版权保护中心提出的一种新型数字版权公共服务模式,其同时提供版权交易、版权保护等服务,并且将每一份区块链版权登记信息同步传送至司法鉴定中心。2016 年 10 月 21日,工信部发布的《中国区块链技术和应用发展白皮书》专题讲述了如何利用区块链技术实现版权保护,肯定了区块链技术用于版权保护在司法取证中的积极作用。[②] 2016 年 12 月,国务院印发的《"十三五"国家信息化规划》首次将区块链技术列入规划。[③] 这些都在一定程度上确认了在知识产权保护中区块链技术的权威公信力。

（三）知识产权保护中区块链技术的安全性

区块链知识产权保护的机理在于其为原创作品嵌入 16 进制的密码,以此实现"去中心化"。[④] 其区块的时间戳是制作数字签名时认证机构服务器上的时间,具有不可篡改性,因此有助于知识产权权利人证明其作品产生的时间。通俗来说,基于此,区块链的每一个知识产权智力成果都有对应的 DNA,即使通过不同途径流转,其整个过程都记录在案,其原始身份永远能找到。这个特点是区块链系统具有容错

① 中国版权保护中心. 什么是 DCI 体系？［EB/OL］.（2018-06-18）［2020-02-28］. http://www.ccopyright. com. cn/index. php? optionid＝980.

② 工信部. 中国区块链技术和应用发展白皮书（2016）［EB/OL］.（2016-10-21）［2019-12-20］. http://www. bjeth. um/wp-content/upbads/2021/07/chinablockchain2016. pdf.

③ 国务院新闻办公室. "十三五"国家信息化规划. ［EB/OL］.（2016-12-09）［2020-02-28］. http://www. scio. gov. cn/32344/32345/33969/35650/zy35654/Document/1535202/1535202. htm.

④ 马治国,刘慧. 区块链技术视角下的数字版权治理体系构建［J］. 科技与法律,2018(2):1-9.

性的基础,即使某个节点出现问题,也不会影响其他部分继续运作。①存储在区块链系统中具有不对称性的各种密码,结合去信任化技术,分布式存储特点导致篡改区块的数据理论上无法实现,因此可为知识产权保护提供可靠的安全保障。

当前,区块链技术在知识产权领域已有不少的实践与应用。中国版权保护中心基于区块链技术建立 DCI 体系,美素创意在此基础上建立了版权服务平台,由中国版权保护中心负责授权确权,美素版权负责内容分发、交易、检测、维权综合版权服务,旨在构建一个创作者、使用者、平台共赢的版权服务 3.0 时代;上海"原本"、北京"亿书"、西安"纸贵"、直布罗陀拉脱维亚 publica 出版平台等利用区块链技术进行版权加持,实现数字出版;英国 Blokur 团队、印度音乐平台 Aurovine 运用智能合约安全技术确定音乐版权归属。

三、区块链在知识产权保护中的应用

(一)区块链在知识产权登记确权中的应用

区块链技术的本质特征是采用去中心化的分布式账本,降低登记成本且提高登记效率及安全性。② 通常来说,知识产权管理的传统模式是中心化的形式,数据的管理权限由一个大型企业集中管理,因此极易遭到黑客攻击,脸书(Facebook)曾遭黑客攻击泄露 5000 万用户信息。③ 2020 年 2 月 27 日,坐拥 30 亿张照片的人脸识别初创公司 Clearview AI 遭到黑客入侵。④ 结果,不仅造成知识产权信息的泄露,

---

① 陈楠. 基于区块链的数字音乐资源版权管理机制[J]. 艺术教育,2019(1):54-55.

② 马治国,刘慧. 区块链技术视角下的数字版权治理体系构建[J]. 科技与法律,2018(2):1-9.

③ Morse J. Facebook: 50 Million Accounts "Directly Affected" by Hack[EB/OL]. (2018-09-28)[2021-07-06]. https://mashable.com/article/facebook-50-million-accounts-hacked.

④ The Daily Beast :人脸识别公司 Clearview AI 遭到黑客入侵[EB/OL]. (2020-02-28)[2021-07-06]. http://security.ctocio.com.cn/security/2020/0228/9845.html.

而且用户隐私信息的泄露也形成一种对用户的威胁。而基于区块链技术的知识产权管理系统上的数据储存、记载、校验、流转及维护等过程采用的是数学和算法建构的去中心化分布式系统。① 简而言之，基于区块链技术的去中心化分布式数字信息管理模式将不同于传统的中心化机构管理形式。在该模式下，知识产权信息转化为唯一的哈希值并接受各个节点的制约与监督。② 创作者在区块链数字信息管理系统上传的内容，如作品、商标、专利的名称、智力成果格式、知识产权权利人信息等，必须在50％以上节点校验通过才会更新到系统里。③ 从理论上来说，要想篡改知识产权信息是不可能的，这就有效地提高了知识产权登记注册的安全性。④

由于区块链去中心化特征，其在知识产权登记注册上的一大优势是去除中心机构介入，用户可以通过任何节点加入区块链中，有效提高知识产权登记注册效率，降低知识产权登记注册成本。⑤ 例如，以美国 Proof of existence 版权服务为基础开发的 Poet 项目，旨在将文字、图片、音视频等版权内容经过哈希运算而得的哈希值及其内容存储在区块链上。⑥ 其登记确权流程为：版权用户先完成信息注册后方可登录，经过实名认证的用户可以上传自己的数字版权信息，系统检查版权信息的副本后计算数字版权的唯一哈希值，经过版权人数字签名和

---

① 杨东. 链金有法：区块链商业实践与法律指南[M]. 北京：北京航空航天大学出版社，2017：13.
② 李永明，赖利娜. 区块链背景下数字版权全链条保护的困境与出路[J]. 科技管理研究，2022(10)：140-150.
③ 赖利娜，李永明. 区块链技术下数字版权保护的机遇、挑战与发展路径[J]. 法治研究，2020(4)：127-135.
④ 李永明，赖利娜. 区块链背景下数字版权全链条保护的困境与出路[J]. 科技管理研究，2022(10)：140-150.
⑤ 李永明，赖利娜. 区块链背景下数字版权全链条保护的困境与出路[J]. 科技管理研究，2022(10)：140-150.
⑥ 黄保勇，施一正. 区块链技术在版权登记中的创新应用[J]. 重庆大学学报（社会科学版），2020(6)：117-126.

时间戳确认数字版权归属。申言之,数字版权登记确权通过 Poet 完全实现了线上操作,而无需经过中心化的版权登记机构,所用时间由原来数十个工作日缩减为几分钟,费用由原来几百上千元每次降低至 0.3 元每次。在网络时代,传统的集中式旧版权媒体逐渐被新的去中心化媒体所取代。越来越多的用户开始使用以点对点方式构建的信任协议。这种点对点模型的应用可以加速具有分散属性的版权登记确权系统的研究和开发。区块链系统的本质是通过多条链连接的数据块记录作品的时间戳和哈希值,以达到版权管理的目的。用户通过平台注册识别后,版权登记确认系统可以完整记录作者的整个创作过程。同时,时间戳和数字签名的存在还可以为创作过程中的每个环节提供身份和创作证明。

(二)区块链在知识产权授权许可中的应用

区块链去中心化特征使得知识产权交易各方之间可实现直接交易。由此,知识产权使用者与知识产权所有人之间的许可授权可以直接达成,无需通过第三方中介提供任何相关信任背书,简化了交易程序,大大提高了知识产权许可授权效率。[①] 再者,智能合约技术作为区块链技术进入 2.0 时代的特征,能有效解决知识产权许可授权过程中的交易成本高、结算周期长、交易流转不清晰等问题。智能合约是由尼克·萨博(Nick Szabo)首先提出的数字形式承诺。智能合约以代码事先定义合约内容,知识产权交易双方无需事先建立信任,当预先编好的条件具备,智能合约即可自动执行合同条款。借助区块链智能合约,知识产权授权交易流转的情况记录在区块链中,从而实现知识产权归属清晰、可追溯。[②] 根据奥利弗·威廉姆森(Oliver Williamson)

[①] 李永明,赖利娜. 区块链背景下数字版权全链条保护的困境与出路[J]. 科技管理研究,2022(10):140-150.

[②] 张冰清,李琳. 基于区块链技术的数字版权利益平衡[J]. 中国出版,2019(11):25.

的交易成本理论,交易成本通常包括合同订立前的搜索信息、谈判协商、监督履约成本。① 显然,将区块链的"点对点"交易、可追溯性等特征运用于网络知识产权授权交易,可以很好地降低交易成本、提高交易效率。② 在网络知识产权管理中,使用智能合约可以以去中心化的方式管理版权和许可,更好地分配利润及促进协作。③

(三)区块链在知识产权监测和维权中的应用

区块链技术在知识产权监测和维权中的应用主要体现为网络知识产权侵权证明程序的简化。随着互联网的发展,网络知识产权海量产生,其传播速度之快、接触公众之广前所未有,随之而来的是遍布知识产权整个产业链的网络侵权行为。④ 由于网络侵权具有多样性及隐秘性,因此维权取证异常困难。而区块链具有不可篡改性,可为智力成果创作完成提供时间、知识产权归属信息、具体交易情况等证明。而且基于区块链不可篡改性所固定的证据已经得到司法机关的认可。区块链中的证据不是一种独立的证据形式,我国法律规定的"视听资料和电子数据"为电子形式,可以在区块链中生成和存储。虽然"物证""书证""证人证言""专家意见""调查、检查、鉴定和调查实验记录"通常不是电子的,但可以先电子化,然后存储在区块链中。

四、区块链应用于知识产权保护存在的问题

由代码构成的新一代信息技术——区块链,被称为可替代法律功

---

① Willamson O E. The Economic Institutions of Capitalism: Firms, Markets, Relational Contracting[M]. New York: The Free Press,1985:450.

② 李永明,赖利娜. 区块链背景下数字版权全链条保护的困境与出路[J]. 科技管理研究, 2022(10):140-150.

③ Braun A. Meet the Blockchain Companies Hoping to Disrupt the Publishing Industry[EB/OL]. (2019-08-19)[2021-07-06]. https://blockonomi.com/blockchain-disrupt-publishing-industry/.

④ 李永明,赖利娜. 区块链背景下数字版权全链条保护的困境与出路[J]. 科技管理研究, 2022(10):140-150.

能的"法律技术"。① 区块链技术应用于版权领域是将技术融入现有法律的过程,难免会产生一些法律问题。② 区块链电子存证虽然在最高人民法院的司法解释中得到确认,但登记确权的效力还是要根据具体案件双方质证而定,尤其是对于创作是否具有独创性的判断更是长期以来困扰学界的难题。另外,区块链不可篡改的特性可能会导致著作权限制问题。基于区块链的开放性等特征,全球性的知识产权平台将应运而生,而这又容易面临法律适用问题。③

(一)区块链登记确权的效力不明确

传统的版权登记作为最有效的权利公示,使得公众可以获知版权登记的主体、客体、权利归属等信息。而在区块链版权登记中,基于匿名性,版权主体、客体等重要信息会被一连串计算机代码及哈希值所代替。传统版权登记公示中的实名制与区块链版权登记的匿名性存在冲突。④ 目前,区块链数字版权登记确权证书尚未取得版权登记机构的完全确认,其效力需要获得法院基于证据三性(真实性、客观性及关联性)作出的认证。⑤ 总之,单凭基于区块链的数字版权登记确权证书来判断版权相关人是否侵犯版权,是不具备完全法律效力的。

独创性是作品受著作权法保护的基石。无论是英美法系还是大陆法系,是否具有独创性都被接受为评估作品是否受到保护的重要标准。⑥ 英美法系普遍采用著作权体系独创性标准,大陆法系普遍采用

---

① 郑戈. 区块链与未来法治[J]. 东方法学,2018(3):75-86.

② 黄保勇,施一正. 区块链技术在版权登记中的创新应用[J]. 重庆大学学报(社会科学版),2020(6):117-126.

③ 李永明,赖利娜. 区块链背景下数字版权全链条保护的困境与出路[J]. 科技管理研究,2022(10):140-150.

④ 李永明,赖利娜. 区块链背景下数字版权全链条保护的困境与出路[J]. 科技管理研究,2022(10):140-150.

⑤ 赖利娜,李永明. 区块链技术下数字版权保护的机遇、挑战与发展路径[J]. 法治研究,2022(4):127-135.

⑥ 吴汉东,胡开忠. 无形财产权制度研究[M]. 北京:法律出版社,2005:262.

作者权体系独创性标准。在我国法律制度中,第一次出现独创性概念的是 1991 年 6 月 1 日施行的《著作权法实施条例》。最高人民法院在其相关法律解释中也指出,对著作权法中的独创性认定起码需要作者独立完成且有创造性,体现了我国对英美法系和大陆法系独创性概念的借鉴和吸收。学界对于独创性界定主要有三种观点:一是作品需体现作者人格,系基于作者权体系基本观点。[①] 二是作品的创造性只需最低程度,系基于英美法系著作权体系基本观点。[②] 三是作品系作者独立完成并体现作者个性或思想,且符合创造性最低程度要求。[③]

　　基于区块链技术的知识产权登记注册,由于数字内容上传到区块链平台采用的是哈希值、时间戳予以记录,而不是以作品思想的表达方式呈现,因此难以识别该数字内容是否符合《著作权法实施条例》第二条规定的独创性。换句话说,任何人创作完成的数字内容即使已经在区块链数字内容管理平台进行版权登记,但若该数字内容不满足独创性条件,则不能得到著作权法保护。例如,对作品进行小幅度修改再上传到区块链平台,则会生成一个新的哈希值,区块链平台会将它认作新作品,然而,根据独创性要求,小幅度修改不足以构成一个新作品。因此,从独创性中的"独"与"创"角度看,经由区块链数字版权登记平台登记的数字版权往往并不能作为著作权权利来源的证据,因不具有直接的法律效力而只能作为辅助证据。区块链技术可以追溯数字版权创作、完成、授权、转让等信息,却无法判断创作完成的数字内容是否达到著作权法意义上的独创性。

　　(二)区块链带来的法律适用上的限制

　　区块链技术动摇了集体管理制度存在的必要性基础。基于区块

---

① 吴汉东,王毅. 著作权客体论[J]. 中南政法学院学报,1990(4):37-44.
② 李伟文. 论著作权客体之独创性[J]. 法学评论,2000(1):84-90.
③ 周灿. 短视频作品独创性判断标准论[J]. 中国出版,2019(24):61-64.

链技术可以打造一个公开透明、安全可靠的信息公示平台，避免了由信息不对称带来的交易成本，同时权利人和使用者点对点的授权许可模式在保证双方私法自治、自主选择的基础上，还以去中心化破解了集体管理组织带来的反垄断难题。因此在网络化开放创新范式下，新技术的应用可能会颠覆传统的集体管理制度。此外，智能合约作为基于区块链形成的一种优势制度也会产生一定的法律问题。智能合约虽为"合约"，但是其本质只是计算机代码，并没有法律效力。交易双方提前设定匹配的条件，即可自动执行，整个过程无需再由人工进行操作。版权人发起的智能合约，需要支付才能使用版权作品。客观上说，执行智能合约就相当于排除合理使用制度及许可制度。

（三）区块链应用于监测维权可能存在证明力问题

在区块链技术和知识产权保护的司法实践中，"区块链＋存证"首次出现在杭州互联网法院华泰一媒公司案件中，判决方式采用区块链技术存储数据，根据电子证据测试的法律基准，建立了区块链电子证据有效性的完整验证方法，为数字版权的保护提供了宝贵的经验。在中文在线数字出版集团股份有限公司与北京京东叁佰陆拾度电子商务有限公司侵害作品信息网络传播权纠纷中，对区块链存证的效力通过以下几方面确认：存证平台的资质审查、电子数据生成及储存方法可靠性的审查，以及保持电子数据完整性方法可靠性的审查。[①] 2019年，广州互联网法院推出"网通法链"。在蔡某诉某旅行社侵害作品信息网络传播权纠纷案中，广州互联网法院通过司法区块链，实现从确权到维权的全流程记录、全链路可信、全节点见证，纠纷发生后，权利人只需输入存证编码就可以实现一键调证。[②] 北京互联网法院的

---

① 北京市东城区人民法院（2018）京 0101 民初 4624 号民事判决书。
② 陈文军. 从法官视角看"公证＋区块链"在知识产权保护中的作用[J]. 中国公证，2021(5)：54-55.

"天平链"经过三个步骤即可存证出证,分别是初始数据存证、侵权线索存证、"天平链"自动验证。[①] 针对区块链数字版权证据在司法实践中的应用,2018 年 9 月最高人民法院发布的《关于互联网法院审理案件若干问题的规定》确认了区块链电子存证的法律效力。值得一提的是,存证并不等同于取证,并非通过电子签名、可信时间戳、区块链等技术采集到的电子证据就是真实可靠的。由于采集证据程序有误如没有清洁电脑,可能会导致电子证据在被技术采集前因网络环境或所处设备存在问题而不具有可信力。因此,需根据证据法相关规定进行区块链电子证据证明力的认定。

五、区块链技术下知识产权保护的发展路径

(一)构建区块链版权登记确权实质审查制

构建区块链版权登记确权实质审查制是为了更好地保护知识产权。一方面,区块链技术应用以前,人们要对海量的知识产权进行实质审查不太可能。另一方面,《保护文学和艺术作品伯尔尼公约》(简称《伯尔尼公约》)规定版权自动保护主义原则,即作品完成之际,版权自动产生。而区块链在数字版权保护方面的应用,使得创作活动可以直接在区块链上完成,可以保证原始数据的真实性及不可篡改性,从而为数字版权实质审查提供了可能性。申言之,作品"独创性"的认定是数字版权登记确权实质审查的主要体现。在实践中,借鉴专利实质审查相关规定,要构建区块链版权登记确权实质审查制,需要考虑以下几个方面:一是考虑如何确保信息的完整性和真实性。需要加强对版权信息的审核,保证版权信息不被篡改或冒用。二是考虑版权登记与权益的衔接。必须明确版权登记与版权权益之间的具体关系,保障版

---

① 伊然,董学敏.互联网审判中区块链存证技术的应用进路[J].人民司法,2020(31):13-17＋20.

权方利益。三是需要考虑如何平衡隐私保护和版权登记公开的矛盾。保证版权信息的公开透明与版权持有人的隐私保护两方面应该兼顾。

目前实现版权登记确权常常面临信息不对称、需求不匹配等问题。区块链是以去中心化、数字化、匿名化技术为特征的网络技术,实质审查可以很好地避免匿名化带来的权利主体和权利边界不清的弊端。其结果是,在区块链的基础上,对不同的网络数据进行分析和比对,从而实现法律规则的适用和解释。① 数据共享可以从不同的角度分析和解释区块链的特征。区块链上的数据是不可逆转的,用户可以根据其所在的区块链系统中的数字资料来进行数据的交换和传输。

(二)从法律上推动智能合约的发展与应用

智能合约作为区块链技术的一种应用形式,可以为数字版权管理提供更加安全、高效、便捷、透明的解决方案。同时,智能合约的法律意义与效力也备受关注。智能合约通过这些自动化的方式直接将权利分配给知识产权使用者,将收益分配给知识产权所有人。② 例如,著作权法并没有相关规定认可自动化智能合约是否符合合同法意义上的各种合同及协议并具有同等的法律效力。但是,自动化智能合约当条件触发执行时,不可避免地排除法定许可制度和合理使用制度的适用。③ 对此有必要进行一些规制,比如设立专门的区块链智能合约监管机构,由监管机构核实自动化智能合约在执行时是否符合"合理使用"和"法定许可"情形。

从法律角度推动智能合约在数字版权上的发展与应用,应注意以

---

① 李永明,赖利娜. 区块链背景下数字版权全链条保护的困境与出路[J]. 科技管理研究,2022(10):140-150.

② Vehbi A . Core Issues of Copyright Law in the Digital Environment:The Promise of Blockchain[J]. International Journal of Applied Engineering Research,2018(20):14510-14516.

③ 李永明,赖利娜. 区块链背景下数字版权全链条保护的困境与出路[J]. 科技管理研究,2022(10):140-150.

下几个方面：一是加强智能合约法律认可度。应该在立法中对智能合约的法律效力和适用进行明确规定，以促进智能合约的发展和应用；同时，应该加强智能合约安全性、账户管理和联盟链治理等方面的规范。二是强化智能合约技术合规性。为保障数字版权的合法权益，应加强智能合约技术流程的合规性检查，规范智能合约在数字版权中的应用场景和操作流程。三是完善智能合约监管机制。由于区块链技术与智能合约的应用具有一定的匿名性，因此需要建立健全智能合约监管机制，并建立侵权判定标准，加大侵权惩罚力度。四是推进智能合约数字化保护技术的发展。为鼓励健全数字版权保护体系，应该大力支持智能合约数字化保护技术的研发和应用，以实现版权保护、发掘和利用价值的有机融合。五是依法保护智能合约参与者的合法权益。应该根据智能合约的合同性质，对其参与者的合法权益进行保护，加大侵权追究力度，共同维护参与者合法权益。

（三）建立统一的区块链存证司法审查方式

在区块链知识产权平台上获取的电子证据部分存在相关证明力问题，主要是因为在司法实践中缺乏对区块链电子存证的审查。[①] 知识产权所有人可能希望使用第三方平台运用区块链进行电子证据维权以降低取证成本缩短取证时间，然而，被告方通常会以区块链技术存证本身及操作的不规范性质疑证据的真实性、客观性。[②] 由此可见，亟须建立统一的区块链存证司法审查方式，尤其是要严格审查证据的真实性、合法性、关联性。[③]

---

① 李永明，赖利娜. 区块链背景下数字版权全链条保护的困境与出路[J]. 科技管理研究，2022
（10）：140-150.

② 雷蕾. 从时间戳到区块链：网络著作权纠纷中电子存证的抗辩事由与司法审查[J]. 出版广
角，2018（15）：10-14.

③ 赖利娜，李永明. 区块链技术下数字版权保护的机遇、挑战与发展路径[J]. 法治研究，2020
（4）：127-135.

在审查区块链证据真实性方面。一是应该核实存证机构的合法性、信誉度和技术能力，以确定存证机构所提供的证据是真实可信的。二是应该分析区块链交易记录，确保证据来自区块链网络，并且具有不可篡改性和完整性。这就需要确保交易记录没有被删除或修改过，同时需要确保证据的数据来源真实可靠。例如，建立一个可信的数据入口，只接收来自实名认证的合法数据请求，严格遵守相关法律规定。确保，证据来源符合法律法规要求。三是应该综合运用各种证据资源，而不能只采取单一证据来推断其他证据与之一致，要对其他证据的真实性和原始性予以审查，从而最大限度实现证据目的。

在审查区块链证据合法性方面。一是需要考虑证据是否符合法律规定。例如，团队成员是否签署了相关协议，原始数据的真实性是否合法，封闭证据链条是否规范等。二是确认证据的时间可靠性和准确性，确保证据时间与争议事项相关。三是检查证据链的完整性和可追溯性，是否可以追溯到存证链的起点，证据是否完整，证据链中的所有节点是否按照规定进行了验证和存储。总之，在司法审查中，需要考虑证据链的准确性和完整性，以及证据的来源、时间和法律适用性来确定区块链证据的合法性。

在审查区块链证据关联性方面。一是获取所有相关证据，包括区块链上的证据链和其他任何可能的证据。其中，与区块链有关的证据需要进行相关处理，以便于后续的分析。二是处理证据数据。对收集的证据进行数据处理，将相关证据转化为数字形式，以便于分析和比对。例如，对区块链证据进行数据提取和转化，将区块链交易信息转化为可读格式。三是确认证据关联性。通过对所有收集到的证据进行比对，去分析它们之间的联系和相互关系。关联性分析可以通过多种技术手段，如数据挖掘、图论分析、机器学习等去实现。四是构建证据链关系。通过确定不同证据之间的联系和关系来建立证据链关系，以确保证据的完整性和真实性。例如,通过比对多个区块链交易记录,可以确定证据链的顺序和完整性。五是确认证据的权威性。在确认证据关联性和证据链关系的基础上,可以对证据的权威性和可靠性进行判断。这包括对证据来源和证据链的完整性的进一步核查。这些步骤可以帮助建立区块链证据的关联性和证据链关系,从而确保证据的完整性和真实性,提高司法审查的有效性和速度。

总之,在数字版权领域建立统一的区块链存证司法审查方式,应注意以下几个方面:一是推广标准化的存证方案。应制定行业标准和技术规范,建立具有广泛认可度和稳定性的区块链存证体系,以支持数字版权领域的存证需求。二是健全相关法律法规。应出台相关法律法规,明确区块链存证与司法审查的规范和标准,保障数字版权领域的权利主体合法权益。三是建立可信的存证机构。建立专业的存证机构,负责存储证据和提供存证服务,确保存证数据的完整性、真实性和有效性。

【实践探究】

(一)信息拓展

杭州互联网法院所运用的司法区块链存证系统是一个基于区块链技术的司法证据存证平台,于 2018 年 9 月 18 日上线。该系统将存证数据以哈希值的形式存放在区块链上,并注明数据的产生时间。使用该平台存证的数据一旦被存入区块链,将不可更改或删除,且数据归属不容易产生争议。因此,该平台有助于保证司法证据的真实性、完整性和不可更改性,提高了证据使用效率,缩短了审理时间,同时也降低了维权成本。值得一提的是,在该平台上存证的数据类型非常广泛,从文本数据、音视频数据、图片数据到自定义格式数据,都可以通过该平台进行存证。

总之,通过使用互联网存证系统进行存证,可以提高实名认证的可信度,避免资料被篡改或者删除,避免证据被否定,降低诉讼成本,提高诉讼效率。该系统的推出,也为其他司法领域的存证机制及取证工作提供了启示和借鉴,进一步推进了司法信息化建设。

(二)交流讨论

区块链在知识产权保护中的应用也存在另一种声音。据了解,知识产权的认定只能依据国家法律法规。区块链登记的版权作为证据时,如果发生违规抄袭登记,会产生确权的重大纠纷,甚至加大维权成本。于是有人断言区块链在知识产权保护方面的场景其实是个伪命题,区块链+版权这条路根本走不通。你对此怎么看?

(三)典型案例

2018年6月,杭州互联网法院宣判了全国首例区块链存证案。原告华泰一媒公司为证明被告道同公司在其运营的网站上发表了原告享有著作权的相关作品,通过第三方平台对侵权网页进行自动抓取及源码识别,将该两项内容和调用日志等压缩包计算成哈希值上传至公证通区块链和比特币区块链中,并由一家司法鉴定中心出具了鉴定报告。杭州互联网法院对于法律依据,包括证据的认证标准,以及其中涉及的相关技术原理,都进行了详细阐释和审查,最终支持了原告采用区块链作为存证方式,并认定了对应的侵权事实。①

这一案件的判决表明了区块链存证技术的合法性和可靠性,并为未来的相关案件审查打下了基础。此后,在国内法院系统中,越来越多的案件也开始将区块链存证技术作为一种存证方式,进一步推动了区块链技术在法律领域的应用和发展。

(四)调查研究

区块链电子存证应用于法院的实例,如 2018 年,浙江省诸暨市人民法院开发了一个区块链电子证据系统,用于存储和管理法院案件中的电子证据。该系统不仅可以保证电子证据的安全性和真实性,还可以实现证据的快速获取和审查。该法院已经成功地将这个系统应用到多个案件中,取得了显著的效果。

【习题】

1. 区块链的特征有哪些?

2. 区块链如何应用于知识产权保护?

3. 区块链应用于知识产权保护会带来哪些法律问题? 请举例说明。

4. 请以"区块链第一案"为例分析区块链证明力问题。

---

① 　陈蓦,张名扬. 区块链在互联网司法中的应用与发展——基于杭州互联网法院司法区块链平台的实证分析[EB/OL]. (2020-10-02)[2022-12-18]. http://fxcxw. mzyfz. com/dyna/contentM. php? id=14982.

第二节　人工智能与知识产权保护

【案例导入】

人工智能生成物的种类和数量逐步增多,对版权体系带来的冲击也不断增大,作品、作者等传统法律概念正在受到挑战。比如,人工智能生成物是否应当受到版权的保护? 如果应当受保护,那么作者是谁? 版权保护期有多长? 侵权行为发生之后责任主体又是谁? 北京菲林律师事务所诉北京百度网讯科技有限公司侵害署名权、保护作品完整权、信息网络传播权纠纷案(简称菲林诉百度案)是我国首例人工智能生成内容著作权案件,具有一定的意义。该案中,被告辩称文章是采用法律统计数据分析软件自动获得,本质上是算法的运作,原告没有投入智力劳动创造[①],文章也不具有独创性,不属于著作权法保护范围。原告主张该文章中包含了人工加工,投入了人类的智力劳动,具有独创性,应受保护。北京互联网法院判决认定人工智能生成的数据报告具有一定的创造性,但不是著作权法意义上的作品。[②] 虽然分析报告不构成作品,但也并非进入公众领域,

---

① 雷丽莉,朱硕. 人工智能生成稿件权利保护问题初探——基于 Dreamwriter 著作权案的分析[J]. 传媒观察,2022(5):62-69.

② 朱倩雯. 人工智能生成物的知识产权保护探究[J]. 河南科技,2022(22):120-125.

不能被他人任意使用,需赋予投入者一定的权益保护。[①] 关于人工智能生成物的著作权问题,目前仍存在着立法空白问题与学术争议,司法实践也较少涉及,并没有形成统一的法律规范,值得进一步探讨思考。

一、人工智能的界定

人工智能是指利用计算机技术和算法实现人类智能的一种方法或技术。通俗地讲,人工智能是指让计算机拥有像人类一样的智能水平,并且能够像人类一样去思考,甚至超越人类的推理能力、学习能力、感知能力等。人工智能领域涉及的技术和理论包括:机器学习、深度学习、自然语言处理、图像识别、语音识别、专家系统、知识表示与推理、规划、决策等。一般认为人工智能描述了计算机模拟人的某些思维过程和智能行为(如学习、思考、推理、规划等)过程。[②] 人工智能的理论和技术正在日益成熟,应用领域也在不断扩大,可以设想,未来人工智能带来的科技产品将会是人类智慧的"容器"。[③]

人工智能的发展历程可以划分为三个阶段。符号主义阶段:从20世纪50年代到70年代,以符号推理为主,以逻辑推理为核心,开发者认为人工智能可以通过模拟人类推理过程来实现智能化运行。但是,符号主义阶段的人工智能存在着知识表示和推理效率等问题,难以处理复杂的实际问题。连接主义阶段:从20世纪80年代到90年代,以神经网络为主,以学习为核心,开发者认为人工智能可以通过学习和

[①]　北京互联网法院(2018)京0491民初239号民事判决书。

[②]　吴汉东.人工智能时代的制度安排与法律规制[J].法律科学(西北政法大学学报),2017(5):128-136.

[③]　王皓.人工智能时代已经到来[J].计算机与网络,2017(8):16.

训练来实现智能。连接主义阶段的人工智能解决了知识表示和推理效率等问题,但受限于硬件和数据质量等。现代主义阶段:从21世纪初到现在,以深度学习为主,以大数据和大算力为支撑,开发者认为人工智能可以通过深度学习和大数据处理来实现智能。现代主义阶段的人工智能取得了重大突破,如图像识别、自然语言处理、机器翻译等。这些成果已经开始应用于各个领域,但也面临着数据泛化能力不足、模型可解释性问题等挑战。① 目前的人工智能＝算法＋算力＋数据,是一种弱人工智能。

二、人工智能的主体资格问题

当前学界对于人工智能是否具有法律主体资格有两派观点。一派认为人工智能不是法律主体,理由如下:其一,人工智能不具有财产、业务独立的责任能力,最终的法律责任承担者都是人。其二,法律人格之核心,在于自然人和自然人集合体(法人)的意识能力。人工智能不具有意识能力,不具有完全的独立思维。其三,技术层面,人工智能没有自身的目的,其特定的目的是人类所设计,被人类所限定;同时人工智能可以读取和分析的知识信息是由人类输入,所支配的知识信息种类和范围由人类决定。② 另一派认为人工智能可被视为法律主体,理由如下:其一,人工智能具备相当程度的自主判断和决策能力,这为其赋予了主体资格。其二,在法律史的长河中,民事主体的范围已经从自然人扩展到了法人,而民事主体制度也在不断演化,最终形成了一种独立于自然人人格的"拟制人格",这为人工智能主体资格的制度奠定了基础。其三,就人工智能拟制人格的具体建构而言,可以

---

① 王耀彬.类人型人工智能实体的刑事责任主体资格审视[J].西安交通大学学报(社会科学版),2019(1):138-144.

② 吴汉东.人工智能生成发明的专利法之问[J].当代法学,2019(4):24-38.

在一定条件下授予人工智能部分的法律人格,即具有有限的权利、行为和责任。

当前人工智能尚未达到类人智能或超人智能水平,不能将人工智能作为行为主体对待。从技术角度看,现在技术实现层次还很低,行为主体出了问题肯定只能找它的设计者。从哲学角度看,赋予人工智能"主体"地位很荒诞。[①] 从法学角度看,人工智能不是法律主体。不具有独立的财产、业务独立的责任能力,最终的法律责任承担者都是人。法律人格之核心,在于自然人和自然人集合体(法人)的意识能力。在当前"弱人工智能时代",民事主体制度的根基不应被动摇,这一点是毋庸置疑的。智能机器人不具有意识能力,不具有完全的独立思维。人工智能已经超越了传统司法审判的适用范围。因此,人工智能并不具备承担社会责任的能力。

三、人工智能在著作权法上的问题

(一)人工智能生成物的作品性探析

《著作权法》[②]及《著作权法实施条例》[③]均对作品的定义及范围进行了具体规定。基于我国法律规范,有学者认为,作品需具备三个要件:是人类的智力成果,能够被他人客观感知,具有独创性。[④] 作品构成要件中的独创性可以为进一步探析人工智能生成物是否构成作品提供思路。

---

① 刘诗瑶. 你会爱上机器人吗?[N]. 人民日报,2017-07-10.

② 《著作权法》第三条:本法所称的作品,是指文学、艺术和科学领域内具有独创性并能以一定形式表现的智力成果,包括:(一)文字作品;(二)口述作品;(三)音乐、戏剧、曲艺、舞蹈、杂技艺术作品;(四)美术、建筑作品;(五)摄影作品;(六)视听作品;(七)工程设计图、产品设计图、地图、示意图等图形作品和模型作品;(八)计算机软件;(九)符合作品特征的其他智力成果。

③ 《著作权法实施条例》第二条:著作权法所称作品,是指文学、艺术和科学领域内具有独创性并能以某种有形形式复制的智力成果。

④ 王迁. 知识产权法教程[M]. 5 版. 北京:中国人民大学出版社,2016:23-25.

　　人工智能生成物不具有独创性。虽然我国著作权法并未对独创性进行直接规定,但是相关学者、审判指南、司法实践均对独创性的内涵进行了一定的解读。王迁认为独创性可以分解为源于本人的独立创作和具有一定程度的智力创造性两部分,此观点也被普遍认同。北京市高级人民法院发布的《侵害著作权案件审理指南》第 2.2 条规定,认定独创性,应当考虑"对表达的安排是否体现了作者的选择、判断","认定表达是否具备独创性与其价值无关"。在我国司法审判实践中,各地法院也对独创性具有一定的判断。比如在刘某与北京搜狗科技发展有限公司著作权权属、侵权纠纷案中,法院认为,原告在查阅相关资料后,在自己理解的基础上进行了编写,词条的个性化表达传递了原告的思想,体现了原告的选择,具备独创性,构成了文字作品。[①] 在上海李海雁侵犯著作权案中,法院认为,李海雁的"龙桃子"玩具虽然与"机动战士高达"系列拼装玩具存在细微差距,但是并没有体现行为人创作的个性化表达,不具有独创性,不构成新的作品,而是基本保留了原作品的基本表达,侵犯原作品的复制权。[②] 由此可见,独创性是指作品由作者独立完成,区别于先有作品,而且具有一定的创造性,主要体现在作者特有的选择、设计、编排、组合上。从前文对独创性的分析可知,作品是作者精神与意识的产物,产生于作者独立的、特别的创作,体现了其独特的聪明才智与个性表达。这就使著作权法上的创作与人工智能生成物有很大区别。王迁认为,由人工智能生成,在表现形式上与人类作品相同的内容,应当根据著作权法的原理判断其是否确实属于作品。人工智能生成的内容是应用算法、规则和模板的结

---

①　北京互联网法院(2019)京 0491 民初 3592 号民事判决书。
②　最高检发布 2018 年度检察机关保护知识产权典型案例之十:上海李海雁侵犯著作权案。

果,与体现个性化的智力创作存在根本区别。[①] 根据《人工智能安全标准化白皮书(2019版)》,虽然人工智能领域已取得突破性进展,但是目前的专用人工智能还是缺乏自主意识,不能真正实现概念抽象、推理决策、解决问题,属于弱人工智能。通用人工智能仍处于起步阶段,距离人类智能还有较大差距。[②] 现在的人工智能只是在实施优化的算法与程序,通过固定的流程与方法,得到确定的结果,并不存在体现个性化的不同结果。由此可见,目前人工智能生成物的"生成"过程,更多的是通过算法程序等的应用套用,与富有个性的编排、选择的"创作行为"相差甚远,并非自然人的智力劳动,没有体现自然人的智力投入,既不符合"独创性"的要求,也不符合"智力成果"的要求,不能为其获得著作权保护提供支持。比如微软小冰创作诗歌,其实只是对输入的大量诗人的诗歌的意象进行搭建组合,缺乏对整体意境的把握与内心情感的表达,仅仅是一种机械的排列,并没有体现作者精心的选择、编排,不符合独创性的要求。2019年国际保护知识产权协会(AIPPI)伦敦大会发布的《人工智能生成物的版权问题决议》确定,只有在AI生成物的生成过程中存在人类干预且生成物满足作品的其他要求的情况下,AI生成物才能获得版权保护。[③] 由此可见,人工智能独自完成的生成物,在"创作"过程中并没有融入具体自然人的个人思想、情感表达,其生成内容不是人类智力活动的成果,不可能成为适格作品。而且目前,机器写作仅仅局限在部分重复、烦琐、平淡的文章类型,无

---

① 王迁. 论人工智能生成的内容在著作权法中的定性[J]. 法律科学(西北政法大学学报),2017(5):148-155.

② 人工智能安全标准化白皮书(2019版)[EB/OL]. (2019-11-05)[2020-09-27]. http://www.cesi.cn/201911/5733.html.

③ AIPPI. Resolution Copyright in Artificially Generated Works English[EB/OL]. (2019-08-12)[2022-07-10]. http://www.aippi.nl/nl/documents/.

法从事体现想象力、具有文学意境、饱含充沛感情的创作工作。① 因此,人工智能生成物不符合作品构成要件中独创性、智力成果的要求,不能构成作品。

　　人工智能生成具有独创性。吴汉东认为,人工智能生成之内容,即机器创作的作品,实为人机合作的智力成果,因其首先是人类为特定目的而设计的作品生成软件,其次人工智能创作过程中,大量储备的文本语料和加工合成的语言模型本身,无一不是包含人类作者的创造劳动。② 在没有著作权保护的情况下,就会出现机器人复制机器人作品、自然人抄袭机器人作品的"合法行为"。著作权领域的"灰色地带"过于泛滥,不利于保护投资人、创造人投入人工智能创作的激情。张晓津认为,人工智能在现阶段仍属于创作工具,其创作物本质上仍然是人类作者思想的表达。此时,人工智能创作物如果符合"独创性"条件,仍应被认定为作品,仍应受到著作权法的保护。但人工智能如果发展到强人工智能时代,该人工智能创作物的完成已经在一定程度上摆脱了人类预设的软件算法,即使要赋予其作品法律地位,也需要对现行法律进行一定程度的修改。易继明认为,独创性中所谓"人"的创作这一理解,说到底是一个权利归属问题,它与"作品是否在表达形式上具备足够的创造性从而享有版权"是两个不同的问题。版权法中的独创性判断标准,应当向客观化判断标准倾斜,即从形式上考察其是否与现存的作品表达不一样,并在人类自己所创设符号意义上是否能够解读出具有"最低限度的创造性"。梁志文认为新技术类的版权案件并未强调作品中作者的个性,人类某种程度的介入逐渐成为判断作品具有独创性的标准。作者个性鲜明体现了人类创造性的条件逐

---

　　① Rutkin A. Rise of Robot Reporters: When Software Writes the News[J]. New Scientist, 2014(2962):22.
　　② 吴汉东. 人工智能生成作品的著作权法之问[J]. 中外法学,2020(3):653-673.

渐消退,法院甚至认为作品的创造性无需来自作者的主观意识。以作品受众为标准来确立作品的创作要件,也符合作品的审美理论。

（二）人工智能著作权的主体性探析

人工智能能否成为权利人？反对派代表人物有萨缪尔森、佩里、马高尼,理由是:其一,版权制度在历史上一直都只对人授予版权。机器享有知识产权毫无意义,它不需要获得排他权来激励其生成内容。排他权的保护实际上无人受益,社会却要承担排他权保护所产生的反公地悲剧和消极外部性等不利后果。其二,现有主体具有法律人格。赞成派代表人物有艾博特、戴维斯,理由是:其一,赋予非人类作者/发明人法律人格,将为人类利用动物、人工智能之创造能力提供新的激励手段。其二,法人可以被赋予法律人格,机器为什么不能？

人工智能无法成为著作权主体。我国《著作权法》第二条将享有著作权的主体限定为"中国公民、法人或者其他组织"和符合条件的"外国人、无国籍人"。从法教义学角度来看,著作权主体不能脱离"人"。我国的司法判例同样认同人为著作权主体的观点。在长沙动物园诉当代商报社等著作权纠纷案中,法院认为海豚不具有法律上的人格意义,既不是表演者,也不能构成著作权的权利主体。[①] 其他国家对于这些问题的规定具有一定的借鉴意义,例如在 6 岁猕猴通过摄影师大卫·斯莱特(David Slater)的相机拍摄"自拍照"引发的版权归属案中,法院认为从美国版权法规定、司法判例以及美国版权局(Unitied States Copyright Office)的版权登记手册规定均可知,作品必须是由人创作的,作者身份均为"人"。因此猕猴不是美国版权法意义上的"作者"。[②] 由此可见,人是作品表达的前提,只有人才能成为著作权法

---

① 湖南省长沙市中级人民法院(2003)长中民三初字第 90 号民事判决书。
② 王迁.知识产权法教程[M].5 版.北京:中国人民大学出版社,2017:24.

中的作品的作者。因为只有人才具备创作领域中的思想表达、创新想象、审美表达等。[1] 而人工智能作为机器,其算法行为是纯理性的机器运算,没有投入情感,同时也不具备独立的财产与责任能力,无法承担侵权责任,不符合著作权主体为人这一要求。此外,我国著作权法的立法目的[2]是鼓励作品创作,促进文化传播。知识产权的激励制度,在激励创作的同时,也促进了知识的传播与学习。[3] 通过赋予作者一系列著作权利,使得作者获得回报,激励其继续创作,最终增加智慧创作物的数量,推动科技进步与文化繁荣,提升社会的整体福利。人工智能不具备人类理性,"创作"没有趋利避害的目的性,仅仅是通过深度学习的计算算法自动完成。[4] 若将其授予著作权主体地位,则无法实现知识产权的激励目标,故人工智能并不具有著作权主体资格。

人工智能可以成为著作权主体。人工智能具备相当程度的自主判断和决策能力,这为其成为著作权主体奠定了坚实的基础。在此前提下,人工智能主体地位才得以确立。随着法律史的发展,民事主体的范围已经从自然人扩展至法人,因此,民事主体制度的演化产生了一种独立于自然人人格的拟制人格,这是一个可容纳智能机器人主体资格的制度基础。至于智能机器人拟制人格的具体建构,可以有条件地赋予智能机器人部分的法律人格,即有限的权利能力、行为能力和责任能力。[5] 但是可以肯定,在当下"弱人工智能时代",不宜动摇民事

---

① 吴汉东. 人工智能生成作品的著作权法之问[J]. 中外法学,2020(3):653-673.

② 《著作权法》第一条:为保护文学、艺术和科学作品作者的著作权,以及与著作权有关的权益,鼓励有益于社会主义精神文明、物质文明建设的作品的创作和传播,促进社会主义文化和科学事业的发展与繁荣,根据宪法制定本法。

③ 冯晓青,周贺微. 公共领域视野下知识产权制度之正当性[J]. 现代法学,2019(3):127-137.

④ 詹爱岚,姜启. 人工智能生成物的邻接权保护探析[J]. 浙江工业大学学报(社会科学版),2021(4):412-417.

⑤ 袁曾. 人工智能有限法律人格审视[J]. 东方法学,2017(5):50-57;陈吉栋. 论机器人的法律人格——基于法释义学的讨论[J]. 上海大学学报(社会科学版),2018(3):78-89.

主体制度的根基。①

　　（三）人工智能生成物的权利归属之探析

　　知识产权具有激励作用，赋予作者对作品的垄断权是智力成果产生的必要条件。② 随着人工智能产业的不断发展，如若无法对日益增多的人工智能生成物进行明确的权利配置，不保护权利也不规范使用，肆意侵犯他人权利或者任由他人使用，必然会大大降低设计者和投资者的积极性，对人工智能版权行业造成负面影响。一般情况下著作权原始归属于实际创作作品的自然人，特殊的职务作品、法人作品、电影作品以及其他若干种类作品由著作权法作出明确规定。

　　如果人工智能生成物的权利归属不属于人工智能，属于何者？一种观点认为实然层面归属于披露人。王迁认为人工智能生成的内容不构成作品是法律对其的应然定性。③ 未披露为人工智能生成物，使得他人误以为作品从而获得著作权的保护，是有别于法律的实然状态。这是信息不对称造成的作品认定应然状态与实然状态的对立。另一种观点认为归属于人工智能的设计者或所有人。熊琦持有的观点为人工智能生成内容无法被识别，根本不存在归属于人工智能的作品或完全由人工智能创作的作品，无论来源如何，被认定为作品的对象只可能归属于人，可以将生成内容在著作权法上视为代表设计者或训练者意志的创作行为。④ 张平认为署名权之外的其他权利应当归属于控制人。吴汉东等认为，如果承认人工智能生成作品的"可版权性"，那么法律可以通过保护机器人作品达到保护机器人的创造人和

————————

　　① 丛立先. 人工智能生成内容的可版权性与版权归属[J]. 中国出版，2019(1)：11-14.
　　② 冯晓青. 知识产权法哲学[M]. 北京：中国人民公安大学出版社，2003：196.
　　③ 王迁. 论人工智能生成的内容在著作权法中的定性[J]. 法律科学（西北政法大学学报），2017(5)：148-155.
　　④ 熊琦. 人工智能生成内容的著作权认定[J]. 知识产权，2017(3)：3-8.

所有人的目的。① 换言之,该项著作权应根据贡献度进行个案综合判断其归属于机器人的创造人或所有人。在强人工智能时代,人工智能创作物由人工智能有意识地自主完成,其创作物的完成与人类无直接关系,则其著作权的归属可以考虑按照张平教授的观点,归属人工智能的实际控制者,对人工智能给予其在作品上署名的权利。易继明认为狭义的版权旨在保护真正的创作者,邻接权则旨在保护投资者。② 在人工智能领域,创作者难以寻觅。设计者本人无法控制人工智能创作物最终的形式。因此,就产业经济形势而言,将智能作品广义的版权授予人工智能的所有者或者使用者,可能是一种较为实际和合理的选择。梁志文认为进入公有领域的制度设计更适合"超人类智能"技术的时代。在人工智能时代,赋予知识产权的保护也是符合知识产权法激励创新的基本目标的。③ 在具体制度选择上,英国《版权、设计和专利法》(CDPA)第9条第3款的做法行之有效,立法成本最低,完全能够解决人工智能技术所带来的权利归属困境。为计算机所生成作品进行必要程序者,视为该计算机生成作品的作者。

【实践探究】

(一)信息拓展

科学技术的发展带来了知识产权法律制度的变革。

通常认为,在1709年《安娜法》出现之前的时代属于前著作权时

---

① 吴汉东,张平,张晓津. 人工智能对知识产权法律保护的挑战[J]. 中国法律评论,2018(2):1-24.

② 易继明. 人工智能创作物是作品吗? [J]. 法律科学(西北政法大学学报),2017(5):137-147.

③ 梁志文. 论人工智能创造物的法律保护[J]. 法律科学(西北政法大学学报),2017(5):156-165.

代,而这个时代零星的、不成体系的著作权保护制度属于前著作权制度。15世纪,威尼斯印刷商冯·施贝叶获得了印刷出版的专有权利,这是西方第一个由统治者颁发的保护著作权的特许令。从此以后,罗马教皇于1501年、法国国王于1507年、英国国王于1534年都曾经为印刷出版商颁发过禁止他人随便翻印书籍的特许令。虽然这是一种封建特许权,不是法律意义上的财产权,但是它的出现意味着传播技术第一次真正对著作权制度的建立和发展产生了实质性的推动和影响。

互联网革命加速了信息的流通,使信息资源得到了充分的共享,促进了科学文化传播与交流。现代信息技术的显著特点就是数字化、网络化,这两个特点已经成为现代社会不可缺少的一部分。数字技术为著作权提供了一种新的表达方式,同时也为著作权带来了一系列的法律问题。在数字化的网络环境中,创作、传播和使用都可以很容易地实现数字化,这给侵权行为带来了方便,却给版权人的合法权益保护带来了更大的困难,从而产生了一些现行知识产权管理体系无法解决的问题。近年,许多国家对作为互联网信息源的数据库、作为应用工具的计算机软件、集成电路布图设计、多媒体作品都制定了相应的法律规范进行保护,我国也制定了《计算机软件保护条例》等法律文件。这些保护对象是传统知识产权法律所未曾涉及的,也不符合原规定的种类。这些规定的实质是扩大了传统知识产权的范围。

科技加速发展对发明专利授权时限提出了挑战,新科技对知识产权保护客体范围提出了挑战。

随着科技的飞速发展,知识产权制度也迎来了前所未有的发展机遇,例如人工智能分析技术的应用,为知识产权审查提供了更高效、更优质的解决方案;运用人工智能、区块链以及时间戳技术,可有效提升知识产权确权的效率,同时降低确权所需成本;人工智能技术能够实现专利与商标之间的有效转换。利用人工智能和大数据等前沿技术,可以更加精准地评估知识产权的价值,从而推动知识产权的有效应用。

（二）交流讨论

微软公司的人工智能产品"微软小冰"（简称小冰）已于2017年5月出版人工智能诗集《阳光失了玻璃窗》。据介绍,小冰对1920年以来519名现代诗人的作品进行了1万次迭代,每次迭代耗时0.6分钟,最终拥有了"读图作诗"的能力,并形成了自己的文风。小冰使用最多的意象是老槐树,然而,小冰对自己的作品并不具有理解力。据微软公司介绍,小冰曾以27个化名在天涯、豆瓣、简书等网络社区发表作品,引发读者的讨论,但没有人发现小冰是人工智能。这就引出了一个问题:是否要保护人工智能生成物?

（三）典型案例

2019年4月,北京互联网法院对北京菲林律师事务所诉百度网讯科技有限公司侵害署名权、保护作品完整权、信息网络传播权纠纷案作出一审判决,认为原告利用法律统计数据分析软件生成的分析报告,不是自然人创作,不能认定为著作权法意义上的"作品"。这起案件被称为我国首例AIGC（AI Generated Content,人工智能生成内容）著作权案,法院明确认为计算机软件智能生成内容不构成作品。

而在第二起国内AIGC著作权侵权案——深圳市腾讯计算机系统有限公司与上海盈讯科技有限公司侵害著作权及不正当竞争纠纷案（简称腾讯诉盈讯案）中,法院给出了截然不同的判决。该案的原告是腾讯公司。2018 年，腾讯在网站发表了一篇由腾讯机器人 Dreamwriter 自动撰写的股市新闻，当天盈讯科技也在其运营的网站上发布了相同文章。

2020 年 1 月，深圳市南山区法院审理认定，Dreamwriter 作为创作工具，涉案文章的创作过程体现了原告的创作意图，内容具有独创性，是原告主持创作的法人作品。这是全国首例认定人工智能生成的文章构成作品的生效案件。

国内两起有关 AIGC 版权纠纷的案件，出现"一正一反"的判决结果，恰恰反映出当前 AIGC 可版权性的争议现状。《南方都市报》记者注意到，目前学界有不少专家从客观独创性标准出发，认为当由 AI 创作的内容在表现形式上同人类创作的几乎没有区别，符合作品的构成要件时，即可给予版权保护，无需考虑创作者是人还是 AI。

AIGC 技术指的是利用人工智能技术从网络上收集和分析的信息和数据，生成新的数据、文本、音频、图像或视频等内容的技术。对于 AIGC 技术的侵权问题，应当依据相关知识产权法律规定，包括著作权、商标权、专利权等，来界定侵权行为。

在未来，随着 AIGC 技术的广泛应用，相关的侵权案件可能会增加。因此，各方需要积极探索并完善相关法律制度，加强对知识产权的保护，避免侵权问题对 AIGC 技术的进一步发展造成负面影响。

【习题】

1. 人工智能能否成为作品权利人？

2. 人工智能生成物是不是作品？

3. 人工智能生成物的著作权归属有哪些理论支撑？

第三节 大数据技术与知识产权保护

【案例导入】

淘宝（中国）软件有限公司（以下简称淘宝公司）作为"生意参谋"电子商务数据产品的开发者和运营者，向淘宝和天猫平台上的商家提供数据参考服务，其目的是帮助商家提高管理效率。安徽美景信息科技有限公司（以下简称美景公司）通过其"咕咕生意参谋众筹"网络平台，提供远程操作，吸引、组织和协助他人获取"生意参谋"的信息，从而获取相应的收益。法院认定，美景公司没有进行任何形式的创作，而是将淘宝公司的数据产品直接用于谋利，属于不正当竞争，判决美景公司终止侵权行为，并对淘宝公司进行赔偿。值得思考的是："咕咕生意参谋"收集使用信息是否合法？淘宝公司对数据产品是否享有法定权益？

我国"十三五"规划提出实施国家大数据战略。2015年，国务院印发《促进大数据发展行动纲要》，明确了发展大数据、促进大数据交易的要求。数据的采集、分析、应用，以及大数据产品的交易，是实施大数据创新行动计划的重要环节；鼓励企业和公众发掘利用开放数据资源，能够激发创新创业活力。在大数据技术迅猛发展的背景下，数据资源被称为"新石油"，甚至被称为"新的国家核心资产"。工业和信息化部《大数据产业发展规划（2016—2020年）》指出，我国信息化发展水平日益提高，对数据资源的采集、挖掘和应用水平不断深化，我国已成为产生和积累数据量最大、数据类型最丰富的国家之一。大数据产品是大数据运用的重要场景。其既收集来自个人、法人组织乃至国家机构的数据，又对多主体多场景数据进行加工、分析、整合，通过多种技术手段产生新的数据，并将该类数据进行交易流通。由于大数据产业为新兴产业，数据又为非传统物权可规制客体，因此大数据技术下的非结构化数据、半结构化数据和结构化数据在数据收集、使用、流通过程中面临一系列法律规制问题，其是否受知识产权保护是本节重点研究的内容。

数据本身并非知识产权的保护客体，但数据如经过大数据技术开发或智力创造加工后转化为一种新的分析数据或者汇编集合，赋予其一定的独创性，则可能纳入知识产权的保护范畴，如数据库和大数据软件的著作权、相关商业模式及操控分析数据的专利权、大数据信息所形成的竞争优势以及含有技术信息或经营信息中的商业秘密等。因此，我国知识产权法律体系中的著作权法、专利法和反不正当竞争法均可在一定程度上为大数据信息和大数据产业提供相关的法律保护。

一、大数据技术的界定与特征

大数据技术可以理解为在巨量的数据资源中提取有价值的数据并加以分析和处理，以下为其主要特点：第一个特点在于数据量巨大。由于在海量信息中挖掘有用信息所需要的时间很长，因此必须有一个合适的方法对其进行快速分析。大数据起始计量单位至少为 P(1000T)、E(100 万 T)、Z(10 亿 T)。从这个角度来讲，大数据就是一个数量庞大且分布广泛的数据系统。第二个特点在于其品种和来源的多样性。随着信息技术发展而产生的大量新技术、新应用以及新方法，使得数据数量呈几何级数增长。网络日志、音频、视频、图片、地理位置信息等多种类型的数据对处理能力提出了更高的要求,无论是结构化、半结构化还是非结构化,都需要具备相应的处理能力。种类繁多这些特点使其在很多领域具有巨大的应用价值。第三个特点在于数据的价值密度相对较低,仿佛是在汹涌澎湃的浪潮中淘洗着沙砾。数据越丰富,所需的存储空间越大,这就意味着成本越来越高。在大数据时代,随着互联网和物联网的广泛普及,人们对信息的感知变得无处不在,信息数量庞大,但其价值密度相对较低,因此如何运用业务逻辑和强大的机器算法来挖掘数据的价值,成为最迫切需要解决的问题。第四个特点在于速度快、时效高。为了满足搜索引擎的需求,用户需要在几分钟内获取新闻信息,而个性化推荐算法则强调实时推荐的重要性。大数据的独特之处在于其与传统数据挖掘有着显著的差异。

二、大数据技术收集过程存在的法律问题

(一)大数据技术收集模式

数据收集是指获取非结构化的数据,并将其存储至结构化的数据库的过程。正确界定数据收集应当注意以下两点:一是数据收集行为不仅包括获取数据的行为,还包括存储数据的行为。二是数据应当存储于结构化的数据库,将数据记录于结构化数据库之外的数据记录行为不属于数据收集行为。大数据技术收集模式分为两种,一种是信息主体是信息提供者。这种收集模式通常是在某一特定领域内采集用户的个人信息并整理分类后形成一个数据库。在此种情形下,主要收集三种信息:其一,信息主体在使用某项服务时,自主填写或通过信息补全入口提交的资料,其中包括个人姓名、身份证号码、身份证照片、联系邮箱、车辆信息、学籍学历、公积金信息等。如需要验证,可直接与该人进行核对。其二,在进行身份验证或确认授权真实性时,所收

集到的人脸头像图片等是通过人脸识别等高级技术所获得的。其三，利用个人信息进行支付或其他业务处理时，收集的个人基本属性、工作单位和电话号码等。为了确认所采集的网络环境和设备环境信息是否源自本人，需要进行相应设备或操作的识别。在采集到的各类信息中，有部分信息可能被篡改或伪造。在申请异议处理过程中，若发现信息存在错误、遗漏或不完整的情况，则需要进行进一步的审查和处理。此外，还要对信息的获取方式进行分类。另一种为多元主体的数据收集模式。当信息主体并非信息提供者时，在使用其他商业机构提供的产品或服务过程中，信息主体所提供或产生的信息，政府、公共服务机构在为其提供行政管理或公共服务过程中所形成的非公开信息，以及政府、司法机关等依法公开披露的信息等，都将成为信息提供者和信息主体收集的对象。

（二）大数据收集法律关系

《征信业管理条例》第四十四条规定，大数据收集的法律关系由主体、客体、内容三个要素组成，数据收集主体包括数据收集者，即信息主体、信息提供者、大数据经营者及监管机构。在法律领域中，数据收集的客体通常指的是可以被收集和处理的信息数据。这些数据是权利义务关系的焦点，因为它们是主体（如个人、公司或政府机构）行使权利和履行义务时所涉及的对象。数据搜集法律关系之内涵，即数据搜集之主体所享受之权利与应负之责任。

（三）大数据技术收集存在的法律问题

首先，随着信息技术的发展，大数据经营者在数据收集方面所面临的挑战也越来越多。在传统征信领域中，所收集的数据范围仅限于与个人信用相关的信息，如金融机构的贷款还款数据，以及政府、司法机关等机构的相关数据。这些数据主要集中于金融机构和政府部门之间的关系之中。随着新型征信方式如互联网征信的涌现,数据收集范围已经超越了传统征信以金融数据为主的范围,包括但不限于在线交易、支付、贷款以及与个人相关的资讯。其次,由于缺乏明确的主体身份信息,大数据产品的经营者在收集过程中存在一定的不确定性。在大数据分析技术下,信息采集对象不再是传统的自然人或企业,而是包括了社会组织在内的所有市场主体和个体。在征信行业中,仍有一些非征信机构,如大数据公司,参与了数据收集、处理和评估,最终形成了信用产品,以供客户使用。这导致消费者无法获取真实有效的信息。再次,信息主体的权益受到的保护存在缺陷。由于我国征信业发展时间较短,相关法律法规还不够完善,大数据经营者在获取和利用信息方面缺乏应有的权利和义务。在大数据经营者的数据收集过程中,存在未经授权的信息收集、强制授权的信息收集,以及一次授权终身使用信息的情况,这些行为严重侵犯了信息主体对被收集信息的知情权。最后,大数据歧视问题凸显。大数据经营者通过数据分析技术寻找"待宰的羔羊",并尽可能压榨消费者,形成价格歧视,譬如客户通过购票平台多次购买机票后,订单页面显示的价格高于其他客户查询的结果。

三、大数据技术使用过程中存在的法律问题

(一)大数据使用方式引发的问题

大数据使用,即通过数据分析处理技术在海量的数据信息中挖掘有价值的内容,以及通过对数据的收集、储存、整合、分析等一系列处理行为,使得数据信息由杂乱无序的状态转变为具有针对性、关联性的数据集合及其衍生数据。互联网用户以及针对用户开发的各种互联网服务与应用的数量与规模迅猛增长,随之而来的是数据资源的爆

发式增长,其间蕴含的价值无法估量,在线平台企业需要大量数据以提供和改进网络服务。随着大数据时代的到来,数据已经成为现代商业运营的基石,为企业带来更多的经济收益。大数据经营者收集数据的范围不仅包括与个人信息密切相关的数据,还涉及与个人信息无关的数据,如企业的财务数据、经营指标等。随着大数据技术的不断提高,在线平台的经济效益得到了显著提升,但同时也不可避免地出现了不必要的个体识别现象,由此产生了大数据使用的问题:产品使用协议缺乏合理性,数据识别行为正当性存疑,数据脱敏及加密规范不明。

(二)大数据使用存在的法律问题

第一,产品使用协议未尽明示义务。在现代商事实践日益频繁的情况下,为了追求交易效率,格式条款被大量应用。大数据产品用户数量规模庞大,产品与用户之间的交互又是跨地域跨时间的,因而格式条款更加得到广泛的运用。这些条款的字体偏小或被置于用户一般不会浏览的位置,用户实际没有阅读相关条款内容,将有可能侵害作为合同相对方的用户的合法权益,违背相关明示义务的规定。第二,数据脱敏及加密规范不明。鉴于不能确定用户的真实身份,既不需要用户的许可,也不需要考虑用户的正当性。在此背景下,大数据与传统业务的边界日益模糊,并推动了电商的快速发展。虽然去标识化后的个人信息并没有达到匿名化后完全无法识别个人信息主体的程度,但是它依然提高了对数据来源主体个人身份的识别难度。所以,使用去标识化后的个人信息更安全,判断构成个人信息合理使用所需履行的相关安全义务更低。

四、大数据技术交易过程存在的法律问题

(一)大数据交易类型

对于"交易"这一概念,存在以下经典阐述。在经济学中,康芒斯认为交易是一种合法的使所有权主体发生改变的方式,这里的交易体现的是人与人之间的关系,属于广义上的交易。康芒斯将交易分为三大类:买卖的交易、管理的交易、限额的交易。[①] 科斯认为,交易是一种资源配置的过程,它通过价格调节机制,将不同生产要素在不同所有者之间流转。[②] 在法学中,交易往往通过合同或协议方式呈现,是不同主体之间通过协议而实现标的互换的过程。从大数据的结构角度来看,可以将其划分为原始的和处理后的两类。大数据产品产生的数据,不仅适用于以数据应用方案为基础的交易模式,亦可通过数据交易平台进行数据流通。依据数据交易对象的不同,可以分为针对个人的数据交易、针对公司企业的数据交易、针对政府机关的数据交易。针对个人的数据交易是指个人作为数据的需求方与数据提供者达成数据交易的协议。这种交易规模较小,一般用于个人生活、就业等方面。针对公司企业的数据交易是指公司企业为了满足特定需求,与数据提供者之间达成数据交易的协议。这种交易多是公司企业决策时所需,因此该种交易对数据的专业性、真实性要求较高。针对政府的数据交易是指政府为了实现社会治理、提供公共服务的目的,与数据提供者之间达成数据交易协议。

(二)大数据交易法律关系

数据交易的本质是一种商品交易,因此可从法律关系角度对主客

---

① 邹薇. 康芒斯制度经济学的重新研究[J]. 经济科学,1996(3):67-71.
② 张群群. 交易概念的不同理论传统及其比较[J]. 财经问题研究,1997(11):22-26.

体及内容展开逻辑分析。与此同时，由于数据作为交易客体的特殊性，其与传统买卖物品交易、提供服务交易有所区别。数据交易法律关系的主体是所有参加数据交易享受权利和承担义务者。目前我国的数据交易主要有直接交易和中介交易两种形式，交易主体具体包含数据提供方、数据加工方、数据中间商、数据交易平台、数据终端购买方五大类。① 数据交易客体即数据，根据数据的不同属性，其可分为结构化数据、半结构化数据、非结构化数据。尽管我国尚未明确数据法律地位和权属界定，但是数据交易内容可与传统交易进行类比加以分析。通过类比物权权能，数据交易可分为"所有权"转让、"使用权"交易、"收益权"交易。数据"所有权"转让是指数据提供者将数据进行出让的行为。数据交易平台中绝大部分交易活动是此类交易行为。数据"使用权"交易在现实社会中较为常见，如用户通过与数据库签订服务协议，获得某类数据库使用权限的行为，实则是获得了该类数据的使用权。数据"收益权"交易，是指数据需求方利用数据提供者提供的数据获取利润后，与其进行利益分配。

　　数据交易之中的权利义务因交易方式内容不同而有所区别。但是其中又存在法律共性。如数据交易往往通过签订合同明确交易双方权利义务内容，在数据"所有权"转让中，卖方承担提供数据义务、买方承担支付对价义务等。在数据"使用权"交易中，数据提供方体现为提供数据使用的义务，购买服务方需支付对价。在数据"收益权"交易中，买卖双方通过签订收益分配合同，明确利益分配具体内容、期限等。在数据交易平台进行数据交易，买卖双方还需要与数据交易平台签署一份服务协议，三方行为将受到协议内容规范。

---

①　罗珍珍. 数据交易法律问题研究［D］. 成都：四川省社会科学院，2017.

(三)大数据交易存在的法律问题

第一,我国尚未出台明确的法律规定数据的法律地位和权利归属。这是由数据本身复杂的客体性质和数据全生命周期涉及多流程、多主体的特点决定的。例如,淘宝公司与美景公司的不正当竞争。[①]美景公司存在不公平竞争的关键在于:淘宝公司和美景公司之间存在竞争关系;美景公司被诉不公平;淘宝公司因此蒙受损害。但是,仅仅依靠《反不正当竞争法》中的普通条款来保障大数据产品的合法权利,不仅有可能导致《反不正当竞争法》被滥用,而且也不是最佳解决方案。第二,数据标准规范不完善。根据国家《促进大数据发展行动纲要》建立大数据标准规范体系,是我国推进大数据产业发展的重要举措之一,也是促进数据交易流通的重要前提。近年来,我国陆续出台一系列数据标准规范,包括以保护个人信息为主要目的的《信息安全技术—个人信息安全规范》,以维护数据安全为主要目的《信息安全技术—大数据服务安全能力要求》《信息安全技术—大数据安全管理指南》《信息安全技术—数据安全能力成熟度模型》《信息安全技术—数据交易服务安全要求》等。但是我国数据标准体系仍存在一定问题,有待进一步完善。第三,数据交易监管制度不健全。在宏观监管中,截至 2023 年 10 月,我国暂未出台有关大数据交易的全国性法律或规范性文件,数据交易的法律监管主要靠《民法典》进行监管规制。2015年颁布的《促进大数据发展行动纲要》,明确了健全市场发展机制,建立市场化等数据应用机制。但是,我国目前数据交易市场还处于初步发展阶段,尚未形成全国性、统领性的数据交易监管制度。

---

① 杭州铁路运输法院(2017)浙 8601 民初 4034 号民事判决书。

五、大数据技术下的数据库知识产权保护

数据库并不是简单的数据集合,这些构成数据库的数据都经过了系统或有序的编排,是针对某一信息的有序集合,具有巨大的潜在商业价值。我国对于具备独创性的数据库的保护主要集中于著作权法。除此之外,反不正当竞争法和合同法也在一定程度上对数据库的法律保护起了作用。《著作权法》第十五条规定:"汇编若干作品、作品的片段或者不构成作品的数据或其他材料,对其内容的选择或者编排体现独创性的作品,为汇编作品,其著作权由汇编人享有,但行使著作权时,不得侵犯原作品的著作权。"由此可见,我国立法并没有明确规定数据库的著作权保护,而是把具有独创性的数据库作为汇编作品加以保护。数据库版权所有人为数据库的制造者,其版权限定为数据库内容之原始版权。《与贸易有关的知识产权协定》(简称 TRIPS 协定)和《伯尔尼公约》都将数据库定义为汇编作品,并给予著作权保护,但不能妨碍构成该汇编的数据或材料本身的权利保护。"保护数据库主要也是基于著作权法当中关于汇编作品相关的保护,其主要保护大数据所体现的独创性的特点,以及在独创性中体现的选择、编排、数据库的体系和结构,主要对这部分汇编作品进行保护,而不是对数据内容本身进行保护。"①

第一,健全用户信息保护体系,明确数据收集使用规范。在大数据的法律规制过程中,应当注重加强公权力对大数据经营者的监管。在大数据领域的法律规范过程中,必须加强对信息主体的知情权、选择权以及异议权的维护,以确保其合法权益得到充分保障。在个人信

---

① 任晓宁."互联网+"时代下,大数据需要著作权保护[EB/OL].(2017-07-21)[2022-10-04].http://www.xinhuanet.com/zgjx/2017/07/21/c_136461222.htm.

息被匿名化之后,如果仍未发现其具有与原信息不匹配性特征,则可以将其作为个人信息进行保护。在大数据经营者的数据收集过程中,信息主体享有对信息收集时间和地点的知情权,这一权利不仅体现了信息的自治,更体现了信息主体对自身信息的支配权利,其他任何主体都无法对其施加限制。在大数据使用过程中,其经营者可以通过行使异议权来维护自身利益和社会公共利益。在收集大数据经营者信息方面,需要考虑更广泛的信息收集范围,大数据经营者应当按照该数据的具体目标对信息主体的对应特征进行调查,信息主体信息的收集、处理及使用也应围绕着该目标进行。

第二,构建数据使用监管规制,识别算法管控。一方面,将竞争规制纳入个人数据保护的范畴;另一方面,推进其他法律的立法进程,以完善个人数据安全的法律保障体系。明确格式条款提供者的明示义务,将大数据经营者在制定产品使用格式协议时对有关个人信息保护条款的明示义务予以立法明确,以明显的方式提示签订协议的相对方,最大限度保障用户信息保护核心条款的实质性知悉。为了提高个人用户对隐私政策中主要条款的理解度并确保披露的有效性,需要对其进行颜色标识和解释说明。对数据识别算法技术的商业应用进行严格管控。赋予用户对其数据更多的自主决策权,以加强用户对识别算法技术驱动的自动化决策过程的认知与参与。如果网络上的平台要使用数据识别算法进行自动化决策,应当将自动化的决策机制通知给数据源的使用者,并且要表明使用这种算法的正当理由、数据使用的范围,以及决策机制的运作会给使用者带来的冲击,使用者有权利拒绝使用自己的数据,因为不能满足所需的服务的需求。

第三,明确数据法律地位及权属。大数据产品所产生的数据具备非人格性、能够为人力所支配、对人类有价值且为独立物的物权客体的法律特征。因此,建议立法赋予大数据财产性权利的法律地位。同时,大数据产品生成的数据是产品所有者经过长期积累,对原始数据进行深度分析处理后的劳动成果。以支付宝(中国)网络技术有限公司(简称支付宝公司)的芝麻信用产品为例,在经用户同意后,芝麻信用将用户在电商平台的交易信用活动进行收集,通过脱敏处理、算法加工,形成指数型、预测型、统计型的衍生数据,支付宝公司为此付出了巨大的心血和努力。这就要求对大数据的拥有者给予产权明确。其一,大数据产业的运营者可以根据其物权基础,在法律上针对他人进行反垄断。当使用财产所有权的方式对大数据产品展开保护时,由于财产所有权具有对世性,因此在主体上将不会受到任何的限制,也不会受到企业的主观过失的限制,可以减轻大数据产品经营者的证明责任,更加有利于对其合法权益受到的损害进行补救。其二,在确定了大数据产品的财产性质之后,大数据企业可以依据其自身特点,通过对其进行物权主张,尽可能扩大自身的权利主张范围。其三,因为对大数据产品的产权进行了正面的保护,所以大数据产品的运营商还可以对其进行进一步的扩展,比如说,可以在对其进行评估之后,将其作为抵押和担保,为其提供更多的商业利润,这样就可以激励大数据产品的运营商去研发更具商业价值的大数据产品,建立一个良好的大数据产业生态环境。因此,鉴于大数据产业的发展需要,应当通过制定单行法对大数据及大数据产品的相关法律问题予以明晰,在强调个人隐私保护的基础上,将立法的重点聚焦在明确大数据的法律属性及法律保护方式上。

【实践探究】

(一)信息拓展

法学界对于大数据的法律属性争议较大,形成了"物权理论""知识产权理论""无形财产权理论"等不同的学说。支持"物权理论"观点的学者认为,大数据属于一种特殊的物。其依据在于,大数据的存储需要借助于一定的物理空间,这使得数据具有可支配性与排他性。同时,大数据因其特有的商业价值也具有一定的收益、处分功能。因此,权利人对于其所有的数据享有类似于物权性质的占有、使用、收益和处分的权益,同时,由这些权益所构成的权利具有一定的排他性和可支配性,所以大数据权利应该被定义为一种物权。[①] 该种观点有待商榷。首先,权利人对大数据所拥有的权利并不具有物权意义上的排他性。[②] 权利主体在收集、处理、使用或交易数据的过程中,虽然利用甚至控制了某一部分的数据,但并不能完全排除其他人对该部分数据的获取和使用,因此从这个角度来看,权利人对数据的支配并不具有完全的排他性。其次,数据不具有独立性。通说认为,物的独立性体现在它是能够被人所控制或利用的一种有体物或自然力。然而,数据的存储、使用和交易都需要借助一定的设备或工具运行,数据本身无法被单独分离出来,因此不满足物之独立性要求。最后,数据是无形的。通说认为,物权所保护的物仅限于有体物。而数据本质上是一种数字或是符号,无法通过肉眼进行感官识别,也无法通过触觉进行肢体接触,从这个意义上来

---

① 齐爱民,盘佳. 数据权、数据主权的确立与大数据保护的基本原则[J]. 苏州大学学报(哲学社会科学版),2015(1):64-70+191.

② 李爱君. 数据权利属性与法律特征[J]. 东方法学,2018(3):64-74.

说，数据不满足物的有体性要求。根据物权法定原则，数据也不应该成为保护客体。

支持"大数据知识产权理论"观点的学者认为，大数据属于一种新型的知识产权。① 大数据虽然不具有传统知识产权所具备的地域性、时间性等特点，但是其完全满足无形性、可复制性等特点，所以可以被认定为一种有别于传统知识产权的新型知识产权。该种说法仍存在一定问题。其一，从主体角度切入，大数据产品的相关主体不满足我国著作权法对作者的规定。对大数据产品所生成的数据源自大数据算法。尽管算法可对数据进行分析和"精加工"，但是算法本身是由人进行分析和编写的，算法本质上仍是人创作大数据产品的辅助工具，因此，"算法"并非"作者"。在菲林律师事务所诉百度公司著作权侵权纠纷案中，北京互联网法院的判决提出了一些关于算法和大数据产品著作权的重要观点。法院认为算法在大数据产品中的贡献不构成"智力劳动"，这是因为大数据产品的价值主要体现在算法的编写过程中，而非算法运行的结果。换言之，算法的创造性劳动在于其编写，而不在于由它生成的数据或结果。② 其二，在与算法相关的权利人中，难以确定大数据产品的适格作者。这是因为程序设计者和投资人可能已经享有程序算法的著作权，如果他们再对算法生成的产品享有著作权，可能会导致双重获利的问题。这一点突显了在数字时代，传统的著作权法律框架可能需要进一步发展以适应新技术的挑战。从软件开发者角度看，他们是不应该享有著作权的，因为其智力劳动与其他类型的劳动不同，他更多地将自己的注意力放在了软件本身而非程序上。对于那些需要对

---

① 杨立新. 民法总则规定网络虚拟财产的含义及重要价值[J]. 东方法学，2017(3)：64-72.

② 北京互联网法院(2018)京 0491 民初 239 号民事判决书。

计算机生成的作品进行必要安排的人,其定义可能存在一定的模糊性,但实际上它可以涵盖那些从事该算法的设计、使用和投资的人,不过,这种开放性的定义仍然难以找到合适的权利人。在我国现有的立法框架内,对于计算机软件方面的规定还是以著作权法为主导,但这与大数据技术的发展是不相适应的。因此,考虑到大数据作品的版权问题,我们需要认识到,相关主体的资质并不足以胜任其版权管理职责。其三,并非所有数据都具有独创性。著作权所保护的作品以独创性为首要条件,然而很多数据内容只是对事实信息的记载,诸如社保账号之类的信息是对个人身份事实的记载和辨识,生活轨迹之类的信息是对个人行动事实的定位和记录,交易记录之类的信息是对个人生活事实的汇总和编纂,上述数据只是对客观事实的反映,并不具有独创性。这类信息既不能被认定为作品,也难以被认可为一种智力成果,因此,不能成为知识产权的客体,也无法适用于知识产权法律制度去接受规制。再次强调,知识产权的对象必须具备法律效力,数据必须成为知识产权的客体,必须得到法律的设定和确认,而不能仅通过当事人之间意思自治的形式实现。其四,大数据具有不稳定性与可变性,在法律没有明确规定的情况下,若将大数据纳入知识产权的保护范畴,势必会扩大知识产权的客体范围。然而,肆意扩大知识产权的保护对象范围极易导致知识产权体系的混乱,也会导致不同法律部门之间的适用冲突。

支持"无形财产权理论"观点的学者认为,基于大数据无形性和财产价值性的特征,大数据的权利属性应该被定义为一种无形财产权。本书较为赞同这一观点。首先,大数据具有无形性。它不可触、不可见,不占有实体性的物理空间,也不能被人类的五官直接感知,它必须借助一定的介质、设备才能得以存储、使用和传输,离开了特定的载体,数据就不复存在。大数据的无形性特征使得其与有形的物得以明确区分。其次,大数据具有财产属性。大数据具有一定的经济价值,可以通过收集和使用发挥其功能从而使权利人从中获益。最后,大数据具有可流通转让的特征,可以成为买卖和交易的对象,其经济价值因此得以实现。《中国数据交易市场研究分析报告(2023年)》显示,2022年中国数据交易行业市场规模为876.8亿元,占全球数据市场交易规模的13.4%,占亚洲数据市场交易规模的66.5%。① 总之,把大数据的权利属性定位为"无形财产权",既符合大数据的本质特征,又不违反或妨碍我国现行法律体系的规定,是一个较为理想的理论模式。

(二)典型案例

在新浪微博诉脉脉不正当竞争纠纷案中,二审法院提出,数据提供方向第三方开放数据的前提是数据提供方取得用户同意;同时,第三方使用数据提供方数据须获得授权许可;此外,第三方平台在使用用户信息时还应当明确告知用户其使用的目的、方式和范围,再次取得用户同意,即用户授权+平台授权+用户授权的"三重授权原则"。该原则在后续司法裁判中被多次参考,属于开放平台领域网络经营者应当遵守的规则。法院在审判时可审查双方是否存在相关协议,在原被告存在数据获取协议的情况下,被告需要严格遵守相关协议,违反相关协议获取数据是对商业道德的违背。

司法实践中一般从数据获取行为和数据使用行为两个方面考量涉诉行为是否违背商业道德。数据获取行为包括收集、采集、获得、

---

① 贵州综合信息网.中国数据交易市场研究分析报告(2023年)[EB/OL].(2023-11-30)[2023-11-30].htpp://xxzx.guizhou.gov.cn/dsjzsk/zcwj/202312/t20231204_83179831.html.

拷贝等行为,而数据使用行为包括加工、分析、传递、共享等行为。在这些行为中,如果某个企业或个人采取不正当或违反法律法规的方式获取数据或使用数据,从而损害了其他企业或个人的合法权益,就可能违背商业道德。因此,在数据相关的商业纠纷中,除了需要考虑是否存在法律问题,还需要考虑行为是否违背商业道德,对涉诉方的商业信誉、声誉和社会形象造成不利影响。

(三)调查研究

例子:关于大数据及大数据产品的问卷调查。

注:本问卷中的大数据产品特指利用大数据、云计算、区块链等技术,对个人信息等数据进行收集、整理、分析、加工,并将数据及分析结果运用于其自身及关联产品服务等产品。典型大数据产品如支付宝芝麻信用。

【习题】

1.请谈谈大数据技术的定义及特征。

2.请谈谈在大数据技术收集过程中可能存在的法律问题。

3.请谈谈在大数据技术使用过程中可能存在的法律问题。

4.请谈谈在大数据交易过程中可能存在的法律问题。

第三章 域外网络知识产权法律制度

在数字化时代,互联网和其他数字技术的发展使得信息可以在全球范围内以前所未有的速度和规模流动。这种无国界的信息交流也带来了一系列的挑战,其中之一就是如何保护网络知识产权。在这样的背景下,探究不同国家和地区的网络知识产权法律制度,变得至关重要。

第一节 主要国际公约与协定

【案例导入】

京剧大师梅葆玖先生表演京剧,假设允许他人将其表演录音制成 CD,但某人未经授权擅自翻录和销售该 CD,那么根据国际条约,梅葆玖先生是否有权起诉某人侵权? 此外,假设梅葆玖先生同意他人将其京剧表演录制成 DVD,而某人未经许可擅自翻录和销售该 DVD,那么根据最新的国际条约相关规定,缔约国是否有义务为梅葆玖先生提供权利保护?

一、国际公约有关规定

《世界知识产权组织版权条约》（WIPO Copyright Treaty，简称WCT）、《世界知识产权组织表演和录音制品条约》（WIPO Performances and Phonograms Treaty，简称 WPPT）、《视听表演北京条约》（Beijing Treaty on Audiovisual Performances，简称《北京条约》）是联合国世界知识产权组织制定的三个重要的版权条约。这三个条约旨在更新版权法律，主要包括对数字化作品和互联网上的表演和录音制品的保护，对破解技术（如数字版权管理技术）的保护，对侵犯版权的互联网服务提供商的责任追究等内容，以适应数字环境下的版权保护需求，保护数字作品的权利人的利益。

（一）WCT

WCT 是世界知识产权组织于 1996 年制定的，是一个国际版权法律文书，旨在为数字时代的版权保护提供标准和框架。WCT 被认为是国际上最重要的版权保护条约之一，目前已有超过 120 个国家加入并批准了该条约，是《伯尔尼公约》与 TRIPS 协定的发展与补充。WCT 规定了对数字作品的使用、分发、传播等行为的版权限制和保护，旨在保护著作权人的利益，为数字时代的文化交流提供便利。

1.关于"版权保护的客体"

随着网络和计算机技术的不断发展，实践中涉及计算机程序和数据库的纠纷逐年增多，因此世界知识产权组织在 WCT 中明确版权保护的客体主要包括"计算机程序"和"数据或数据库编程"两方面。WCT 第 4 条规定，计算机程序作为《伯尔尼公约》第 2 条意义下的文学作品受到保护。此种保护适用于各计算机程序，而无论其表达方式或表达形式如何。WCT 第 5 条规定，数据或其他资料的汇编，无论采用任何形式,只要其内容的选择或编排构成智力创作,其本身即受到保护。这种保护不延及数据或资料本身,亦不损害汇编中的数据或资料已存在的任何版权。

2.关于"复制和传播的权利"

网络技术的发展方便了作品的复制,推动了作品的传播。对于作品或制品的数字化复制问题,WCT 在关于第 1 条第(4)款的议定声明中,明确了在电子媒体中以数字形式存储受保护的作品,构成《伯尔尼公约》第 9 条意义下的复制。对于作品或制品的网络传播问题,WCT 第 8 条规定了"向公众传播的权利"。

3.关于"技术措施义务"

技术措施是网络和计算机技术的产物。权利人可以利用技术措施防止他人对自己享有权利的作品或者音像制品进行接触,也可以借助技术措施禁止他人对自己享有权利的作品或者音像制品未经许可的复制。对于他人借助技术手段规避技术措施的行为,WCT 第 11 条规定,缔约各方应规定适当的法律保护和有效的法律补救办法,制止规避由作者为行使本条约或《伯尔尼公约》所规定的权利而使用的、对就其作品进行未经该有关作者许可或未由法律准许的行为加以约束的有效技术措施。也就是说,WCT 规定了缔约各方应在法律中规定,未经权利人许可或法律准许,规避(包括破解)将权利人为实现版权保护而采取的技术措施为侵权行为。

4.关于"权利管理信息义务"

版权管理信息并不是电子商务环境下特定的产物,但版权管理信息在电子商务环境下仍具有特殊意义。网络的分散性和快速传播性经常使得权利人对自己享有权利的作品或音像制品缺乏必要的控制,但对于权利人而言,进行必要的控制不意味着权利人希望阻断作品或音像制品的传播,相反,在权利人控制下进行电子商务交易才能更好地实现权利人的利益。WCT 第 12 条规定,缔约各方应规定适当和有效的法律补救办法,制止任何人明知或就民事补救而言有合理根据知道其行为会诱使、促成、便利或包庇对本条约或《伯尔尼公约》所涵盖的任何权利的侵犯而故意从事以下行为:未经许可去除或改变任何权利管理的电子信息;未经许可发行、以发行为目的进口、广播,或向公众传播明知已被未经许可去除或改变权利管理电子信息的作品或作品的复制品。这里"权利管理信息"指识别作品、作品的作者、对作品拥有任何权利的所有人的信息,或有关作品使用的条款和条件的信息,以及代表此种信息的任何数字或代码,各该项信息均附于作品的每件复制品上或在作品向公众进行传播时出现。也就是说,未经权利人许可擅自去除权利管理的电子信息属侵权行为;未经许可发行、广播、向公众传播明知已被未经许可去除或改变权利管理电子信息的作品或复制品也属于侵权行为。

（二）WPPT

WPPT 于 1996 年 12 月 20 日在日内瓦签署,旨在加强表演者和录音制作者在数字环境下的版权保护,保护音乐和音像制品所有者的权益,并确保合理回报他们的创造性贡献。公约的目标是使版权制度适应数字技术的发展,使版权制度更好地保护表演者、录音制作者和广播组织者的利益。

WPPT 以《罗马公约》为制定蓝本。《罗马公约》主要用于保护作品传播者的权利,但是面对网络技术的冲击,《罗马公约》不能满足表演者、录音制品制作者新的需求,这成为 WPPT 制定的背景。

1. 关于"复制权"和"例外规定"

根据 WPPT 第 7 条和第 11 条的规定,表演者、录音制品制作者应享有授权以任何方式或形式对其以录音制品录制的表演直接或间接地进行复制的专有权。WPPT 第 7 条和第 11 条所规定的复制权完全适用于数字环境,尤其是以数字形式使用表演和录音制品的情况。不言而喻,在电子媒体中以数字形式存储受保护的表演或录音制品,构成这些条款意义下的复制。

根据 WPPT 第 16 条的规定,缔约各方在其国内立法中,可在对表演者和录音制品制作者的保护方面规定与其国内立法中对文学和艺术作品的版权保护所规定的相同种类的限制或例外。缔约各方应将对本条约所规定权利的任何限制或例外限于某些不与录音制品的正常利用相抵触,也不无理地损害表演者或录音制品制作者合法利益的特殊情况。在关于 WPPT 第 16 条(涉及限制与例外)的议定声明中,允许缔约各方将其国内法中依《伯尔尼公约》被认为可接受的限制与例外继续适用并适当地延伸到数字环境中。

2.关于"传播的权利"

根据 WPPT 第 8 条第(1)款和第 12 条第(1)款的规定,表演者和录音制品制作者应享有授权通过销售或其他所有权转让形式向公众提供其以录音制品录制的表演的原件或复制品的专有权。根据 WPPT 第 10 条和第 14 条的规定,表演者和录音制品制作者应享有专有权,以授权通过有线或无线的方式向公众提供其以录音制品录制的表演,使该表演可为公众中的成员在其个人选定的地点和时间获得。对于电子商务环境中传播作品的行为应该是"向公众提供",以此控制新环境中作品或制品的传播。

3.关于"技术措施义务"和"权利管理信息义务"

WPPT 第 18 条、第 19 条规定了与 WCT 第 11 条、第 12 条相一致的"技术措施"和"权利管理信息"的义务,目的是在数字领域,特别是在互联网领域,更好地保护表演者和录音制品制作者的权利。

(三)《北京条约》

《北京条约》是一项国际版权条约,旨在保护表演者的权利,特别是音乐家的演出权利，以及电影、电视等音像制品中表演者的版权。它于 2012 年在联合国教科文组织（UNESCO）召开的北京会议上通过，并于 2020 年 4 月 28 日正式生效。

该条约规定表演者有权获得他们的表演作品在任何地方和任何媒介上的收益，授予他们在音像制品中表演作品的独家权利。此外，音像制品的制作者必须获得表演者的授权，并为他们的表演作品支付合理的报酬。该条约还规定了保护期限，通常为 50 年。《北京条约》的签署结束了表演者权利得不到完整知识产权保护的历史，对完善国际表演者版权保护体系，推动世界各国文化产业健康繁荣具有里程碑意义。

1. 对"视听表演的录制保护"更全面

在《北京条约》缔结之前，有三大国际条约涉及对表演者权利的保护，即 1961 年的《罗马公约》、1994 年的 TRIPS 协定、1996 年的WPPT。这三大条约都只对视听表演者在录音制品上的表演提供保护，而对视频方式录制的表演并没有提供保护。

正如本节导入案例，京剧大师梅葆玖先生的表演是典型的视听表演，既有声音唱腔，又有动作和形象。在《北京条约》缔结前，未经梅葆玖先生许可，现场直播或录音录像是禁止的，这些行为都侵犯了他的表演者权。三大条约对以音频方式录制的表演提供保护，但对以视频方式录制的表演没有提供保护。因此，如果梅葆玖先生许可他人将其表演录成 CD，他人擅自翻录和销售该 CD 是侵权行为，但如果许可录成 DVD，擅自翻录和销售就没有侵权。然而，在《北京条约》生效后，梅葆玖先生以 DVD 等视听录制品形式记录的表演在缔约国受到保护，他人擅自翻录和销售就是侵权行为。如果梅葆玖先生的表演录像在国外未经许可被复制发行，他只能以表演者的身份在该国起诉，但在缔约国加入《北京条约》后，该国就有义务提供保护。因此，《北京条约》与过去的三大条约不同之处在于,对以音频和视频方式录制的表演都提供保护。

2.关于"技术措施义务"和"权利管理信息义务"与 WPPT、WCT 无本质区别

《北京条约》第 15 条和第 16 条所规定的"技术措施义务"和"权利管理信息义务",与 WPPT、WCT 中的规定是相似的。这些规定强调,缔约国应采取必要的立法和其他措施,保护版权持有人和表演者的权利,防止他们的作品和表演遭到盗版和侵权。这些条约要求缔约国通过技术措施来保护版权和表演权,包括数字版权管理系统、加密技术等。同时,缔约国还需保护版权和表演权的管理信息,以确保其不被篡改或删除。这些规定旨在保护知识产权持有人的合法权益,避免他们的作品和表演受到未经授权的使用和传播,以及防止他们的权利受到侵犯。

因此,虽然《北京条约》、WPPT 和 WCT 的内容和背景不同,但它们对于技术措施和权利管理信息的规定并无本质区别,都是为了加强知识产权的保护。

【典型案例】

2010 年,美国政府对瑞典的文件共享网站"The Pirate Bay"提起指控,内容主要是该网站提供了大量未经授权的音乐、电影、电视剧等文件的下载和分享服务,严重影响了版权所有者的合法权益。

美国政府认为,"The Pirate Bay"违反了 WCT 中对数字内容的保护规定,因为该网站在未经授权的情况下,允许用户分享和下载受版权保护的数字内容。此外,该网站还被指控未能采取足够的措施来防止侵权行为的发生。

　　瑞典法院在审理该案件时,认为"The Pirate Bay"网站并未直接侵犯版权,因为它并不存储任何非法的文件,而只是提供了一个平台让用户分享文件。

　　在此案件中,法院的判决认定,"The Pirate Bay"的三名创始人罪名成立,分别判处他们 4—10 月的监禁和大量罚款。此外,该网站还被判处支付超过 4600 万瑞典克朗(约合 550 万美元)的赔偿金给影视制作公司和音乐唱片公司。

　　这一判决引起了广泛关注,并引发了一系列的争议,一些人认为这是对数字版权侵犯行为的重要打击,一些人则认为这是对互联网自由的侵犯,还有一些人认为这个判决并没有真正解决数字版权侵权问题,因为类似的文件共享网站在全球范围内依然存在,侵犯版权的问题也依然存在。虽然"The Pirate Bay"有侵权行为,但是关闭它并不是解决侵权问题的最好方法,因为它反映了一种文化现象和一种新的互联网模式。他们主张应该通过加强版权保护和开展互联网教育来解决侵权问题,同时保护互联网自由。此外,一些人认为版权法需要更加适应数字时代的特点,需要更好地平衡版权所有者和用户的利益,以更好地保护知识产权,促进文化创新。

二、区域性协定有关规定

　　(一)《跨太平洋伙伴关系协定》(Trans-Pacific Partnership Agreement,简称 TPP)

　　TPP 是一个经济合作协定,旨在推动各成员国之间的贸易自由化和经济体化。其中关于网络知识产权的内容主要包括以下几点。

　　著作权保护。TPP 要求各成员国对数字环境下的著作权进行保护,包括通过技术措施保护著作权,禁止破解或者绕过技术保护手段的行为。

数字版权管理(DRM)信息。TPP 要求各成员国加强对数字版权管理信息的保护,禁止删除或修改 DRM 信息,并明确违反这一规定的民事责任和刑事责任。

互联网服务提供商(ISP)责任。TPP 要求各成员国为 ISP 确定责任规则,鼓励 ISP 采取措施防止侵权行为,例如实行"通知与删除"规则。

软件保护。TPP 要求各方加强对软件的保护,包括通过技术措施防止未经授权的复制和分发,禁止制作和销售破解软件的工具。

数据保护。TPP 要求各方保护数据,包括个人数据和商业数据,防止未经授权的访问和使用。

需要注意的是,TPP 目前已经停止生效,但是一些 TPP 的内容被包含在其后继协定《全面与进步跨太平洋伙伴关系协定》中。

(二)《全面与进步跨太平洋伙伴关系协定》(Comprehensive and Progressive Agreement for Trans-Pacific Partnership,简称 CPTPP)

CPTPP 是一项区域自由贸易协定,是 TPP 的后续协定,旨在促进澳大利亚、文莱、加拿大、智利、日本、马来西亚、墨西哥、新西兰、秘鲁、新加坡和越南共 11 个亚太国家之间的贸易和经济合作。这些国家在 2018 年 3 月签署了该协定。

CPTPP 继承了 TPP 的大部分内容,但在一些方面进行了修改和补充。CPTPP 涉及的领域包括贸易、知识产权、投资、劳工、环境、竞争政策等。

在知识产权方面,CPTPP 规定了一系列措施,以保护知识产权所有人的利益。其中,最具有争议的条款是扩大版权保护期限。根据协定,版权的保护期限应至少为著作权人的生命周期加 70 年,而不是目前许多国家的生命周期加 50 年。此外,CPTPP 还规定了知识产权侵权行为的惩罚措施、知识产权保护的技术措施,以及数据保护等。

总体来说,CPTPP 旨在通过降低贸易壁垒、保护知识产权和提高标准等措施,促进亚太地区的贸易和经济合作,推动全球自由贸易和经济发展。

CPTPP 在网络知识产权方面与 TPP 的规定基本一致,但也存在一些不同之处。以下是 CPTPP 相对于 TPP 在网络知识产权方面的主要变化。

1.技术保护措施(TPMs)的规定变得更加具体

CPTPP 在 TPP 的基础上增加了更加具体的 TPMs 规定,包括禁止制造和销售破解 TPMs 的设备、软件和工具,并规定了更加详细的民事责任和刑事责任。

2.可用性和公众利益方面的规定更加具体

CPTPP 将可用性和公众利益方面的规定更加具体化,包括更具体的"合理使用"原则和更广泛的公众利益例外条款。

3.ISP 责任的规定变得更加具体

CPTPP 将 ISP 责任的规定更加具体化,包括鼓励 ISP 实行"通知与删除"规则,以及禁止 ISP 删除或修改数字版权管理信息。

4.贸易保护主义的反制措施

CPTPP 加强了各成员国之间的知识产权合作,特别是在贸易保护主义方面,如制止假冒和盗版产品的进口。CPTPP 还对各成员国实施的知识产权保护措施进行了审查。尽管 CPTPP 相对于 TPP 在网络知识产权方面作出了一些调整,但是两个协定的总体框架和核心原则基本一致。

（三）《区域全面经济伙伴关系协定》（Regional Comprehensive Economic Partnership，简称 RCEP）

RCEP 是由东亚、东南亚和南亚等地区的 16 个国家于 2012 年启动的自由贸易协定。该协定于 2020 年 11 月 15 日正式签署，是全球最大的自由贸易协定，涵盖的国家包括东盟 10 个成员国，以及中国、日本、韩国、澳大利亚、新西兰、印度。

RCEP 旨在促进区域内国家之间的经济合作与发展，主要涉及市场准入、关税、贸易、投资、服务、知识产权等方面的规定。在市场准入方面，RCEP 旨在降低成员国之间的关税和非关税壁垒，推动货物、服务、投资和人员的自由流动；在知识产权方面，RCEP 旨在加强知识产权的保护和管理，促进成员国之间的技术创新和经济发展。通过 RCEP 的签署和实施，成员国之间加强经济联系和互信，加快贸易和投资自由化进程，推动区域经济一体化和共同繁荣。

1. RCEP 关于网络知识产权的规定

主要涉及版权和商标方面的内容，具体如下。

版权方面，RCEP 规定了各方需要按照 WCT 和 WPPT 的要求履行版权保护的国际义务。另外，RCEP 还规定各方应该在合理的期限内维护和实施版权法律措施，以保护版权所有人的权益。

商标方面，RCEP 要求各方在实施商标保护措施时，应当考虑到商标功能，保护商标的所有权，并且确保商标的使用不会误导公众。此外，RCEP 还规定各成员国应当加强对商标侵权的打击，并且加强在商标注册、管理和保护等方面的合作。

2. RCEP 与 CPTPP 在网络知识产权保护方面的区别

知识产权的范围。RCEP 涵盖了更广泛的知识产权领域，包括商标、专利、版权、工业设计、地理标志和保护数据的信息通信技术（ICT）等。而 CPTPP 则仅涵盖了版权、商标、专利、地理标志和工业设计。

著作权保护期限。RCEP 中规定,著作权保护期限至少为创作者死亡后 50 年,而 CPTPP 中规定的著作权保护期限为创作者死亡后 70 年。

数据保护。RCEP 中规定,新药的数据保护期限为 8 年,而 CPTPP 中规定的数据保护期限为 5 年。

强制性的规定。RCEP 中的知识产权规定通常是可选的,即各成员国可以选择是否参与。而 CPTPP 则规定了一些强制性的规定,成员国必须在其国内法中实施这些规定。

3. RCEP 在网络知识产权保护方面的特色

强调数字经济和电子商务的重要性。RCEP 的相关条款强调数字经济和电子商务在当前经济发展中的重要性,明确了保护网络知识产权的重要性和必要性。

强化知识产权保护。RCEP 在知识产权保护方面的规定相对于其他自由贸易协定更为全面和具体,包括专利、商标、版权、地理标志等方面,为知识产权持有人提供更加全面和有力的保护。

保护数字版权。RCEP 相关条款针对数字版权的侵权行为,明确了相关责任和惩罚措施。例如,要求缩短数字版权侵权案件的审理期限,加强在线侵权的监管和打击等。

加强知识产权合作。RCEP 还加强了成员国之间的知识产权合作,包括知识产权信息共享、技术转让等方面,为各国的知识产权保护和创新发展提供更多的机会和支持。

(四)《数字经济伙伴关系协定》(Digital Economy Partnership Agreement,简称 DEPA)

DEPA 最初由新加坡、智利和新西兰三国发起并于 2018 年 11 月正式签署,是世界上第一个在数字经济领域签署的自由贸易协定,旨在推动数字经济的发展和创新。后来,越南也加入了 DEPA 谈判,并于 2020 年 6 月正式签署协定。

DEPA 涵盖了数字贸易、电子商务、人工智能、大数据、物联网、电子支付、电子证据和隐私保护等领域,主要内容包括以下几个方面。

数字贸易和电子商务方面,DEPA 鼓励数字贸易和电子商务的发展,推动贸易数字化和创新。协议包括各种措施,如提高关税透明度,简化电子商务流程,保护消费者和商家利益,建立在线争端解决机制等。协议的目标是降低交易成本、提高效率,并促进数字贸易和电子商务的增长。

人工智能和大数据方面,DEPA 鼓励加强人工智能和大数据的研究和开发,推动技术创新。协议中强调了个人隐私和数据安全的保护,以及提高数据流动性。DEPA 也将推动各国之间的技术合作,鼓励知识产权的保护和技术创新的推进。

物联网和数字身份方面,DEPA 鼓励推动物联网技术的应用,包括智能家居、智能交通等领域,同时加强数字身份的开发和应用,建立数字身份验证系统。协议也规定了相应的隐私保护和数据安全措施。

电子证据和在线协议方面,DEPA 鼓励采用电子证据和在线协议,促进数字经济的发展。协议也规定了相关的法律效力和证明规则,提高了电子证据和在线协议的合法性和权威性。协议还强调加强数字经济的法律保护和监管。

另外,DEPA 还涉及其他领域,包括知识产权保护、电子化服务贸易、政府采购和劳动力自由流动等。协议旨在降低贸易壁垒,加强国际合作,推进数字经济的发展和创新。同时保护消费者和商家的利益,加强数据安全和隐私保护。这将有助于加快数字经济的发展,提高经济效益和社会福利。

2022年8月18日，根据DEPA联合委员会的决定，中国加入DEPA工作组正式成立，全面推进中国加入DEPA的谈判。下一步，中国将与成员国在中国加入DEPA工作组框架下深入开展谈判，努力推进中国加入进程，力争尽早正式加入DEPA，为各成员国加强数字经济领域合作、促进创新和可持续发展作出贡献。①

【典型案例】

Megaupload是一个曾经非常流行的网络文件共享服务，它于2005年由金·多特康姆（Kim Dotcom）创立。用户可以在Megaupload上免费上传文件，然后通过共享链接与其他用户分享这些文件。Megaupload服务曾经拥有数百万用户，涉及大量的数字内容，包括电影、音乐、电视节目、软件等。

然而，Megaupload在2012年被美国政府以涉嫌侵犯版权为由关闭。美国政府指控Megaupload未经许可，让用户上传和分享了大量的受版权保护的数字内容，从而造成了巨大的经济损失。Kim Dotcom和其他三名Megaupload高管因此被指控犯有数项罪名，包括侵犯版权、洗钱、有组织犯罪等。这个案件引起了广泛的关注和争议。

2012年，美国政府以Megaupload侵权为由对Kim Dotcom提出引渡请求，引起了国际社会的广泛关注。该案件涉及：版权侵权问题，Megaupload是否应对用户上传的侵权内容负责？数字著作权

---

① 商务部新闻办公室，中国加入《数字经济伙伴关系协定》（DEPA）工作组正式成立［EB/OL］．（2022-08-22）［2023-03-08］．http://fta.mofcom.gov.cn/article/zhengwugk/202208/49557_1.html.

问题，Megaupload 对数字著作权的侵犯是否构成刑事犯罪？数据隐私问题，Megaupload 是否侵犯了用户的数据隐私权？一方面，一些人认为 Kim Dotcom 和他的团队违反了版权法，应该受到惩罚和追究责任；另一方面，也有人认为 Kim Dotcom 和他的团队只是提供了让用户分享文件的服务，并不直接侵犯版权，应该得到保护。那么，你的观点呢？

【习题】

1. WCT 和 WPPT 对于版权保护的内容进行了详细的规定，以下哪些是 WCT 和 WPPT 共同规定的版权保护内容？

A. 许可使用

B. 原创作品的复制、发行、展览等权利

C. 合理使用

D. 公开表演、放映、广播等权利

2.《北京条约》主要规定了以下哪些内容？

A. 保护音乐家执行音乐作品的权利

B. 保护演员在电影、电视等视听制品中表演的权利

C. 保护音乐作品的版权

D. 保护电影、电视等视听制品的版权

3. WCT 和 WPPT 对于数字环境下的版权保护也作出了规定，以下哪些是 WCT 和 WPPT 对于数字环境下的版权保护所规定的内容？

A. 技术保护措施的保护

B. 对于数字作品的复制、传播、展览等方面的规定

C. 网络服务提供商的责任

D. 音乐、电影等作品的授权

4. CPTPP 和 RCEP 对网络知识产权的保护有何规定? 请列出至少两个方面的规定,并简要说明其意义。

5. 在数字化经济中,网络知识产权的保护至关重要。CPTPP 和 RCEP 是否对跨境数据流动中的知识产权问题进行了规定? 如果有,请列出相关规定并简要解释其目的。

6. 在网络知识产权保护方面,CPTPP 和 RCEP 的立场是否一致? 如果不一致,请列出至少两个方面的不同之处,并简要说明其影响。

第二节　美国网络知识产权法律制度

【案例导入】

谷歌(Google)和甲骨文(Oracle)之间的版权诉讼源于 Java 编程语言的应用。Oracle 是 Java 的原始版权持有人,而 Google 则在安卓(Android)操作系统中使用了 Java 的代码。Oracle 声称,Google 在未经其许可的情况下使用了 Java 的 API(应用程序接口),侵犯了其版权。API 是一组软件工具,用于在不同的程序之间进行通信。Oracle 指控 Google 未经授权使用了 Java API,并要求获得 30 亿美元的损害赔偿。而 Google 主张其使用的 Java 代码属于合理使用，因为 Java 是一种通用编程语言，并且 API 可以被认为是一种功能性的工具，而非创意表达。Google 认为，API 的使用是在自己的开发环境下进行的，而非直接在最终用户提供的产品中使用，因此不应视为侵犯版权。那么，Google 的行为到底有没有侵犯 Oracle 的版权呢？Google 在应用程序中使用 Oracle 的代码是否属于合理使用？

知识产权为共享创新、鼓励创造力和加强消费者信任奠定了基础，但互联网构建的数字世界带来了新的挑战——消费者既是创造者又是传播者，其复制获取和传播的边际成本几乎为零。网络知识产权的保护制度正在逐步建立，并呈现出越来越精细化、专门化的趋势。在国际上也有一些国家、地区或组织在互联网的知识产权保护方面取得较大进展。美国对于不同类型的知识产权制定了不同的法律，建立了一套较为完备的网络知识产权保护法律体系。

一、网络版权方面

在数字化时代，版权问题尤其受到关注。美国在版权保护方面采取了多种措施，例如：美国版权局已经建立了一个在线版权登记系统，从而更方便地保护数字内容的版权。通过在线系统，作者可以提交版权注册申请，检索版权信息并管理其版权。美国还通过《数字千年版权法》(Digital Millennium Copyright Act，简称 DMCA)规定了数字版权保护措施，包括禁止破解数字版权保护技术、规定服务提供商的责任，等等。

（一）DMCA

DMCA 是美国制定的一部涉及数字版权保护和数字版权管理的法律。该法案于 1998 年 10 月颁布，主要目的是更新现有的版权法律，以适应数字时代的需求，同时加强对数字版权的保护。

DMCA 主要包括以下四个方面的内容。

1. 对数字版权进行保护

DMCA 对数字版权保护的具体规定如下。

（1）禁止破解数字版权技术。任何人不得破解数字版权技术，不得故意制作或销售旨在破解数字版权技术的设备等，以保护数字版权的安全性和完整性。

（2）禁止制作、销售数字侵权设备。任何人不得制作、进口、销售任何旨在绕过数字版权管理系统的设备或软件，以保护数字版权所有人的权益。

（3）禁止删除数字版权管理信息，任何人不得故意删除数字版权管理信息，例如版权信息、创作人信息等，以保护数字版权所有人的权益。

（4）禁止侵犯数字版权。任何人不得故意侵犯数字版权，包括数字音乐版权、数字电影版权等。

（5）规定数字版权管理信息的使用。数字版权管理信息只能用于数字版权管理目的，不得用于其他用途。

（6）规定数字版权所有人的权利。数字版权所有人具有复制、发行、展示、公开表演等权利，其他人不得侵犯这些权利。

2. 对数字侵权行为进行规制

DMCA 对数字侵权行为进行了如下规制。

（1）防止绕过技术保护措施。禁止在未经版权拥有者授权的情况下,使用绕过技术保护措施(如数字水印、加密等)进行数字版权的复制、修改、传播等行为。

(2)禁止贩卖和制造反技术保护措施工具。禁止制造、贩卖、进口、出口用于绕过数字版权技术保护措施的装置和服务,以及其他反技术保护措施工具。

(3)对网络传输服务提供商的规制。规定网络传输服务提供商必须采取措施,防止他们的网络被用于侵犯数字版权。网络传输服务提供商必须遵守合理的使用政策,以及在有通知的情况下,采取措施移除侵权内容或终止侵权行为。

(4)制定合理使用的规则。规定数字版权拥有者应该设定合理的使用规则,保护公众的合法权益,并鼓励数字版权使用的创新性发展。正如案例导入中的案例,2010 年首次提交给法院,并经历多次上诉和裁决,于 2021 年 4 月由美国最高法院作出最终判决。最高法院裁定 Google 的使用符合合理使用原则,结束了这个长达 10 年的法律纠纷。这个判决在数字版权保护方面具有重要意义,法院的裁决是基于案件的具体情况作出的。法院表示,Google 对 Java API 的使用符合合理使用原则的四个因素,即使用的目的是非商业性的,使用的数量和重要性适度,使用方式并不取代原作品,不会给原作者带来不当的经济利益或其他不良后果。

(5)对数字版权行政管理的规制。规定美国版权局负责管理数字版权保护,对数字版权保护技术进行认证,并监督网络服务提供商和消费电子产品制造商的遵守情况。同时,设立了专门的数字版权管理信息系统,便于数字版权拥有者查找侵权行为和管理数字版权。

3.对网络服务提供商的责任进行规定

DMCA 对强化网络服务提供商的责任进行了如下规定。

(1)网络服务提供商应当采取合理的措施,防止用户在其网络平台上侵犯他人数字版权,例如在合理范围内监测和过滤用户上传的内容,以及对侵权行为进行记录、处理和移除。

(2)网络服务提供商应当建立投诉和举报机制,及时处理用户提交的侵权举报,并在移除涉嫌侵权内容之前通知用户。

(3)网络服务提供商应当采取合理的措施防止用户绕过数字版权技术保护措施,例如在上传、传输、展示数字内容时采取控制措施。

(4)网络服务提供商应当与数字版权拥有者合作,共同打击侵权行为,例如建立数字版权管理信息系统,方便数字版权拥有者查找侵权行为和管理数字版权。

需要注意的是,这些规定并不要求网络服务提供商主动监测和审查用户上传的内容,也不会对网络服务提供商提供的合法服务造成过度限制。相反,它们强化了网络服务提供商的责任和义务,使其更加积极地保护数字版权,同时避免了过度干预网络服务市场的风险。

同时,DMCA 第二部分"网络版权侵权责任限制"针对不同类型的网络服务提供者的侵权责任作出了限制规定。

对于存储器提供者,如果网络服务提供者提供的是存储、缓存或类似技术,那么只要它是依照用户的指令行事,不干涉用户所存储的内容,就不会对用户的侵权行为负责。

对于转换器或者信息中介者,如果网络服务提供者提供的是用户上传或发布信息的转换、复制、传输或者类似的技术,那么只要它是在无法控制用户上传信息的情况下行事,不知道上传的信息是否侵犯了版权,也没有获得版权持有人的授权,就不会对用户的侵权行为负责。

对于信息提供者,如果网络服务提供者提供的是信息搜索、链接或者类似的技术,那么只要它是在不知道链接的内容是否侵犯版权的情况下行事,也没有获得版权持有人的授权,就不会对用户的侵权行为负责。

通过这些规定,DMCA 在保护版权的同时,也为网络服务提供者作出了一定的责任规定,避免了因为用户的侵权行为而对网络服务提供者进行过度限制。同时,这些规定也为互联网的发展提供了一定的保障,促进了信息技术产业的进步和创新。

4.建立数字版权管理信息系统

针对数字版权的保护,DMCA 明确规定了数字版权管理信息系统的建立和运行,要求相关政府机构负责建立并维护该系统,系统包括数字作品的版权信息、授权许可信息、使用情况信息等,并提供检索、查询、更新等功能。法案对建立数字版权管理信息系统作出了如下规定。

(1)数字版权拥有者可以向美国版权局提交数字版权管理信息系统的认证申请,获得认证后,数字版权拥有者就可以将其数字作品的版权信息登记到该系统中。

(2)数字版权管理信息系统应当具备高度的准确性、安全性和稳定性,能够快速、方便地查找数字版权信息,并且保护数字版权拥有者的版权信息不被滥用或泄露。

(3)数字版权管理信息系统应当建立有效的互操作性,方便不同的数字版权拥有者之间互相交换数字版权信息,并支持数字版权拥有者与网络服务提供商之间的合作。

(4)数字版权管理信息系统应当建立有效的纠纷解决机制,能够处理涉及数字版权管理的纠纷,保障数字版权拥有者的合法权益。

DMCA 的数字版权管理信息系统是为了方便数字版权拥有者管理其版权信息,同时也为网络服务提供商提供了更加全面、准确的数字版权信息,从而帮助网络服务提供商更好地防范数字版权侵权行为。同时,该系统也能够为用户提供方便的版权查询、授权许可等服务,促进数字版权产业的健康发展。数字版权管理信息系统的建立,有助于提高数字版权的监管效率和管理水平，为版权持有人提供更为全面、精准的版权信息和使用情况，有利于确保版权持有人的权益得到充分保护。这一系统建设的目的在于促进数字版权的保护和利用，以及促进数字经济的发展。

（二）《美国创作权小额索赔法案》(Copyright Alternative in Small-Claims Enforcement Act，简称 CASE Act)

CASE Act 于 2019 年 10 月被提出，旨在为小规模侵权受害者提供一种更容易、更快捷的索赔方式，这项法案成立于 2020 年 12 月，是美国知识产权法的重要变革之一。

随着网络技术的发展，音乐和其他数字内容的复制和传播变得更加容易，导致违反版权的行为也变得更加普遍和容易。CASE Act 的目的是方便版权所有者追求小额损害赔偿，从而更好地保护他们的版权。在过去，起诉侵权行为往往需要耗费大量时间和金钱，这对于小型版权所有者来说是不现实的。

CASE Act 创建了一个小额索赔法庭(Small Claims Tribunal)，为小型创作者提供了一种容易、简单、快速的方式。通过这个法案，小型创作者可以以更容易、更快速的方式维护他们的版权，保护他们的创意成果。他们可以在其版权被侵犯时，通过小额索赔法庭起诉侵权者，获取最高 1.5 万美元的赔偿。这种新的小额索赔法庭将处理那些无法在传统的联邦法院中处理的小额索赔，如照片、图表等的版权所有者可以用更低的成本和更快的速度追究侵权者的责任。同时，该法案还为那些未经许可而使用创作者作品的公司提供了更加明确和合理的解决方案，以避免可能的诉讼。因此，它为数字时代的版权保护提供了一种新的途径。

(三)《音乐现代化法案》(Music Modernization Act,简称 MMA)

MMA 是美国于 2018 年通过的一项旨在改革音乐版权和许可证制度的综合性法案,是一项美国版权法的综合改革,旨在简化数字音乐版权的许可、分配和管理,并为创作者提供更公正的报酬。

网络版权是数字音乐市场的一个重要方面,数字音乐的在线传播和使用需要遵守相关的版权法律和规定。MMA 涉及数字音乐的版权管理和收益分配等方面的问题,可以为网络版权的保护和管理提供一些参考和借鉴。

首先,建立全球音乐许可证数据库。该数据库可以收集和管理音乐许可证的相关信息,方便数字音乐的授权和管理,有助于保护音乐创作者和权利人的网络版权。

其次,规范数字音乐的版权管理流程。MMA 对数字音乐的版权管理流程包括数字音乐分发、版权授权和维权等方面进行了规范,有助于保护网络版权和维护数字音乐市场的公平和健康发展。

最后,改善数字音乐的收益分配。MMA 改善了数字音乐的收益分配模式,改变了现行的版税计算方法,使数字音乐服务提供商必须向音乐创作人员支付更高的版税收益,使得音乐创作者和权利人能够更加公平地获得数字音乐市场的收益,提高了网络版权的保护和管理水平。

因此,可以说,MMA 的通过为音乐产业带来了一系列的变革,加强了音乐创作者和版权持有者的权益保护,该法案为数字音乐市场的版权保护和管理提供了一些参考和借鉴,有助于推动数字音乐市场的公平和健康发展,也为数字音乐服务的合规和市场发展带来了新的机遇和挑战。

（四）两个未通过的数字版权法案

这两个法案分别是《保护知识产权法案》（Protect IP Act，简称PIPA）[1]和《禁止网络盗版法案》（Stop Online Piracy Act，简称SOPA）。虽然这两法案最终并未得到通过，但是其引发了关于网络版权保护的讨论和争议，对未来的互联网政策和发展趋势产生了影响。

1. PIPA

PIPA 是美国参议院于 2011 年 5 月 12 日提出的一项法案，旨在加强保护知识产权、打击盗版、反制网络侵权行为，该法案主要内容包括以下几点。

（1）建立知识产权所有者和司法部门之间的合作机制，使得知识产权所有者能够更加便捷地要求网络服务提供商禁止对侵权网站的访问。

（2）建立网络侵权行为的认定标准，使得知识产权所有者可以通过司法程序申请封锁侵权网站的域名。

（3）加大对境外侵权网站的管控和打击力度，使得美国司法机关可以与境外执法机构合作打击跨国网络侵权行为。

（4）确立知识产权所有者提起民事诉讼的范围和标准，规定知识产权所有者可以向法院提出诉讼，要求境内网络服务提供商采取措施，禁止对侵权网站的访问。

该法案支持者[2]认为，PIPA 可以有效地保护知识产权，防止盗版和侵权行为，保护创作者和企业的利益。此外，该法案还可以加强对海外侵权行为的打击，维护全球知识产权的合法性和正当性，促进国

---

[1] 《保护知识产权法案》的英文缩写为 PROTECT IP Act，全称为"Preventing Real Online Threats to Economic Creativity and Theft of Intellectual Property Act of 2011"，意为"2011 年防止经济创意真正受到威胁和知识产权窃取法案"，简称 PIPA。

[2] 支持者主要包括 PIPA 的立法者、知识产权拥有者、商业利益集团等相关利益方。

际贸易和技术合作。

反对者[①]则认为,PIPA 对互联网自由和开放性的威胁很大。一些人担心,该法案可能导致政府对互联网进行审查和限制,影响到用户的言论自由和隐私权。此外,该法案也可能对互联网产业带来负面影响,限制新技术的发展和创新。

最终,由于 PIPA 引起了广泛争议和反对,以及来自互联网企业和公民自由组织的斗争,于 2012 年被撤回。

2. SOPA

SOPA 是由美国众议院于 2011 年 10 月 26 日提出的一项法案,旨在加强保护知识产权、打击盗版、反制网络侵权行为。该法案的核心内容是:要求互联网服务提供商(如 Google、Facebook 等)采取措施,封锁侵犯版权的网站,同时还要求广告公司、支付机构等第三方企业不得向侵权网站提供任何支持。

SOPA 主要涉及境外的侵权网站,以此来保护美国的版权利益。该法案要求美国司法部门可以通过法院命令,来要求互联网服务提供商关闭侵权网站的域名,停止其提供搜索、广告、支付等服务,以打击侵权行为。

该法案受到了许多互联网企业、民间组织和网民的强烈反对。他们认为,该法案的实施将会对言论自由和互联网开放性造成严重的威胁,并可能导致网络审查、监控和限制。SOPA 也引起了国际社会的关注和争议。最终也在 2012 年被撤回,未能得到通过。虽然该法案并未实施,但是它关于网络版权保护及知识产权保护的争议和讨论,对未来的互联网政策和发展趋势产生了影响。

SOPA 和 PIPA 都是美国国会旨在打击网络盗版和保护知识产权

---

① 反对者主要包括互联网产业界、网络自由组织、数字版权保护组织和公民权利组织等相关人士。

的立法草案。它们在 2011 年被引入国会,并引起了互联网社区的广泛关注和争议。虽然这两个法案旨在达到相同的目的,但它们有一些不同之处。

一是范围不同。SOPA 的范围更广,它试图通过关闭盗版网站的方式来打击网络盗版。PIPA 则专注于限制对涉嫌侵犯知识产权的海外网站的访问。

二是责任不同。SOPA 使网络服务提供商(如 Google、Facebook 等)负有更多的责任来防止其用户传播受版权保护的内容。PIPA 则更多地关注执法部门,使他们能够更有效地打击涉嫌侵犯知识产权的网站。

三是处罚不同。SOPA 允许版权所有者通过法院命令追究违规网站的责任,并向网络服务提供商发出警告或起诉。PIPA 则允许美国司法部门通过法院命令来关闭违规网站,并追究责任。

四是反对者不同。SOPA 主要遭到来自互联网企业和专业技术人士的反对,如 Google、雅虎、eBay、Facebook 等均反对这项法案。因为它会限制这些企业们的业务和技术发展。PIPA 则更多地受到公众和民间团体的反对,因为他们担心该法案可能导致言论自由和网络隐私受到侵犯。

尽管这两个法案在立法过程中受到了广泛争议,最终没有通过,但它们引起了人们对知识产权保护和网络自由的深入讨论。

二、网络商标权方面

在数字环境下,商标的应用和保护面临着一系列的挑战和问题,如商标侵权、网络域名抢注、搜索引擎关键词广告等问题。为了解决这些问题,美国政府制定了一系列的法律和政策,如《反不正当竞争法》《商标法》《网络域名保护条例》等,以保护商标权益,维护公平竞争的市场环境。此外,美国还通过国际组织和双边、多边合作来加强商标的国际保护,如加入《巴黎公约》、世界知识产权组织等,与其他国家签署双边和多边知识产权合作协定等。这些举措有助于提高商标在全球范围内的保护水平,促进国际贸易的顺利开展。

另外,随着互联网的发展,商标和域名的保护也面临着新的挑战和问题,《商标网络盗版预防法案》(Trademark Cyberpiracy Prevention Act,简称 TCPA)和《美国商标现代化法案(2020)》(Trademark Modernization Act of 2020,简称 TMA 2020)以及《通过筛选电商平台中的假货以停止有害供应法案》(Stopping Harmful Offers on Platforms by Screening Against Fakes Act of 2020,简称 SHOP SAFE Act 2020),这三个法案都是为了应对这些挑战和问题而制定的。

(一)TCPA

TCPA 是美国 1999 年通过的一项法案,旨在打击网络域名侵权行为和网络抢注域名现象,保护商标持有人和消费者的权益。该法案已经被美国各州以及联邦法院广泛采用。该法案的主要内容如下。

禁止恶意注册和使用域名。该法案规定,任何人不得恶意注册、使用、出售或者转让他人使用涉及商标、个人名字等的域名。其中,恶意注册包括将商标、著名人物名字等注册为自己的域名,或者将商标、著名人物名字等作为自己域名中的一部分,以达到混淆、误导、误认等目的。

允许商标持有人寻求救济。该法案授权商标持有人可以向联邦法院提起诉讼,寻求域名恶意注册和使用行为的救济。商标持有人可以要求法院禁止恶意注册人使用涉及商标的域名,并要求其支付赔偿金。

规定特定情况下的赔偿。该法案规定,当恶意注册人故意侵犯商标持有人的权益时,商标持有人可以获得特定的赔偿,包括经济损失、诉讼费用、律师费用等。

扩大联邦法院的管辖范围。该法案扩大了联邦法院的管辖范围,允许商标持有人向联邦法院提起诉讼,而不是像以前一样只能在被告的居住地或商业所在地提起诉讼。

在 TCPA 颁布之前,注册一个受欢迎的企业或品牌的域名,试图将其出售给一家通常以该名称开展业务的公司,这是司空见惯的事情。在某些情况下,域名并不出售,但注册人仍试图通过其他方式(如互联网广告或其他促销)使用该域名获利。在其他情况下,域名并不完全匹配,但这可能是注册人故意注册为一个常见的拼写错误的名称或以其他形式故意造成消费者的混淆。TCPA 的主要目的是打击网络域名侵权行为和网络抢注域名现象,保护商标和消费者的权益。该法案为商标持有人提供了救济途径,并规定了恶意注册人的赔偿标准,同时扩大了联邦法院的管辖范围,使商标持有人更容易寻求救济。

(二)TMA 2020

TMA 2020 是美国国会于 2020 年 12 月 27 日通过的法案,美国专利商标局(USPTO)在 2021 年 12 月 27 日前实施 TMA 2020 规定的内容,修订了美国联邦商标法(The Lanham Act,即兰汉法案),在近几年,这可以说是美国商标法的一个重要里程碑。该法案旨在更新和简化商标注册程序,打击虚假商标申请和注册,并提高美国专利商标局商标数据库的准确性和完整性,以适应数字时代商标保护的新挑战和需求。该法案主要包括以下几个方面的改革。

建立撤销和重新审查程序。TMA 2020 允许任何人请求撤销或重新审查商标注册,如果商标被错误地授予,或者没有使用,或者商标在注册之前被其他人使用,就可以提交请求。此外,该法案还允许商标局主动启动撤销程序,以防止虚假商标的存在。法案允许商标局设立新的收费项目,包括撤销费用和重新审查费用。商标局还可以根据其成本和服务提供情况调整费用。

允许第三方提交证据。TMA 2020 允许第三方在商标注册过程中提交证据,以帮助商标局避免授予虚假商标。其中,包括第三方提供的信息和证据来指出商标的虚假或虚假申请。法案允许第三方通过提交抗议信的方式去反对商标的注册。商标局可以根据抗议信中的证据来决定是否授予商标。此外,该法案还规定商标局可以在商标注册过程中,就抗议信中的相关问题要求商标申请人提供进一步的证据。

简化答复期限和简化证明商标使用的要求。TMA 2020 将商标答复期限从原来的 6 个月缩短至 3 个月,以加快商标注册进程。TMA 2020 简化了商标持有人在维护商标注册时需要提供的证明商标使用的要求。商标持有人可以通过声明商标的使用来满足维护商标注册的要求。

优先使用和先行使用注册制度。TMA 2020 增加了先行使用注册和优先使用制度,以鼓励企业快速采取商标行动。其中,优先使用制度是指企业可以通过证明在先使用其商标,来获得该商标的注册权;而先行使用注册制度则允许企业在准备使用商标时就可以注册该商标。

防止商标恶意抢注。TMA 2020 规定商标局可以在商标注册过程中拒绝恶意抢注商标的注册。此外,该法案还规定商标持有人可以就恶意商标抢注向商标局提出申请,请求商标局撤销恶意商标的注册。此外,商标局还可以主动启动撤销程序,以防止恶意商标的存在。

增强网络商标保护。TMA 2020 还针对互联网上的商标侵权问题作出了调整和增强。其中包括:允许商标持有人请求互联网服务提供商删除侵权内容。TMA 2020 规定商标持有人可以向互联网服务提供商提交请求,要求其删除侵权内容。互联网服务提供商需要根据通知书中的指示,删除存在商标侵权的内容。该规定旨在加强商标持有人在互联网上维护商标权益的能力。扩大商标侵权损害赔偿范围。TMA 2020 扩大商标侵权损害赔偿的范围,包括将互联网上的商标侵权也纳入其中。提供商标先行诉讼发现程序。TMA 2020 提供了商标先行诉讼发现程序,允许商标持有人在提起诉讼前获取证据来支持其商标权益。商标先行诉讼发现程序可以帮助商标持有人更好地保护其商标权益,避免侵权行为的继续发生。

综上,TMA 2020 为商标保护提供了更加完善和细致的制度,旨在通过引入新的技术和程序,加大商标保护力度,提高商标注册和维护流程的效率和准确性。该法案为商标持有人提供更多的保护和维权渠道,也为适应数字时代的商标保护需求提供了更好的保障。

（三）SHOP SAFE Act 2020

2020 年 3 月,美国的立法团体提出了一项针对电商平台存在的第三方卖家商标假冒行为的法案——SHOP SAFE Act 2020。为了更好地适用于假货治理的实际行动,该法案分别于 2021 年 5 月和 9 月进行修改,于 2022 年 2 月 4 日作为《美国竞争法案》的组成内容经众议院表决通过,并得到了诸多商家品牌的支持,具备加强电商平台义务、严厉打击商标假冒的价值。[1]

该法案主要目的是加强在线平台对销售假冒伪劣商品的管控和

---

[1]　官洛羽,阮开欣. 电商平台的商标假冒帮助侵权责任制度研究——美国《SHOP SAFE ACT》解读,中华商标杂志［EB/OL］.（2023-02-13）［2023-03-15］. https://mp. weixin. qq. com/s? biz＝MzA3OTcxOTcyMg＝＝&mid＝2648729336&idx＝1&sn＝f93b65b139b5afe1843af321a4145a62&chksm＝87bbfabdb0cc73abd26ff7dc4d576b878672909d78e84b92d23ec4a303648c1b6d53be7b0f2e&scene＝27.

打击,并提高消费者和商家的权益保护。该法案要求在线平台采取必要的措施,以保证销售的商品的真实性和质量,并加大对销售假冒伪劣商品的打击力度,以切实保护消费者和商家的利益。以下是 SHOP SAFE Act 2020 的主要内容。

规范在线平台的行为。SHOP SAFE Act 2020 要求在线平台制定和实施规范化措施,包括在平台上实施用户认证、商品验证、数据分析等技术手段,以防止假冒伪劣商品的销售和交易,保证平台上销售的商品的真实性和质量。

加强平台责任。SHOP SAFE Act 2020 明确规定,在线平台对于其上销售的商品质量和真实性负有更严格的责任。在线平台需要采取必要的措施,以确保销售的商品符合相关的标准和规定。

提供更多的信息和资源。SHOP SAFE Act 2020 要求在线平台提供更多的信息和资源,以帮助消费者和商家更好地了解假冒伪劣商品的风险和问题,并提供相应的解决方案。在线平台需要在其网站上公布假冒伪劣商品的风险提示和防范措施,以及消费者可以举报假冒伪劣商品的渠道和方式等。

增强打击力度。SHOP SAFE Act 2020 要求加强打击销售假冒伪劣商品的行为,包括通过加强监管、加大罚款力度、提高刑事惩罚等手段,以有效地遏制假冒伪劣商品的生产、销售和流通。

在线市场必须采取更加严格的措施,以确保消费者不会受到有害产品的侵害,例如识别和删除不安全的产品,并加强对危险商品的监管。以上措施旨在确保在线市场采取有效的措施防止假冒商品流通,保护消费者的权益,促进知识产权保护和促进公平竞争。

三、网络专利权方面

随着数字技术的发展,网络专利保护也面临着新的挑战和问题。《美国发明法》(America Invents Act,简称 AIA)是为了适应数字化时代的需要而制定的,旨在增强专利的保护力度,加强专利审查和监管,防止专利滥用和侵权行为,保护专利持有人的权益。

AIA 于 2011 年 9 月 16 日由时任总统奥巴马签署生效,并于 2013 年 3 月 16 日全面实施,为美国的专利制度带来了一系列的创新和改革。AIA 作为美国专利制度的重大改革,主要包括以下几项重要内容。

从"先发明者"制度转变为"先申请者"制度。AIA 将美国的专利制度从"先发明者"制度改为"先申请者"制度。在此前的美国专利法中,优先授予专利权给首次发明某项技术的个人或实体,即采用了"先发明者"制度。而 AIA 的改革将专利权优先授予首次向专利局提交专利申请的个人或实体,与国际标准更加接轨,促进了创新和申请的透明度。

引入新的专利审查程序。AIA 引入了几种新的专利审查程序,如利用市场程序(post-grant review)、中介程序(inter partes review)和特殊审查程序(supplemental examination),以提高专利质量、加速专利审查和减少专利诉讼的时间和成本。

提高专利质量和降低专利诉讼的成本。AIA 通过加强对专利申请的审查和评估,引入更严格的审查标准,以提高专利的质量,并通过限制侵权损害的索赔范围、加强专利权的透明度和证明要求、规范专利诉讼程序等措施,降低了专利诉讼的时间和成本,促进了创新和经济发展。

改善专利诉讼程序和侵权损害的规定。AIA 对专利诉讼程序和侵权损害的规定进行了一系列改革,包括提高对侵权损害的证明要求、加强对专利权的透明度和有效性、规范专利诉讼程序等,以减少专利诉讼的时间和成本,保护创新者的权益。

总的来说,美国发明法案的几项重大变革旨在使美国的专利制度更加适应当今全球化和技术发展的趋势,促进创新、提高专利质量、降低专利诉讼的成本,从而推动经济增长和社会发展。

【信息拓展】DMCA 遗留的问题与挑战

DMCA 旨在保护数字版权并防止数字盗版。然而,该法案存在如下一些遗留问题和挑战。

一是平衡版权和言论自由的关系。DMCA 授权版权持有人采取一些措施来保护他们的版权,比如禁止破解数字版权技术。然而,这可能限制了一些人的合法使用和言论自由。例如,有些人可能需要破解技术来进行学术研究或反盗版活动。因此,如何平衡版权和言论自由之间的关系是一个挑战。

二是数字版权管理的有效性。DMCA 鼓励使用数字版权管理(DRM)技术来保护数字内容,但这些技术并不总是有效的。

例如,有些 DRM 技术可能会干扰合法用户的使用,或者只能提供有限的保护。此外,一些人可能会破解 DRM 技术来进行盗版活动。因此,如何提高 DRM 技术的有效性是一个挑战。

三是网络服务提供商的责任。DMCA 规定,网络服务提供商(ISP)只要采取一些措施来防止侵权就可以免除对其用户侵犯版权的责任。然而,这可能会导致 ISP 采取过度保护措施,限制用户的使用和言论自由。例如,一些 ISP 可能会删除合法内容,因为他们担心被指控为侵权行为。因此,如何平衡 ISP 的责任和用户的权利是一个挑战。

四是国际合作方面的问题。由于互联网的全球性质,数字版权问题需要国际合作才能得到有效解决。然而,不同国家对数字版权的理解和法律不同,这可能导致国际合作的困难。例如,一些国家可能没有针对数字版权的保护措施,或者对侵权行为的处罚不够严厉。因此,如何促进国际合作并制定全球性的数字版权法律是一个挑战。

DMCA 虽然是一项旨在保护数字版权的重要法律,但它仍然面临着一些遗留问题和挑战。这些问题需要政策制定者、技术人员和社会各界共同努力解决。

【习题】

DMCA 规定在哪些情况下网络服务提供商应当承担侵权责任?

第三节　欧盟网络知识产权法律制度

【案例导入】

欧盟数字版权方面的最新典型案例是 2021 年 6 月 17 日欧洲法院(ECJ)针对著名的 YouTube 案件作出的判决。这起案件涉及德国音乐版权管理公司 GEMA 与 YouTube 平台之间的版权纠纷。

GEMA 指控 YouTube 未经许可使用其管理的音乐作品,并要求 YouTube 采取更多措施以防止用户上传未经许可的音乐作品。YouTube 则认为其采取了足够的措施来防止未经许可的音乐上传,并称自己只是一个平台,不应该对用户上传的内容承担版权责任。那么,数字平台是否应承担责任?

一、版权保护方面

欧盟在数字化时代下制定的针对不同领域的版权法规,主要有《数据库保护指令》(Legal Protection of Databases)、《信息社会版权指令》(Directive on Copyright in the Information Society)和《数字化单一市场版权指令》(Copyright in the Digital Single Market Directive)。这些指令都是欧盟针对不同领域的版权保护制定的法规。

(一)《数据库保护指令》[①]

《数据库保护指令》是欧盟制定的一项法规,于 1996 年 4 月发布,并于 1998 年 1 月 1 日正式生效。这项指令的目的是保护数据库作者的知识产权和创作成果,规范数据库的使用和共享,以促进欧洲数字经济的发展。

《数据库保护指令》规定,数据库作者享有版权,享有对其作品进行复制、分发、展示等的权利。同时,指令还规定了数据库的保护范围,包括数据库结构、编排、搜索方式等。对于未经许可的复制、展示、分发等行为,数据库作者有权提起诉讼,并可以获得经济赔偿。

---

① 《数据库保护指令》的正式标题为"Directive 96/9/EC of the European Parliament and of the Council of 11 March 1996 on the legal protection of databases"(1996 年 3 月 11 日欧洲议会和理事会指令 96/9/EC,关于法律保护数据库的法律保护)。

此外,指令还规定了一些限制和例外规则,以平衡数据库作者和公众的权利。例如,在未经授权的情况下,个人和机构可以对已公开的数据库进行合理使用,以达到个人研究、评论和新闻报道等目的,但不能影响数据库作者的经济利益。

需要注意的是,《数据库保护指令》只适用于符合其定义的"数据库",即具有独立的形式和内容的电子或者非电子数据集合。对于其他类型的数据或者纯粹的数据格式,指令并不适用。

总的来说,《数据库保护指令》是欧盟网络知识产权保护法律制度的重要组成部分,为数据库作者提供了相应的知识产权保护,同时也为公众使用数据库提供了相应的依据,促进了数字经济的发展。

(二)《信息社会版权指令》[①]

《信息社会版权指令》是欧盟于 2001 年 4 月 9 日通过的一项法律指令,旨在调整欧盟成员国在版权保护方面的法律框架,以适应数字化时代的挑战。该指令是欧盟针对数字内容保护制定的第一项版权法规,确立了数字内容在在线传播和传输方面的规则和限制。

《信息社会版权指令》包括了多个方面的规定,其中最为重要的内容如下。

版权保护期限。指令规定,著作权的保护期限为作者死亡后 70 年,而音乐录音的保护期限则为录制后 50 年。

著作权人的权利。指令规定,著作权人有权决定其作品是否在数字网络中传播,以及如何传播,以保障其作品得到适当的保护。

---

① 《信息社会版权指令》全称是《欧洲议会和理事会关于信息社会中著作权和相关权利在某些方面的协调的指令》(Directive 2001/29/EC of the European Parliament and of the Council of 22 May 2001 on the harmonisation of certain aspects of copyright and related rights in the information society)。

技术保护措施。指令规定,任何绕过技术保护措施的行为都是非法的。这意味着如果数字内容被保护,那么任何试图解密、复制或传播受版权保护的数字内容的行为都是非法的。

强制许可。指令规定,在某些情况下,如果著作权人拒绝许可使用其作品,用户可以请求相关机构对此进行裁决。

合理使用。指令规定,个人和媒体可以在合理使用的范围内引用版权作品,如新闻报道、学术研究等,但必须注明引用来源和作者姓名。

需要注意的是,《信息社会版权指令》的实施存在一些争议,特别是在数字化时代,网络上的信息传播变得更为复杂和容易复制,而传统版权保护模式在数字环境下面临更大的挑战。因此,欧盟成员国在实施这项指令时,需要根据实际情况作出相应的调整,以更好地保护版权,并促进数字经济的发展。

(三)《数字化单一市场版权指令》[①]

欧盟委员会于 2016 年 9 月首次提出修改版权法的建议,以使其适应互联网时代的需求,并于同年发布修改欧盟版权法的《数字化单一市场版权指令》草案。2018 年 7 月,因其中包括"最为争议"的第 11 条和第 13 条(俗称的"链接税"和"过滤器")遭到欧洲议会否决。欧洲议会在 2018 年 9 月 12 日通过了新版权法案的第二次修订版。随后,欧洲议会、欧洲理事会在欧盟委员会的领导下,于 2019 年 2 月 13 日认可了最终版本。2019 年 3 月 26 日,欧洲议会投票通过《数字单一市场版权指令》,表决结果为 348 票赞成、274 票反对、36 票弃权。

[①]　该指令的正式名称为《欧洲议会和理事会关于数字化单一市场中版权和相关权利的协调规定》[Directive (E)U 2019/790 of the European Parliament and of the Council of 17 April 2019 on copyright and related rights in the Digital Single Market and amending Directives 96/9/EC and 2001/29/EC]。

《数字单一市场版权指令》最具争议的要数第 11 条"链接税"和第 13 条"过滤器"〔最新通过的版本中已变更为第 17 条的"信息过滤"(content filters)条款〕。法案第 11 条"链接税"规定,新闻出版商享有其出版物的互联网复制权和传播权,并允许出版商在被显示新闻报道、文字等片段时向平台收取费用。也就是说,新版权法案的第 11 条规定了一种新型权利,名为邻接权,授予新闻出版机构该权利。具体而言,如果搜索引擎、社交网络等互联网公司在其网页上展示新闻出版机构生产的部分内容(包括链接、标题及摘要内容),新闻出版机构可以依据此权利要求互联网公司支付费用。[①]

根据该法案第 17 条规定,互联网平台必须采用过滤器技术鉴别用户上传的信息,积极查找并删除涉嫌侵犯版权的内容。如果互联网平台未能遏止侵权行为,则需承担相应责任。该条与二次创作息息相关,首次为网络平台设定了用户上传共享内容的前置审查义务,要求平台启用信息过滤系统,如果用户发布的内容含有受版权保护但未获权利人授权的内容,平台需要对此承担责任。该条第 3 款排除了《电子商务指令》第 14 条第 1 款的适用,即《电子商务指令》中确定的"避风港"原则不适用于《信息社会版权指令》第 17 条涉及的在线内容共享服务和用户生产内容,网络平台不得以"避风港"原则为由主张免除责任。

正如前文导入的案例,欧洲法院认为,如果一个数字平台提供了"主动和实质性"的促进用户上传受版权保护的内容的工具,例如搜索引擎、推荐算法、分类目录等,以促进用户上传受版权保护的内容,那

---

① 新华网. 欧洲议会版权法案限制互联网公司权利[EB/OL]. (2018-09-14)[2023-03-16]. https://baike. baidu. com/reference/22873145/b6a4zrO2XnLjNDwjomGPJdrfQH9lxoqeFvc_bwy4k Tuado1GgfnnzGXl3Aiy-cyQOyEl4xVOUeD2RfbHZBG_CkpSHipQ6M0Vk_wPNrdpQQmHZHRBu hhmXKDWxNIz.

么该平台有责任防止侵权行为的发生,必须采取有效措施,防止未经许可的音乐等受版权保护的内容被上传。欧洲法院还表示,如果数字平台不主动采取措施以防止侵权行为的发生,则该平台可能会侵犯版权持有人的权益。这个判决被视为欧盟数字版权方面的一个重要里程碑,对数字平台的版权责任提出了更高的要求,为数字版权的保护提供了更加清晰的指导。

需要注意的是,《数字化单一市场版权指令》的实施也面临一些争议,特别是在内容上传平台责任和新闻出版物版权保护等方面。因此,在实施这项指令时,欧盟成员国需要根据实际情况作出相应的调整,以平衡版权保护和数字经济发展之间的关系。

二、涉及网络知识产权保护的其他规定

(一)《电子商务指令》(E-commerce Directive)[①]

《电子商务指令》是欧盟制定的一项法规,于 2000 年 6 月 8 日发布,并于 2000 年 10 月 17 日正式生效。这项指令的目的是促进欧洲电子商务的发展,通过消除电子商务领域的法律障碍,为企业提供更多的商业机会,并为消费者和企业提供更多的在线交易机会。该指令是欧盟针对在线服务提供商制定的一项法规,规定了欧盟成员国在网络环境下的商业活动所应遵守的法律规定,特别是关于服务提供商免责条款和"通知与删除"规则的规定。与网络知识产权相关的主要是该指令中关于知识产权侵权的规定。

指令规定,互联网服务提供商在向公众提供服务时,应该采取措

---

① 该指令的正式名称为《欧洲议会和理事会关于电子商务在内部市场内的某些法律方面的协调的指令》(Directive 2000/31/EC of the European Parliament and of the Council of 8 June 2000 on certain legal aspects of information society services,in particular electronic commerce,in the Internal Market)。

施,防止其服务被用于侵犯知识产权。具体规定如下。

不知情免责。互联网服务提供商在不知道其所提供的服务被用于侵犯知识产权时,不承担任何法律责任。

主动防范义务。互联网服务提供商应当采取必要措施,防止其服务被用于侵犯知识产权,例如向用户提供有效的投诉机制,对涉嫌侵权行为进行及时处理等。

禁止服务中介。互联网服务提供商不能作为侵权行为的中介人或合作者,不能协助或促进侵权行为的发生。

指令另外还规定,当知识产权持有人认为他们的权益受到侵犯时,可以向互联网服务提供商发出通知,要求其停止侵权行为。如果互联网服务提供商不能立即停止其侵权行为,知识产权持有人可以通过法院起诉追究其责任。

因此,《电子商务指令》的相关规定对于网络知识产权的保护起到了一定的积极作用,明确了互联网服务提供商有义务采取必要措施防止知识产权侵权行为的发生,并为知识产权持有人提供一定的救济途径。

（二）《通用数据保护条例》(General Data Protection Regulation,简称 GDPR)[①]

欧盟的 GDPR 于 2018 年 5 月 25 日生效,是一项旨在保护个人数据隐私和数据安全的法规。GDPR 适用于欧盟成员国内以及与欧盟进行数据交换的非欧盟国家和地区的企业及组织。GDPR 旨在保护个人数据的隐私和安全,提高数据处理者的责任和透明

---

① 该条例的正式名称为《欧洲议会和理事会关于自然人保护个人数据及其自由流动的规则,并废除 95/46/EC 指令（通用数据保护条例）》〔Regulation（E）U 2016/679 of the European Parliament and of the Council of 27 April 2016 on the protection of natural persons with regard to the processing of personal data and on the free movement of such data,and repealing Directive 95/46/EC (General Data Protection Regulation)〕。

度,建立一个更加可信的数字生态系统。以下是 GDPR 的一些主要规定和要求。

GDPR 定义了个人数据的概念,包括任何可以用于识别个人的信息,如姓名、地址、电子邮件地址、电话号码、照片等。赋予数据主体在其个人数据的处理中的一些基本权利,例如访问自己的个人数据,请求删除、更正不准确或过时的个人数据等。这对处理个人数据的企业和组织提出了更严格的要求,要求他们保护个人数据的机密性、完整性和可用性,并保证处理数据的合法性、透明性和目的限制等。对于风险较高的数据处理活动,GDPR 要求处理者必须进行数据保护影响评估,即评估潜在的风险和数据保护措施的有效性。

另外,在数据处理者的责任规定方面,数据处理者必须能够证明自己符合 GDPR 的要求,否则可能面临罚款和其他制裁。GDPR 对违反法规的企业和组织进行罚款,罚款金额最高可达全球年度营业额的 4% 或 2000 万欧元(以较高者为准)。如果一个企业不遵守 GDPR,它可能会付出高昂的代价。鉴于任何人都可以提交投诉,所以违反 GDPR 的行为被发现的概率很大。目前,罚款较高的案件有谷歌案、英国航空案、万豪酒店集团案,分别被罚约 5000 万欧元、约 2 亿欧元和约 1.6 亿欧元。[①]

GDPR 在数据保护和隐私方面的要求,也适用于涉及知识产权的网络活动。例如,在数字版权保护方面,GDPR 要求数字服务提供商采取措施确保用户上传的内容不侵犯他人的版权,同时保护用户的隐私;GDPR 要求企业和组织必须告知用户数据采集和处理的目的,并在征得用户同意后进行数据处理。

因此,GDPR 在一定程度上促进了网络知识产权的保护,提高了

---

① 朱周. 欧盟《通用数据保护条例》概览[EB/OL]. (2022-09-16)[2023-03-18]. https://www.chinacourt.org/article/detail/2022/09/id/6914003.shtml.

网络知识产权的可信度和可靠性。同时，企业和组织也需要在网络活动中更加注重个人数据和隐私的保护，以遵守 GDPR 的要求。

（三）《数字市场法案》(Digital Markets Act，简称 DMA)①

DMA 是欧盟为了应对数字化时代的挑战和问题而提出的一项新法案。该法案在 2020 年 12 月提出，旨在明确大型数字服务提供商的责任，阻止大型网络平台企业的非竞争性行为。2022 年 7 月初，欧洲议会以压倒性多数通过了该法案，随后欧盟 27 个成员国一致批准。该法案于 2022 年 11 月 1 日正式生效，目的是建立一个更加安全和透明的数字服务市场，保护用户权益并促进数字经济的可持续发展。

DMA 生效后到 2023 年 5 月 2 日，所有自认为应被归为"守门人"的大型互联网企业要主动向欧盟委员会申报。欧盟委员会在 45 个工作日内会确认这些企业是否符合相关标准。一经确认，这些企业有 6 个月的过渡期，在此期间，企业须确保其遵守各项规定。

DMA 对数字服务提供商的数据守门人必须遵守的"应做"和"不应做"的义务提出了明确要求。

1. 数据守门人"应做"的义务

（1）提供透明的服务。数据守门人应当向用户提供清晰、准确、易于理解的信息，以使用户了解其服务、使用条款和条件，以及任何可能影响其利益的变化。

（2）处理用户投诉。数据守门人应当建立有效的内部机制，以及简化的投诉程序，使用户可以有效地投诉违反法律、法规或平台政策的行为。

（3）尊重用户权利。数据守门人应当尊重用户的基本权利，包括

① 该法规的正式名称为《欧洲议会和理事会关于促进在线中介服务业务用户公平和透明的法规》[Regulation (E)U 2019/1150 of the European Parliament and of the Council of 20 June 2019 on Promoting Fairness and Transparency for Business Users of Online Intermediation Services]。

言论自由、信息自由、隐私权和数据保护权等。

（4）支持平台间互联。数据守门人应当允许用户从一个平台转移到另一个平台，并确保在转移过程中用户数据的安全和保密。

（5）提供公正的竞争环境。数据守门人应当采取透明、公正和非歧视的方式管理其平台，以促进公平的市场竞争。

2. 数据守门人"不应做"的义务

（1）不歧视对手。数据守门人不应利用其市场影响力，去歧视竞争对手或将竞争对手排斥在其平台之外。

（2）不妨碍平台间互联。数据守门人不应采取任何措施，阻止用户从一个平台转移到另一个平台，并不应将这种转移作为对用户的惩罚。

（3）不滥用市场影响力。数据守门人不应滥用其市场影响力，去影响用户和其他市场参与者的选择、行为和决策。

（4）不隐瞒关键信息。数据守门人不应隐瞒关键信息，如有关自身或其他市场参与者的资金、技术或运营等信息。

（5）不干扰用户权利。数据守门人不应干扰或限制用户的基本权利，如言论自由、信息自由、隐私权和数据保护权等。

需要注意的是，这些义务是对数字服务提供商的数据守门人而言的，DMA 进一步凸显对大型平台公司进行严格监管的趋势。

通过这些规定，DMA 可以更好地保护知识产权的权益，也增加了数字服务提供商的责任和义务，从而保障了用户和消费者的权益。同时，DMA 的出台也有助于数字经济的可持续发展和欧洲内部数字市场的进一步完善。

（四）《数字服务法案》(Digital Services Act，简称 DSA)[①]

2021 年 12 月 14 日，欧洲议会内部市场和消费者保护委员会 (Internal Market and Consumer Protection Committee)通过 DSA 草案，并在此基础上进行了相应的修改。当地时间 2022 年 1 月 20 日，欧洲议会以 530 票赞成、78 票反对和 80 票弃权的表决结果通过了 DSA，并且迅速地于 4 月 23 日与欧洲理事会就 DSA 达成临时政治协议。接下来该临时政治协议需要得到欧洲议会和理事会的进一步正式批准，一旦批准，DSA 将直接适用于整个欧盟。DSA 将在生效 15 个月后或自 2024 年 1 月 1 日起（以较晚者为准）适用，但超大型网络平台 (very large online platforms，简称 VLOPs)和超大型在线搜索引擎 (very large online search engines，简称 VLOSEs)将更早地开始适用 DSA 的规定，即从生效 4 个月后开始。[②]

最终，DSA 于 2022 年 10 月 27 日公布，2022 年 11 月 16 日生效，大部分规则将从 2024 年 2 月 17 日起适用第 93 条第 2 项，该项规定了欧盟成员国主管机关的责任和权限，以确保 DSA 的执行和实施。然而其中适用于特定服务商的规则必须早一些遵守。尤其是在线平台和在线搜索引擎的供应商必须在 2023 年 2 月 17 日之前公布每个在线平台或在线搜索引擎的信息，其中包括欧盟境内的月平均活跃用户或接收方，此后每 6 个月公布一次（第 24 条第 2 项），并根据数字服务协调员 (DSC)的要求向其提供这些信息（第 24 条第 3 项）。超大型在

---

① 该法规的正式名称为《欧洲议会和理事会关于数字服务市场的法规（数字服务法案）》[Proposal for a Regulation of the European Parliament and of the Council on a Single Market For Digital Services (Digital Services Act)]。

② 陈珍妮. 欧盟《数字服务法案》探析及对我国的启示[EB/OL]. (2022-07-26)[2023-03-20]. https://mp.weixin.qq.com/s? biz=MzUzNTg1OTQ4Ng==&mid=2247487 563&idx=1&sn= 08243f71d66f35fd23fb56c8fd527238&chksm= fafe483acd89c12cc364404a8dfd8f1 eff8fcd1de1c4fb6e6 cb033bbfc5eeaab08c821463ca2&scene=27.

线平台和超大型在线搜索引擎的供应商必须在欧盟委员会对其进行适当的资格认定后满 4 个月时,开始遵守专门适用于他们的规则(第 92 条)。违反 DSA 的行为有可能被处以制裁或金额最高可达该主体前一财政年度全球营业额 6% 的罚金(第 52 条第 3 项和第 74 条第 1 项)。

相较于欧盟《电子商务指令》,欧洲议会表决通过的 DSA 加强了对消费者权利的保护,提高了平台对内容控制和信息透明度的责任标准,从而在确保法律确定性和尊重基本权利的同时,可以应对技术迅速发展带来的新挑战。DSA 的内容主要体现为以下几个方面。

规定了针对线上非法商品、服务或非法内容的打击措施,例如由用户标记线上非法内容来实现平台与"可信标记者"(trusted flaggers)合作的机制。

为网络市场商家的可追溯性设立了新规定,以帮助识别非法商品的卖家,更好地实现对消费者的保护。

为用户基本权利的保护提供了有力保障,例如允许用户质疑平台内容审查的决定。

要求网络平台在各种问题上采取透明措施,包括推荐算法和定向广告的透明度。

规定了 VLOPs 进行风险管控的义务,包括对其风险管理措施进行独立审计以实现监督,从而防止系统被滥用于非法内容和虚假宣传活动(如操纵竞选,实施犯罪活动和传播恐怖主义、虚假新闻)。

允许研究人员访问最大平台的关键数据,以帮助其了解在线风险的演变过程。

为解决数字空间的复杂性创立相应的监督架构,借助于新设立的欧洲数字服务委员会(European Board for Digital Services),欧盟各成员国将发挥主要作用,并且欧盟委员会将加强对 VLOPs 的执法与监督。

DSA 是欧盟委员会的旗舰项目之一,旨在为欧洲单一市场的数字中介服务制定一个欧盟范围内的统一监管标准,以适应当前和未来的数字化业态。为此,DSA 的目标是:提供一个不存在非法内容的安全的数字环境,提高透明度,加强问责制,以及加强对消费者和欧洲基本权利的保护。[①]

需要注意的是,虽然 DMA 和 DSA 的内容有所交叉,但它们分别从不同角度对数字市场进行规范和监管。DMA 旨在促进数字单一市场的发展,保护消费者和企业用户的权益,并加强欧盟成员国之间的协调和合作。该法案规定了在线交易平台和搜索引擎服务提供商的责任和义务,加强了反不正当竞争措施,并增强了数据保护和隐私保护措施。而 DSA 旨在为数字服务提供商制定新的规则和义务,以保护消费者和公众利益。该法案涵盖了数字服务的广泛范围,包括社交媒体、在线市场和搜索引擎。它规定了数字服务提供商的责任和义务,包括内容管理、用户数据保护、透明度和公正竞争等方面。

【信息拓展】

《数字单一市场版权指令》最具争议要数第 11 条"链接税"和第 13 条"过滤器"(后被修改为 17 条)。

法案第 11 条规定了一种新的版权,即"邻接权",该权利授予新闻出版机构一定程度上的控制权,包括其新闻报道的复制和传播。在此基础上,该条规定,如果互联网平台想要在其网站上显示新闻

---

① 泰乐信律师事务所. 欧盟数字服务法案(Digital Services Act)概览[EB/OL]. (2022-11-23)[2023-03-22]. https://mp. weixin. qq. com/s? biz＝MzI5MDQzOTkyMQ＝＝＆mid＝2247486525＆idx＝1＆sn＝4657d24e234c6d6cfa467f6ad7ab71b9＆chksm＝ec1e9ba3db6912b55235510ca57b6d214643e5737247a15a209198bc2ba83973c2c3bff84c70＆scene＝27.

报道的片段，就需要获得新闻出版商的许可，并向其支付费用，否则将被认定为侵权。因此，通常称之为"链接税"。如果新法案开始实施，聚合网站、搜索引擎、社交媒体等平台的执行成本会大大提升，迫于成本压力，欧洲互联网平台的内容也会受到极大限制，这也正是该法案自提出以来一直备受争议的原因。

在此情况下，国际互联网巨头强烈反对这项法规，谷歌甚至曾威胁说，如果"链接税"条款通过，将关闭整个欧洲范围内的谷歌新闻服务。此前，西班牙政府曾试图对谷歌的链接收费，并在国内通过了一项要求聚合网站向新闻媒体支付链接费用的法律。作为回应，谷歌一度关闭了西班牙用户的新闻服务。

法案第17条的"过滤器"要求互联网平台检测用户上传的内容，并积极删除侵权内容。如果互联网平台没有有效地防止侵权行为，就要对侵权行为负责。这可能需要互联网企业雇佣更多的人力或者开发新技术来过滤侵权信息，从而增加了企业的运营成本。

对于网络用户而言，由于言论自由和浏览内容可能受到巨大限制，欧洲更是有超过500万人签署了请愿书，要求将第17条"过滤器"条款从法律中删除。

以在欧盟拥有众多用户的视频流媒体网站YouTube为例，在《数字单一市场版权指令》生效前，平台对其用户上传的视频不承担一般性的监督审查义务，仅在权利人告知平台存在侵权内容或其他极特殊的情况（如因法院或者行政机关发布禁令而需要对特定侵权行为进行预防）下，才需要对特定的内容进行审查。但在《数字单一市场版权指令》生效后，YouTube需要对用户上传的视频进行全面的前置审查，如果用户上传并成功发布了侵权内容，YouTube就需要对其网站用户上传的侵权内容直接承担责任。而判断侵权与否需基于某些原则，但并无可直接套用的原则，需要结合案情综合分析后才能判断是否侵权，而目前的 AI 尚难以基于特定原则完成一系列逻辑推导过程，即 AI 难以分辨侵权与合理使用之间的区别，因此YouTube 必须花费巨额资金聘请专业人员搭建专业反侵权应用系统，并雇佣相关专业人员进行全天候监控，才能确保及时删除侵权内容，避免受到侵权指控。《数字单一市场版权指令》带来的影响不仅针对平台，对于目前广泛存在并且仍在迅速发展的二次创作而言，创作者将因该法案的生效遭受极大的限制。根据《数字单一市场版权指令》第 17 条的规定，创作者如果未获得权利人的相关授权，就可能无法在网络发布二次创作作品，但对于普通创作者而言，要求其取得权利人授权几乎是不可能的，也就是说，该法案的通过意味着在互联网平台发布二次创作后的恶搞表情包、影视截图和短片的行为将被大范围禁止。

该法案尽管备受互联网平台公司和网络用户批评，但仍有来自部分新闻媒体、出版社、唱片公司及其他自由创作者的支持。在该法案初步通过时，欧洲作家和作曲家协会欢呼"这是欧洲针对少数互联网巨头的一场胜利"。该法案的出台使当今受互联网打压的传统媒体以及自由创作者的权益得到保障，收入也将更加合理。在法案通过后第二天，著名导演贾樟柯发微博为《数字单一市场版权指令》的通过叫好，并透露自己曾为此致信欧洲议会。① 不过，科技领域的专业人士曾对法案的计划提出异议。谷歌公司政府事务及公共政策部副总裁卡兰·巴迪亚（Karan Bhatia）说："这些建议似乎只针对少数具体的公司，且可能会使为欧洲小型企业研制新产品的过

---

① 李由佳. 欧盟《数字化单一市场版权指令》第 17 条浅析[EB/OL]. （2022-01-14）[2023-03-25]. https://weibo.com/ttarticle/p/show? id=2309404725644717327219#_loginLayer_1678006011203.

程变得更加艰难。"苹果公司拒绝对这批法案置评。亚马逊公司则再度表示,这些法案的规定应当被用于所有的公司。总之,支持者认为,该指令能够帮助版权持有人更好地维护自己的版权,并为数字环境中的内容提供更多保护。同时,该指令还鼓励技术创新和投资,为数字单一市场的发展提供支持。反对者则认为,该指令可能会损害言论自由和用户权利,使平台面临更多的监管和责任,并对小型企业和个人创作者造成不利影响。一些人还对该指令中包含的"过滤器"提出异议,认为这可能会导致内容审查和滥用。

【习题】

简述 DSA 与《电子商务指令》在制定背景、主要内容、目标和重点上的区别。

第四节　英国网络知识产权法律制度

【案例导入】

为了表现出日式折纸作品的特点,日本科技巨头东芝公司(Toshiba)向英国申请多媒体商标,这个商标使用了多个不断渐变缩小直至消失的动态多边形元素,而且这些多边形的颜色也是完全不同的。一般情况下,商标的构成要素是:文字、图形、字母、数字、三维标志、颜色的组合,那么增加"声音元素"的多媒体商标能否在英国通过注册?

2019 年 6 月 26 日,英国知识产权局(UKIPO)为这件多媒体商标进行了注册。在新的时代背景下,英国的知识产权保护经过前期长久的历史积淀已形成了较为完备的制度体系,也具备了丰富的保护及管理经验,英国根据自身所处的现实变化继续完善知识产权保护的制度与实践。[①]

一、《版权、外观设计和专利法(1988)》(Copyright, Designs and Patents Act 1988,简称 1988 年版权法案)

在数字时代,知识产权法中的版权法尤其受到影响,主要原因在于数控技术的发展以及运用它的多媒体的高度多样化,信息处理与信息传播工具的技术革新使得信息在多种层面上向复杂多样化发展,其中蕴含了更多的经济价值,逐渐成为一种重要的财产,"数字化"不仅停留在技术层面,而且成为一种商品交易的主要方式[②],它因此对法律保护提出更高的要求。数字化技术的高度发展与互联网的高度普及,使得大众都成了"出版者",也意味着版权所有者常常无法控制他人的复制与改变。在这种情况下,版权所面临的问题的根本在于,即便承认版权人的相关权利,却很大可能没有任何实际的效用。因此,从这个意义上说,版权法必须根据现实进行调整与改变。

1988 年版权法案的一个首要特征是,在 1956 年法案的基础上,扩大版权保护的范围。除了保护音乐、戏剧、录音、计算机软件等,还保护数据库、有艺术创意的广告与翻译过来的国外作品等。一些相关的规定也因此作出了细节上的调整,其中在版权的"合理使用"例外中,对属于"合理使用"的作品范围以及具体情况作出了更为细致的规定,如数据库作品便不被包含在此种例外情况之内。而且这种例外也不包括

---

① 周子懿. 英国知识产权保护的历史考察[D]. 西安:陕西师范大学,2019.

② 徐红菊. 英国国家知识产权战略于我国立法的价值[J]. 社会科学辑刊,2015(3):66-71.

私有复制。同时,该法案明确规定了保护作者的署名权与作品完整权。

作为英国版权保护的主要法律依据,1988 年版权法案同样在后续进行了多次修订。欧洲在版权领域的统一步伐晚于专利和商标领域,但也于 20 世纪 90 年代开始相关进程。如 1993 年欧共体理事会出台关于协调版权保护期限及相关权利的指令,英国在 1995 年通过《1995 年版权期限及权利实施条例》实施指令。再如之后 1996 年欧盟《关于数据库法律保护的指令》,英国则适时于两年后颁布了《1998 年数据保护法》。同欧盟保持一致,英国版权法的修订同时也受到 TRIPS 协定与 1996 年 WCT 的鼓舞和推动。欧盟在此影响下持续出台了一系列绿皮书、咨询文件和指令,内容包括扩大保护权利的范围和保护的手段与水平等,英国 2003 年颁布的《2003 年版权与监管权条例》对 1988 年版权法案的修订便是为了实施欧盟相关指令的措施。再如之后对数字版权管理软件的法律承认和保护也已被包括在 1988 年版权法案之中,这些举措是受 1996 年 WCT 的推动而实施的。①

二、《英国知识产权法案(2014)》(Intellectual Property Act 2014)

2014 年《英国知识产权法案》的修改,旨在适应数字时代的要求,特别是互联网和数字化创意产业的发展。该法案提出了三项重要的版权保护措施。

首先,为了保护著作权人的权益,英国希望通过跨境许可和集体管理组织等方式发展其潜在利益,并加大力度保护版权。

其次,针对大量的无名作品,即所谓的"孤儿作品",政府必须积极立法,帮助建立起大量孤儿作品的延伸集体许可机制,以此来保护著

---

① 周子懿. 英国知识产权保护的历史考察[D]. 西安:陕西师范大学,2019.

作权人的各项权利。

最后，为了推动数字版权的发展与保护，英国建立了数字版权交易所，利用由共用性数据库所组成的网络提供一个合理设计的公共平台。数字平台上的内容都必须附有可识别的相关信息，保持标准统一，以减少诉讼成本，并进一步推动著作权的发展与保护制度的完善。

三、《数字经济法案(2017)》(Digital Economy Act 2017)

随着数字技术、网络的普及和快速发展，数字经济已经成为全球经济发展的重要组成部分。为了应对信息时代的挑战，促进英国经济的复苏与发展，英国政府于2008年启动了"数字英国计划"，随后于2009年11月颁布了《数字经济法案(2010)》，从而拉开了建设"数字英国"的序幕。《数字经济法案(2010)》主要涉及网络著作权侵权的治理、电子出版物的公共借阅权的增加、域名注册规则的更改、广播电视管理规则的修改，以及视频游戏的管理等内容。该法案一经颁布，便引起英国全国范围内的巨大争议和广泛讨论，尤其是有关网络著作权侵权的规定被各方质疑。但《数字经济法案(2010)》标志着英国在保护网络著作权、促进信息化发展的道路上迈出积极的一步，为其他国家发展数字经济提供了宝贵的借鉴经验。[①]

2017年，英国全面修订了《数字经济法案(2010)》，并通过了《数字经济法案(2017)》。该法案拓展了《数字经济法案(2010)》关注的数字媒体相关的媒体政策，并为公民获取数字化服务提供全面保护。该法案不仅要求普及和完善数字基础设施，还要求深入进行网络内容的规制。

《数字经济法案(2017)》对数字服务获取和数字基础设施作出了规定。法案要求所有英国家庭和企业都可以获得每秒下载速度不低

---

① 张亚菲. 英国《数字经济法案》综述[J]. 网络法律评论,2013(1):232-242.

于 10Mbps 的宽带服务,并授权政府部门审核宽带服务的普及情况。此外,法案规定了更换通信服务提供商的条件,以便在出现问题时,用户可以轻松更换服务提供商。如果通信服务商提供的宽带服务未能达到法案规定的普及服务要求,那么通信服务商应该自动向终端用户提供适当的补偿。

《数字经济法案(2017)》在网络内容与知识产权方面也进行了规定。一是禁止未成年人接触网络色情,并规定了年龄认证监管员的任命程序和职能。二是放宽了图书馆非纸质类作品的借阅条件,允许通过电子传输方式传送到图书馆以外的场所,也即扩大了公共借阅权的范围。三是修改了知识产权侵权的界定,新增以互联网链接标记产品界定侵权行为。

《数字经济法案(2017)》为支持更高效、更便捷的数字公共服务,在数字政府建设方面引入了新的条款,规定了政府可以共享哪些数据以及出于何种目的可以共享数据,并明确了数据共享的保障措施,以确保公民数据的隐私部分得到保护。该法案进一步强化了对消费者权益的保护,规定了点播服务提供者新的法律义务,要求移动通信运营商在合同中与用户订明手机账单上限额度,要求终端用户的互联网接入服务提供商使用互联网内容过滤器;规定了使用"网络机器人"超越购票限制的行为属于违法行为。[①]

英国政府于 2017 年 3 月 29 日正式向欧盟提出脱离欧盟的通知,启动了《里斯本条约》第 50 条规定的脱欧程序。经过长达两年的谈判,英国最终于 2019 年 1 月 22 日与欧盟达成了脱欧协议。根据协议,英国于 2020 年 1 月 31 日正式脱离欧盟。作为脱欧后的重要议题之一,英国需要重新规划其知识产权法律制度,与欧盟和其他国家进

---

① 蔡剑.构建全球数字经济法的新思路[J].数据,2020(11):61-63.

行协商和谈判,确保知识产权的有效保护和管理。同时,英国也需要在知识产权领域与欧盟及其他国家保持密切的合作和交流,以推动数字经济的发展和国际经贸的合作。《数字经济法案(2017)》的实施为英国数字经济发展提供了更加稳健和可靠的法律保障。

四、《商标法 2018》(Trade Marks Act 2018)

根据欧盟在此前实施过的法律,只有那些能够以图形形式表现出来的标志才能提交商标注册申请。随着新型商标的不断涌现,《欧盟指令 2015/2436》(EU Directive 2015/2436)于 2015 年 12 月 16 日发布,但该指令规定的修改内容需要在各成员国的国内法中实施,各成员国需要在 2019 年 1 月 14 日之前将这些修改内容纳入其国内法中。因此,该指令的实施时间因成员国而异,但最迟应在 2019 年 1 月 14 日前实施。

《欧盟指令 2015/2436》对商标必须能够以图形形式表现出来的规定作出了修订,使得人们也可以为各种新形式的商标(诸如多媒体商标)提出注册申请。第 3 条明确规定:只要一件标志中所包含的文字、外观设计、字母、数字、颜色、产品形状和包装以及声音可以将相关的产品或服务与他人的产品或服务区分开来,并且能够让商标审查机构和公众非常清楚地确定申请人所要保护的客体,那么这件标志就可以注册成商标。显然,从上述规定的内容来看,商标必须能够以图形形式表现出来已不再是提交注册申请的前置条件。目前,最重要的评判标准就是商标审查机构和公众能否清楚地确定该商标要保护的客体。与传统商标不同的是,多媒体商标会同时包含声音与图像两种元素。以前人们只能为那些能够以图形形式表现出来的标志提交商标注册申请,但是根据现在的法律,动画短片、简短的视频片段以及广告也可以申请注册商标。

英国法律为此作出的调整是,2018 年 UKIPO 发出了《商标法

2018》，英国的法律体系认可了多媒体商标的注册资格。根据这部《商标法 2018》，英国的商标注册申请人无需再以图形的形式来提交商标注册申请。换句话来讲，商标注册申请人只要能保证自己提交申请的形式可以清晰地呈现出自己的独有标志，并且对于其他人来讲也是清晰易懂的，那么商标注册申请人就完全能够以不同的电子形式，诸如MP3 或者 MP4 的格式，来提交这份申请。正如案例导入中的案例，2019 年 6 月 26 日，UKIPO 为日本科技巨头东芝公司的多媒体商标进行了注册。而东芝公司也因此成为全球第一家在 UKIPO 完成该类商标注册的企业。①

当今数字媒体迅速发展，所有古老而坚硬的事物都在不断变革和创新。在不断进步发展和形态多变的大环境中，一项产业的发展往往还能带动多个相关产业的变革，商标的动态发展正是受信息数字化技术发展的推动。英国是第一批采用动态商标的国家，随着信息数字化的发展，动态商标将在未来越来越受欢迎。UKIPO 负责人表示"在数字时代，机构将运用创造性的知识产权，以富有想象力的方式展示他们的品牌个性，从而使商标变得更有创意"②。

【实践探究】

2017 年，英国音乐制作人埃德·希兰（Ed Sheeran）的歌曲 *Shape of You* 取得了巨大的成功，但很快就有人指控该歌曲抄袭了马丁·哈林顿（Martin Harrington）和托马斯·伦纳德（Thomas Leonard）所写的歌曲 *Amazing*。

---

① UKIPO 以首个多媒体商标庆祝英国知识产权日[EB/OL]．（2019-06-28）[2023-03-28]．http://ipr.mofcom.gov.cn/article/gjxw/lfdt/oz/sboz/201906/1938258.html．

② 英国知识产权局已将动态多媒体设计、全息图和声音增加至可注册商标的范围，动态商标不再久远[EB/OL]．（2021-04-11）[2023-03-28]．http://www.r.yuzhua.com/news/171064.html．

哈林顿和伦纳德认为，*Shape of You* 中的音乐元素与他们的歌曲 *Amazing* 非常相似，尤其是和声和鼓点部分。他们认为这些相似之处不仅仅是巧合，而是希兰抄袭了他们的音乐。因此，哈林顿和伦纳德向英国高等法院提起了侵权诉讼，要求希兰赔偿他们超过 200 万英镑的损失。在审理期间，法院比较了两首歌曲的音乐元素，发现在和声和鼓点部分确实存在相似之处。但法院认为，两首歌曲在整体构成上存在明显差异，因此没有证据表明 *Shape of You* 歌曲抄袭了 *Amazing* 歌曲的音乐元素。最终，英国高等法院裁定，*Shape of You* 歌曲没有侵犯 *Amazing* 歌曲的版权。法院认为，抄袭必须是"显而易见的"，即只要听到两首歌曲就能够确认它们之间存在侵权关系，但在这个案件中，原告并没有证明抄袭的事实。

该案件的法律依据是英国版权法，主要是 1988 年版权法案。这个法律规定了作品的版权保护范围、侵权行为、诉讼程序等相关内容，被广泛应用于英国的版权侵权案件。该案件表明，在英国，知识产权侵权案件需要对被指控的行为进行全面的分析和比较，以确认是否存在侵权行为。该案件还表明，原告必须提供充分的证据来证明被指控的侵权行为，并且只有当侵权行为是"显而易见的"时才会认定侵权。

【习题】

根据英国《数字经济法案（2017）》，如果一家公司在处理个人数据时违反了法律规定，可能会面临什么样的处罚？该公司如何防止这种情况的发生？

第五节　其他国家相关法律制度

【案例导入】

2018 年,一家名为 Wonder Planet 的日本游戏公司推出了一款名为 *Pokémon Playhouse* 的游戏。这款游戏包含了一些原创的游戏角色和场景,但也包括了一些来自宝可梦系列游戏的元素,例如皮卡丘等。一些粉丝发现了这些相似之处,并向日本的版权管理机构——文化厅进行了投诉。请问 Wonder Planet 有没有侵犯任何宝可梦游戏的版权?

一、日本

数字化时代的到来,互联网和移动设备的普及,以及数字媒体的快速发展,给著作权保护带来了新的挑战。因此,日本政府和相关机构认为有必要修订现行的著作权法,以适应数字化时代的发展。日本政府一直在倡导加强知识产权保护,包括著作权保护。2018 年,日本政府发布了《知识产权战略 2018》,提出了加强数字内容保护,规范网络传输行为,强化著作权侵权行为打击等多项措施。修订著作权法也是这一战略的一部分。

（一）《知识产权战略 2018》

《知识产权战略 2018》是日本政府于 2018 年发布的一份战略文件,涵盖了知识产权保护的诸多方面,其中也包括了网络知识产权保护方面的新规定。

首先,《知识产权战略2018》提出了加强数字内容的版权保护的目标,包括通过技术手段和法律手段等多种途径,保护数字内容的版权,遏制盗版等侵权行为。

其次,《知识产权战略2018》提出了加强国际合作,推动知识产权的跨境保护,包括加强知识产权的国际协调机制、加强知识产权保护的国际合作等。

最后,为了更好地保护数字内容的版权,《知识产权战略2018》提出了推广数字水印技术。数字水印是一种隐蔽的标记技术,可以在数字内容中嵌入特定的标记信息,以便追踪和识别其来源。该技术可以帮助版权持有人更好地保护其作品,遏制盗版等侵权行为。

总的来说,《知识产权战略2018》提出了一系列措施,旨在加大知识产权保护和监管力度,推动知识产权的创造和利用,以促进数字经济的发展和维护数字内容的版权。

(二)《意匠法(2019)》

日本内阁于2019年3月1日批准了"专利法和其他法案部分修订法"的法案。该法案于2019年4月10日通过,于2019年5月17日作为第三号法案颁布,其中包括对《意匠法》(即外观设计法)的部分修订法案。修订后的《意匠法》于2020年4月1日正式施行,旨在进一步改进对数字技术设计的保护,并鼓励建立新品牌。这次修法的重点在于产业财产权相关之诉讼制度的改善以及意匠制度的强化,其中,《意匠法》修订的重点包括:图像设计保护之扩大、将不动产纳入意匠保护对象、关联意匠保护之扩大、意匠权存续时间之延长等。

修订以前的《意匠法》规定,所谓的意匠是指物品全部或部分之形状、花纹、色彩或其结合,透过视觉要求引起美感的创作。对于图像来说,只有记录在物品上的图像才是意匠保护的对象。不是记录在物品上的图像(例如透过网络提供的图像等)则不是意匠保护的适格对象。然而,随着物联网的普及以及云端服务的发展,图像设计未必是显示在特定物品上,也不一定会记录在特定物品上。因此,修订后的《意匠法》放宽了操作和显示图像与特定物品的关联要求,无论图像是否记录或显示于物品上,都将被视为意匠的保护对象。例如,储存在云端并通过网络提供的图像设计以及道路上的图像设计,都将被视为意匠的保护对象。[①] 也就是说,新法条生效后,未实际记录或描述在物品上的图形图像将有资格受到外观设计注册保护。

(三)《著作权法(2020)》

日本第 201 届通常国会于 2020 年 6 月 5 日通过了《著作权法及计算机程序作品登记特别例外法的部分修正法案》(即《著作权法(2020)》),并于同年 6 月 12 日正式公布。这是日本《著作权法》自2018 年修订后,再次进行的修订,主要包括三个方面:一是加大对网络盗版行为的打击力度,二是保障作品的合理使用,三是确保适当保护著作权。

就网络知识产权保护而言,以下主要对前两部分的修改内容进行阐述。

1.加大对网络盗版行为的打击力度

《著作权法(2020)》除原有视为侵权行为的"未经著作权人许可,擅自上传受著作权保护的作品"及"明知是违法上传的音乐或视频而下载"的两类行为外,增加了集中提供盗版著作物下载链接的"Reach Site"和"Reach App",并将违法下载的范围扩张至所有作品类型。在第 113 条"被视为侵权的行为"中新设了 2 项 1 号对"Reach Site"的定

---

① 吾思. 意匠行不行——2020 年施行之日本意匠法修正重点介绍[EB/OL]. (2023-02-08) [2023-03-29]. http://cn. naipo. com/portals/11/web_cn/knowledge_center/ip_management/ipnd_200325_2401. htm.

义以及 2 项 2 号对"Reach App"的定义。根据定义,"Reach Site"和"Reach App"分为两种,分别指运营者为了引导用户进入侵权内容而创建的网站或 App,有代表性的如各类"资源聚合"类的网站和 App,以及各类被用于发布和交换"侵权源识别码"的论坛等平台类的网站和 App。此外,在第 113 条第 4 项中新设了"网站(等)"的定义,结合日本的《著作权法实施令》和《著作权法实施规则》,可以认为第 113 条第 2 项第 1 号中的"网站(等)"不仅包括由同一网址确定的网页的集合网站,也包含了在网站或论坛中被分类到特定类别下的网页的汇总、通过社交网络或博客中的特定账号进行的投稿的汇总。新设的第 133 条第 2 项对在"Reach Site"和"Reach App"中提供链接的行为进行了规制。链接提供行为的要件分为行为、手段及主观要件:行为上,为他人在"Reach Site"和"Reach App"上使用侵权作品提供便利的行为;手段上,提供侵权作品的链接或用符号代替链接的部分内容,设置按钮以便于通过点击等方式获取侵权作品;主观要件上,行为人知道或有合理理由认为其知道所诱导的作品是侵权作品。

此次修订不仅对提供侵权作品链接者进行了规范,也对放任提供链接行为的"Reach Site"的运营者、"Reach App"的提供者进行了规制。根据《著作权法(2020)》第 113 条第 3 项的规定,放任行为的要件分为主体、行为及主观要件:"Reach Site"的运营者或"Reach App"的提供者,上述主体在有能力对网站或应用上的链接提供行为采取删除等措施但放任的行为,上述主体知道或有合理理由相信链接提供者所诱导的作品是侵权作品。

《著作权法(2020)》第 30 条规定了"个人使用"这一权利限制(同我国著作权法概念中的合理使用)情形,并在第 30 条第 1—3 号规定了例外情形。修订后的新著作权法在原有规定基础上新设了第 30 条第 4 号。根据该规定,除了"显著轻微""下载的是二次创作或模仿讽刺作品""被认定不损害著作权人利益的特殊情况"三种情形,其余的即使是为了"个人使用"而进行的作品下载(复制)行为,如果使用者明知该作品存在侵权内容但仍然下载,就会构成著作权侵权行为。

2.保障作品的合理使用

智能手机、平板电脑等设备的普及以及 UGC(用户生成内容)平台的发展壮大,对拍摄的权利限制条款的范围扩大产生需求。在此背景下,《著作权法(2020)》对第 30 条第 2 项进行了修改,扩大拍摄相关合理使用条款的范围。

日本原《著作权法》第 30 条第 2 项规定,以摄影、录音、录像方式创作作品时附带被摄入的作品(附随对象作品),在综合考量是否用于营利、分离附随对象作品的困难程度,以及附随对象作品所起的作用等情况,被判断为在正当范围内的,不构成对附随对象作品的复制权、改编权的侵犯。但是,该权利限制仅限于拍摄、记录、录音行为,而且只适用于与作品创作有关的拍照的情况(不适用于非作品创作的情形,如智能手机的截图)。为了确保作品顺利使用,主要修改内容如下:一是将行为由原来的"拍摄行为"扩大至"复制传达行为"。由此手机截屏、网络直播等新的传播方式都可以根据该条主张合理使用。二是去除了"作品创作"这一要件。由此即便是不以创作为目的所采集的监控画面也可以根据该条主张合理使用。三是去除了"分离附随对象作品的困难程度"等"正当范围"的判定要件,使得"正当范围"的认定更加容易。

正如案例导入中的案例,日本文化厅在接到投诉后,派遣了专业人员对这款游戏进行了审查,并最终认定它没有侵犯任何宝可梦游戏的版权。文化厅称,*Pokémon Playhouse* 中的宝可梦元素是作为参考使用的,而不是抄袭。此外,Wonder Planet 还在游戏内添加了版权声明,说明游戏中的一些元素是根据宝可梦的版权创作的。这起案件反映了《著作权法（2020）》中的一些变化。《著作权法（2020）》在规定著作权的适用范围时，还对"参考使用"进行了详细的界定，明确表示只要使用他人作品时符合公正的范围，就不构成侵权。此外，《著作权法（2020）》还规定，只要在适当的范围内使用作品，即使没有版权持有人的授权，也不构成侵权。这为游戏开发者使用他人作品提供了更加明确的指引和法律依据。

二、俄罗斯

俄罗斯作为一个大国，对网络知识产权和数字时代的发展趋势一直保持着较高的关注度和参与度。近年来，随着数字技术的迅猛发展，俄罗斯也在不断完善自身的法律制度和政策措施，以适应数字时代的发展趋势。在网络知识产权方面，俄罗斯的法律制度主要由《版权法》《反盗版法》等法律构成。

俄罗斯《反盗版法》是指 2013 年 7 月 1 日生效的《关于对某些对象的知识产权和有关权利保护措施》。该法旨在加强俄罗斯对知识产权的保护，防止盗版、侵权等行为。迫于国际压力和国内需求，俄罗斯在 2014 年对《反盗版法》进行了修订，新修改的法案于 2015 年 5 月 1 日生效。这是俄罗斯重点治理、分步实施、不断强化网络版权保护的重要事件。

2013 年的《反盗版法》仅适用于电影和电视剧作品，而新修改的法案将其适用范围扩大到所有类别的作品（摄影作品除外）。该法律主要采取限制访问未经授权视频内容的措施，并规定了相关的"通知与删除"规则。如果网站不遵守通知要求，可能面临域名被屏蔽或等待法庭判决等后果。俄罗斯政府为了保护版权所有者和相关权利人的权益，采取了一系列措施，包括建立国家级版权作品数据库，并建设专门网站提供查询服务。此外，他们还取消了由集体管理组织授予独家代理权许可的做法,改为监测和集体负责的措施,以确保权利人能够获得报酬。这是俄罗斯政府为了强化网络版权保护而采取的重要措施之一。

《反盗版法》规定网络服务提供商要承担一定的审查责任,并加大经济处罚力度。具体来说,网络服务提供商需要配合俄罗斯联邦监管机构(Roskomnadzor)的工作,实施技术措施和管理措施,防止未经授权的数字作品在其网络平台上被传播。如果网络服务提供商未能履行审查责任,将面临 30 万卢布(约合 3200 美元)到 50 万卢布(约合 5400 美元)不等的罚款;如果违规行为涉及重复违规,罚款增加;此外,如果违规行为涉及商业性盗版,罚款更高,甚至可能导致相关网站被封禁。因此,俄罗斯的《反盗版法》对网络服务提供商采取了比较严格的审查和经济处罚措施。

俄罗斯的《反盗版法》主要是针对网络服务提供商和协助用户访问侵权盗版视频内容的网站,而不是打击那些非法下载电影、电视剧的网络终端用户。

修正案还允许对重复侵权的网站采取限制接入的措施。该法直接借鉴了美国 SOPA 激进的封锁网站措施,严厉地打击电影和电视剧网络盗版。与中国规定的"通知与删除"规则不同,该法创设了"法院颁布禁令—行政机关通知—限制用户访问"的著作权侵权行为处理规则。但其中的"禁令环节""通知环节""限制访问环节"的规定都存在着不合理之处,在具体执行过程中也遇到了不少问题。

这种著作权侵权行为处理规则的目的在于规制盗版视频传播和提高保护力度,但这一规则与多数国家的规定,甚至是国际上通行的"通知与删除"规则都不相同,其主要特点如下:一是通知网络服务提供者之前,依赖法院的诉前禁令。根据《反盗版法》的规定,在将侵权情况通知网络服务提供者之前,权利人必须成功地获得法院颁发的诉前禁令。二是通知网络服务提供者之时，依赖行政机关的作用。俄罗斯的《反盗版法》并不承认私人或者私人组织向网络服务提供者所发出的通知的效力，而规定应当由权利人向监督局提出申请，由监督局向网络服务提供者发出通知。整个通知的过程都依赖行政机关——监督局的作用。三是通知网络服务提供者之后，可选择"删除"或"限制访问"。《反盗版法》要求网络服务提供者在接到通知书后，必须告知信息资源的所有者，要求其立刻删除非法发布的信息或接受限制访问的措施。由此可见，俄罗斯此次通过的《反盗版法》与美国 DMCA 等传统的网络著作权立法并不相同。《反盗版法》虽然初步设立了"通知与删除"规则，但是"删除"和"限制访问"的后果是可以任意选择的。同时，根据法律规定，若侵权内容提供者未主动删除侵权内容，就将对侵权内容采取限制访问的措施，而"限制访问"要求网络服务提供者采取措施限制访问侵权的网点或网页，甚至允许在一定的条件下封锁整个网站，等于是将该网站拉入了黑名单。[①]

《反盗版法》针对网络盗版案件中的三个主体，设置了三个层次的"限制访问"措施。首先，网络服务提供者在接到通知书之日起一日内必须通知侵权内容提供者，要求其立刻删除侵权内容和（或）接受限制访问的措施。而侵权内容提供者接到该通知后，必须于一日内完成上述义务。其次，若侵权内容提供者拒绝或者不作为，则网络服务提供者必须在接到通知书的三个工作日内对该信息资源采取限制访问措施。这些信息资源包括网络上的域名网站、网络地址，还包括非法发布的影片、未经权利人同意或无法律依据而通过信息通信网络获得的相关必要信息，以及这个网站上其他的侵权信息。最后，若侵权内容提供者和网络服务提供者都不接受上述措施，则系统操作员应当对必

---

① 陈绍玲，王文敏. 俄罗斯《反盗版法》评析及其对我国网络著作权保护的启示[J]. 电子知识产权，2015(10)：28-37.

要的相关信息资源采取限制访问措施,甚至直接通过屏蔽 IP 地址的方式来限制整个网站的访问。以上规则同样适用于正式诉讼结束后侵权人不采取措施停止侵权的情形。由此可见,《反盗版法》的重点在于"限制访问",而该规则实质上已经起到了对侵权人进行最终惩罚的作用。①

近年来,俄罗斯政府也制定了一系列政策措施,以适应数字经济的发展趋势。例如,俄罗斯政府提出了数字经济发展战略,制定了数字经济基础设施建设计划,加强了数字经济和信息技术领域的投资等。此外,俄罗斯政府还推动了"数字化政府"和"数字化人民"等计划,以提高数字技术在政府管理和社会生活中的应用水平。俄罗斯采取法律形式对数字经济进行规制,例如,《2017—2030 年俄联邦信息社会发展战略》《2030 年前国家人工智能发展战略》《俄联邦关键信息基础设施安全法》等。强化公民"数字权"是构建数字金融资产法的先决条件。自 2019 年 10 月 1 日起生效的《俄罗斯联邦民法典》修正案规定在《俄罗斯联邦民法典》(第一部分)增加第 141 条"数字权利"。该条是俄罗斯数字经济法制化的重要成就,其目的是加强对市场中以"数字"为交易客体的经济活动的规制,以创设安全、公平的数字环境。

【实践探究】

(一)《东京都战士》版权案

《东京都战士》版权案是一起由日本一家游戏公司对土耳其一家游戏公司提起的版权侵权诉讼案。具体案情如下:原告是一家名

---

① 陈绍玲,王文敏.俄罗斯《反盗版法》评析及其对我国网络著作权保护的启示[J].电子知识产权,2015(10):28-37.

为 SUEZEN 的日本游戏公司，其开发了一款名为《战国大战》的手机游戏。被告是一家名为 Mynet 的土耳其游戏公司，其开发了一款名为《东京都战士》的手机游戏。原告认为，被告在游戏中的角色设计、服装设计、特征等方面抄袭了原告游戏设计，构成了版权侵权，因此向法院提起了诉讼，要求被告停止侵权行为并赔偿损失。

该案主要争议焦点在于游戏角色设计是否构成侵权。原告认为被告在游戏角色造型、衣着和特征等方面抄袭了原告游戏中的角色设计，构成了版权侵权。而被告则认为游戏角色的设计与原告游戏并不相同，因此不存在侵权行为。

日本法院审理此案后，认为被告的游戏确实存在侵权行为，并判决被告公司停止销售《东京都战士》游戏并支付赔偿金给原告公司。经查，两款游戏的玩法、画面、角色等方面存在明显的相似性，且被告并未获得原告的授权或许可，故被告的行为构成了侵权。对于被告提出的"游戏具有创新性"和"在土耳其与日本市场并不直接竞争"等辩解，法院认为这些辩解不能否认被告侵权的事实，也不能削弱原告的权利。因此，法院认为被告应承担相应的法律责任：根据日本著作权法，侵权行为被禁止，赔偿经济损失并承担诉讼费用。

该案件反映了日本司法机关对于游戏著作权的保护态度，以及对于侵权行为的严厉打击。

（二）俄罗斯的《反盗版法》

俄罗斯的《反盗版法》规定了"法院颁布禁令—行政机关通知—限制用户访问"规则。该法律未采取国际通行规则，却直接照搬了美国尚未获得支持的 SOPA 中的封锁网站等行政执法程序，在实践中暴露出不少问题。学者陈绍玲、王文敏在《俄罗斯〈反盗版法〉评析及其对我国网络著作权保护的启示》一文中，总结了俄罗斯《反盗版法》实践中暴露出的几个问题：一是"禁令环节"的可操作性差，权利人举证困难，申请禁令成功率低，网络服务提供者利益无法得到保障。二是"通知环节"的规定极不合理，行政机关作为通知机构效率低下，网络服务提供者事实上承担审查义务，用户权益无法得到保障，缺乏"反通知与恢复"规则。三是"限制访问环节"障碍重重，限制访问措施容易被规避，封锁网站技术不成熟，其他关联网站正常运营受到影响，行政机关的权力过大。尽管该法律备受争议，但法律制定者认为它将在很大程度上保护权利人的合法权利。俄罗斯新的《反盗版法》旨在加强版权保护，打击网络侵权盗版，保护电影、电视节目权利人的权益，使影视制作者获得更加满意的经济回报。①

【习题】

1. 根据日本《著作权法（2020）》第30条规定，以下哪种属于"个人使用"？

A. 在社交媒体上分享他人创作的图片

B. 将他人创作的电子书转发给朋友

C. 下载并保存他人创作的影片到个人电脑

D. 在线收听他人创作的音乐

提示：根据日本《著作权法（2020）》第30条规定，个人使用是指以非商业目的为主要目的，在不侵害权利人合法权益的情况下使用作品的行为。

---

① 俄罗斯"重典"打击网络侵权盗版［EB/OL］.（2013-08-29）［2023-04-03］. http://ip. people. com. cn/n/2013/0829/c136655-22732842. html.

2.俄罗斯的《反盗版法》规定,在将侵权情况通知网络服务提供者之前,权利人必须成功地获得法院颁发的诉前禁令。这一规定与国际通行的"通知与删除"规则有什么不同?

第四章　网络环境下的著作权法

第一节　传统的著作权客体、主体与内容

【案例导入】

在 Feist Publications, Inc. v. Rural Telephone Serv-ice Co.[①]（简称 Feist 案）中，涉诉的两家公司均出版电话号码簿。其中，Rural 公司在美国堪萨斯州西北的几个社区具有垄断地位，其出版的电话号码簿包括白页和黄页。白页按照字母顺序列举其客户的名字、所在城镇和电话号码。黄页同样按照字母顺序列举了 Rural 商业客户的信息，并配有商业广告，以获得广告费收入。

Feist 公司是一家专业出版"全地区"电话号码簿的公司，其业务覆盖范围更广，所出版的电话号码簿也包括白页和黄页。Feist 公司为了获取客户信息以制作电话号码簿，同堪萨斯州西北的 11 家

---

① 499 U. S. 340, 111 S. Ct. 1282, 113 L. Ed. 2d 358, 1991 U. S.

电话公司进行了联系。其中,只有 Rural 公司拒绝许可 Feist 公司使用它的白页信息,而 Feist 公司在未获 Rural 公司许可的情况下使用了这些信息制作电话号码簿并出版。

　　请思考:Rural 公司是否对其电话号码簿享有著作权? Feist 公司的行为是否侵犯著作权?

　　著作权与版权两个概念的词源不同,分别来源于不同法系。随着大部分国家加入《伯尔尼公约》,版权法体系(基本与英美法系对应)与著作权法体系(基本与大陆法系对应)之间相互融合。著作权与版权的差异也随之缩小。在我国,二者已基本成为同义词。需注意的是,在描述不同法系国家法律时,还应使用与其对应的概念。著作权法体系国家宜采用著作权法概念,版权法体系国家则宜采用版权法概念。

　　著作权是民事主体对作品及相关客体所享有的权利。狭义的著作权仅指作者及继受者对作品享有的一系列权利,而广义的著作权还包括相关权(或称邻接权),即作者之外的民事主体对作品之外的客体享有的一系列权利。狭义著作权与相关权的主要区别在于客体,而非主体。例如,广播组织可基于其广播行为而获得针对广播信号的相关权,而又可以基于创作节目的行为取得针对特定作品的著作权。此时的著作权与相关权的主体是同一的,而两者的区别则主要体现在客体与相应的行为上。此时,民事主体的不同行为,包括创作、传播、录制等,导致了不同客体的产生,进而形成不同的权利。

一、著作权客体

　　著作权的客体,即该权利指向的对象。客体与对象两个概念在法学界通常被等同对待。对于著作权指向的是作品等客观事物,还是平等主体间的特定关系,学界有一定争论。实际上,这是知识产权理论成熟度不足,未形成通说所致。其他历史悠久、高度成熟的部门法早已形成通说,例如债权客体是给付行为,物权客体是物。参照这些部门法,尽管所有权利均涉及并调整主体间的法律关系,但权利客体这一概念往往指向与权利直接紧密相关的客观事物。也正因为如此,权利客体制度的存在与建构才具有意义。

（一）作品的概念

狭义著作权的客体是作品,只有被认定为作品的智力成果才受著作权法保护。《著作权法实施条例》第二条规定:"著作权法所称作品,是指文学、艺术和科学领域内具有独创性并能以某种有形形式复制的智力成果。"法学界的通说认为,一般作品的构成至少包括三要件。

第一,作品是思想的表达。著作权保护的客体是对思想的表达,而非思想本身。这种表达可被客观感知,能以有形形式复制,可固定在物质载体之上。就一本书而言,文字即是表达,文字用以承载作者思想,纸墨则用于承载文字。著作权所保护的即是表达层面的文字,纸墨则受到物权法的保护。作品中的思想并不受著作权法的保护,通常处于公有领域,供公众自由使用。但若其满足专利法、商业秘密法等其他法律的要求,比如一种克服技术问题的技术方案,也可能成为一种受法律保护的客体。

第二,作品须具有独创性。并非任何对思想的表达皆可构成作品,唯有表达具有足够独创性方可成为作品。著作权法对作品独创性的要求,通常是表达源于作者并反映其人格或个性。但独创性的具体标准,即表达须反映何种程度的作者人格或个性,在各法系乃至各国均有差异,具有较大的复杂性,后文将作进一步展开。

第三,作品是文学、艺术和科学领域内的智力成果。著作权最初仅保护文学、艺术领域内的智力成果,这在 1886 年制定的《伯尔尼公约》的命名上便可反映。但随着工程设计图、产品设计图以及软件作品的加入,著作权保护的智力成果已扩展至科学领域,这对原有的著作权体系构成了挑战。

需注意的是,具体类型的作品也有其构成的特殊要求。例如对于视听作品,《著作权法实施条例》要求其必须"摄制在一定介质上",即是增加了固定性的要件。未固定的智力成果无法被著作权法视为视听作品。

此外,也有学者主张作品的构成还须包括其他要件,如"作品须为人类的智力成果",而不能是动物、人工智能等非人类的智力成果。新技术的发展无疑带来创作行为与方式的巨变,后文将对此类问题作详细探讨。

（二）独创性

独创性是作品的基本构成要件之一。独创性译自 originality,可分解为"独"与"创"两方面。"独"是指表达需"独立创作、源于本人",既可以是从无到有进行独立创作,也可以是以他人已有作品为基础进行再创作。再创作须形成可供识别的差别,才能被认为是产生了源于本人的表达,进而成为作品。

独创性中的"创",是指表达须具有一定程度的智力创造性,方能构成作品。这是作品独创性评价中所重点考查的方面。不同法系国家对于作品智力创造性的要求存在许多差异。版权法体系国家通常对作品智力创造性要求较低,也即对作品独创性要求较低,而著作权法体系的国家则通常对作品独创性要求较高。这种差异的形成既有历史、文化、哲学的原因,也有著作权法律制度设计上的不同考虑。

版权法体系国家历史上对于智力成果的保护通常奉行"额头流汗"的原则,即只要创造者对其智力成果付出了相应的劳动,便应获得相应的财产性权利。因此,版权的取得几乎不存在独创性的限制,而只需作者付出相应劳动即可。这一逻辑深受洛克劳动理论的影响。

根据该理论,个人之所以可以对某一事物主张财产权,将其据为己有,本质上是因为个人的劳动与该事物结合到了一起,从而使其权利具有正当性基础。该理论在版权法体系受众广泛,并被罗伯特·墨杰斯(Robert Merges)等学者认为在知识产权法领域具有更广阔的适用性。

在前文提及的发生在美国的 Feist 案之后,这一局面发生了改变。该案的争议焦点为电话号码簿可否作为著作权法的客体得到保护。对此,法院认为,为了获得版权保护,一部作品必须原创于作者。独创性是一项宪法性的要求。版权法中的独创性仅意味着作品是作者独立创作的(而不是从其他作品中抄袭得来的),并且具有最低限度的创造性。创造性的要求非常低,甚至微小的量便足够了。大多数作品能够非常容易地满足该要求,当它们拥有一些创造性的火花时,不管这些火花多么粗糙、卑微和明显。同时,没有人能够对事实主张独创性。因为事实并不来源于创作行为。第一个发现和报道特定事实的人并没有创造该事实,他只是发现了该事实的存在。包括科学事实、历史事实、传记事实和当天新闻在内的所有事实都不是原创于作者,它们不可能获得版权,属于可供任何人自由使用的公有领域的组成部分。

该案裁定后,"具有独创性"也成了以美国为代表的版权法体系国家的一般作品构成要件。

著作权体系国家对于作品的保护则更受黑格尔、康德等为代表的德国哲学家的人格理论影响。该理论主张著作权的存在是因为人格或个人意志,一方面,作品集中反映了作者的思想、审美、偏好等,是作者人格、意志的延伸;另一方面,作者对作品的占有使社会产生了稳定的预期,可以更有利于人格的充分发展。建立在该理论基础之上的著作权法体系对于作品的独创性提出了更高的要求,其标准并非有无独创性,而是独创性是否达到了应有的高度。之所以作如此规定,是因为并非任何表达都可被视为个人人格的延伸,只有反映个人思想、审美、偏好等内容的表达才可称之为作品。

（三）不受著作权法保护的对象

我国《著作权法》第五条规定该法不适用于:"（一）法律、法规,国家机关的决议、决定、命令和其他具有立法、行政、司法性质的文件,及其官方正式译文;（二）单纯事实消息;（三）历法、通用数表、通用表格和公式。"

《著作权法》否定以上对象的可版权性的理由如下:其一,具有立法、行政、司法性质的文件需要被尽可能广泛地传播,以促进国家治理水平提升。若给予其著作权保护,禁止他人复制,则不利于其传播,违背该类对象本身的存在意义。其二,历法、通用数表、通用表格和公式,通常属于公知、公用领域,表达形式单一,而且具有较强功能性,同样不能构成著作权法意义上的作品。其三,单纯事实消息通常不表达写作人的思想或情感,并且表达形式有限,故不受著作权法保护。由于作品表现形式极为多元,对于一种表达属于事实还是作品,是可能引发争议的。例如,《谁毁灭了兴登堡号》案便引发了究竟是事实还是作品的争论。需注意的是,单纯事实消息,并不等同于真相,也未必完全不体现作者思想。是否将特定表达定性为事实,需结合作者主客观因素、消费者认识因素等进行综合判断。

在此基础上,学界对不受著作权法保护的对象进行了重要补充。第一,思想不受著作权法保护。将思想作为著作权法保护的客体,实际上将赋予个人对思想的垄断权,这既可能钳制公民思想,也与著作权法促进创作与传播的立法目标不符,毕竟作品的创作往往需要建立在前人的思想之上。思想与表达间的界限及划分是著作权法中的疑难问题,二者之间存在相互转化的关系,而现实中并不存在一条明显的界线。因此,司法实践中思想与表达的判定很大程度上依赖法官的自由裁量。

第二,体育赛事等对象不受著作权法保护。体育赛事与著作权法所保护的舞蹈、杂技艺术作品等具有相似性,因此前者在是否具有可版权性的问题上是容易引起混淆的。传统上,著作权法保护的对象应是主要反映作者思想和情感的,而不是表现主体的技艺。舞蹈、杂技等作品虽能展现表演者的技艺,但作者在创作、编排这些作品时,将自身的思想与情感融入其中,方使其具有可版权性。体育赛事等对象,仅有运动员参与其中,主要展现的是自身的技艺以及团队合作,其并无"作者"或"创作"行为,因而不具有可版权性。

此外,违禁作品在我国早期的著作权法中一度被列为不受著作权法保护的对象。2010 年修法后,不保护违禁作品的法律条款被废除,使其获得了与普通作品同等的待遇。违禁作品获得著作权法保护具有多种原因,本书不作深入探讨,但值得注意的是,作者获得对违禁作品的著作权,只意味着其享有了禁止他人非法使用、传播作品的权利,而不意味着其获得了本人使用、传播作品的权利。作者本人对作品的使用、传播还需受《刑法》《出版管理条例》等法律法规的约束,不当的使用、传播仍可能使本人承担行政责任甚至刑事责任。由此,违禁作品获得著作权法保护在效果上,不仅不会促进作品的使用和传播,反而可以起到更好的限制作用。

（四）作品类型

我国现行《著作权法》第三条规定的作品类型包括:"(一)文字作品;(二)口述作品;(三)音乐、戏剧、曲艺、舞蹈、杂技艺术作品;(四)美术、建筑作品;(五)摄影作品;(六)视听作品;(七)工程设计图、产品设计图、地图、示意图等图形作品和模型作品;(八)计算机软件;(九)符合作品特征的其他智力成果。"

第(六)项"视听作品"与 2020 年以前立法中的电影作品和以类似摄制电影的方法创作的作品相对应。2020 年《著作权法》修订过程中,多数意见认为,原《著作权法》以"电影作品和以类似摄制电影方法创作的作品"和相关权中的"录像制品"保护视听画面的方式,无法适应新技术新媒体尤其是互联网发展的现实需要,可能将诸如网络直播、短视频、网络游戏、动画作品等具有视听属性的同类型作品排除在外。故而,现行《著作权法》采用了外延更广、更具解释力的"视听作品"术语。

第(八)项"计算机软件"是指计算机程序及有关文档。计算机软件通过代码化、符号化的指令序列,使计算机等设备具有信息处理能力。计算机软件与一般作品类似,都具有特定的表达。尽管这种表达并非人类语言,而是计算机语言,而且表达的目的并非展现、传播创作者的思想、情感,而是促使计算机实现特定功能,但在美国等发达国家的推动下,计算机软件还是被纳入了著作权国际公约中,从而成为各个国家著作权法所明确保护的作品类型。

此外,《著作权法》第六条还规定了对民间文学艺术作品的保护,涵盖民间故事、传说、诗歌、歌舞等。民间文学艺术作品由于与一般作品在保护期、权利主体等方面存在诸多差异,甚至可能与著作权法促进作品创作传播的立法目的存在冲突,因此有待进一步的立法予以解决。

著作权法所规定的作品类型具有一定的法定性,著作权人或相关方原则上不得任意约定、界定其作品的类型。新形式、新样态的作品若不属于著作权法明确列举的类型,则可依据《著作权法》中的作品兜底条款——"符合作品特征的其他智力成果"——进行界定与补充。原《著作权法》中的作品兜底条款表述为"法律、行政法规规定的其他作品",即仅在法律、行政法规存在明确规定时,方可对作品类型进行补充。此时,作品类型具有极强法定性,而开放性则明显不足,无法有效、灵活地对新型作品进行补充。现行《著作权法》将其表述修改为

"符合作品特征的其他智力成果",更好地兼顾了作品类型的法定性与开放性,赋予了该项兜底条款应有之义。

在著作权法列举的作品类型之外,理论与实践还确认了部分特殊类型作品。例如,实用艺术品,指的是兼具使用功能与艺术美感的物品。由于著作权法不保护操作方法、技术方案和实用功能,因此实用艺术品需要满足特定条件方能作为美术作品获得保护:实用艺术品的实用功能和艺术美感必须能够相互独立,即使无法在物理上分离,也需要在观念上分离。汽车为降低阻力而设计的造型、魔方等通常无法满足该要件,因而无法获得著作权法保护;造型别致的香水瓶,尽管美感与功能在物理上无法分离,但却可在观念上分离,因此可以获得著作权法的保护。

(五)相关权的客体

在我国著作权法中,相关权特指表演者对其表演活动、录音录像制作者对其制作的录音录像、广播组织对其播出的广播信号,以及出版者对其版式设计所享有的专有权利。

相关权产生的原因与狭义著作权有所不同,针对某些由于独创性不足而无法受到狭义著作权保护的智力成果,若不为其提供任何保护将导致不公平的结果,并影响作品的传播。因此,著作权法体系国家的立法者普遍选择在著作权体系中创设一种与传统狭义著作权并行的新型权利,即相关权,为该类智力成果提供保护。由于相关权与狭义著作权在客体、权能等方面具有高度关联性与相似性,在著作权法中设立相关权制度具有一定合理性。例如,相关权的客体——表演、录音、广播等——均是承载或传播作品的载体,其独创性虽通常远低于作品,但与作品关联紧密;相关权的权能则主要控制复制、广播等行为,虽然控制的行为类型上少于狭义著作权权能,但在性质上、内容上都与后者极为相似。

各类相关权的客体间存在诸多差异,需要分而述之。

第一,表演者权的客体。表演者权是表演者对其表演活动所享有的专有权利。唯有表演作品的人才能成为著作权法意义上的表演者并取得表演者权,但作品是否已过保护期,以及是否曾受著作权法保护均在所不论。反之,如果"表演"的不是作品,如足球运动员的"表演",便无法取得表演者权。表演者权的客体是对特定作品的表演活动,其权利客体是表演而非作品。若表演者对同一作品进行了多次表演,表演者对每一次表演均享有表演者权。如同世间没有两片完全一样的叶子,世间也没有两次完全一样的表演。即便两次表演源于同一表演者与作品,表演者在不同时空下的思想、情感各有不同,而表演作为其人格、意志的延伸,也将在动作、语言等表现形式上或多或少地反映这种差异。

第二,录音录像制作者权的客体。这类相关权的客体是录音制品与录像制品。根据《著作权法实施条例》的规定:"录音制品,是指任何对表演的声音和其他声音的录制品;录像制品,是指电影作品和以类似摄制电影的方法创作的作品以外的任何有伴音或者无伴音的连续相关形象、图像的录制品。"录音录像制品与音乐作品、视听作品的外在表现形式几无差异,根本上,其内在的录制行为缺乏足够独创性才是使其成为相关权客体的主要原因。

第三,广播组织权的客体。该相关权的客体为作品的广播信号而非作品本身,原因在于广播组织获得该权利的基础是"播放、传播作品"的行为而非"创作作品"的行为。实践中,广播组织除播放、传播他人作品外,往往存在自行制作节目的行为或录制节目的行为,既可基于创作行为而取得著作权,也可基于录制行为取得录音录像制作者权。

第四,出版者权的客体。该权利的客体为权利人所出版的图书、期刊的版式设计。与广播组织权类似,该权利的基础是设计版式的行为,而非创作或其他行为。若出版者独自选择、编排相关作品、材料,在满足独创性的前提下,其亦可基于汇编行为而取得狭义著作权,此时的权利客体则应为汇编作品。

第五,其他相关权客体。除上述我国法律明确规定的相关权客体外,其他法域根据自身需要将许多客体纳入相关权体系当中。例如,德国、意大利等国的著作权立法不仅设立了对照片的相关权,用以保护独创性程度不高,无法反映拍摄者独特精神、个性、艺术观念和智力创造的照片,还创设了专门的相关权保护缺乏独创性的数据库。

总体上,相关权制度在著作权体系当中具有重要作用,不仅合理扩充了著作权法的客体保护范畴,也保证了原有的作品独创性标准能够一以贯之,避免其为迎合技术、社会发展而进行过多调整,而导致法律适用的不确定性。

二、著作权主体

著作权的主体可包括狭义著作权主体与广义著作权主体。狭义著作权的主体范围包括著作权人、作者、著作权许可人、著作权被许可人等,以上概念互不等同。广义著作权主体在此基础上还包括相关权主体。本部分主要内容涉及的是著作权人、作者以及相关权权利人的权利取得、归属等问题。

(一)一般作品的主体

《著作权法》第二条规定:"中国公民、法人或者非法人组织的作品,不论是否发表,依照本法享有著作权。"第十一条规定:"由法人或者非法人组织主持,代表法人或者非法人组织意志创作,并由法人或者非法人组织承担责任的作品,法人或者非法人组织视为作者。"据此,在我国,无论公民、法人或者非法人组织不仅可依法或依约定取得著作权,也可以取得作者资格。这与以德国为代表的著作权体系国家存在巨大差异,这些以人格理论作为著作权制度基础的国家仅承认自然人的作者身份,其他主体不仅无法取得作者身份,甚至无法通过转让方式获得著作权。

在我国,依据权利取得方式的不同,著作权人可划分为原始取得著作权的主体与继受取得著作权的主体。原始取得著作权的主体,即依创作取得著作权的主体,指向作者。作者基于创作这一行为,原始取得著作权。创作作品是典型的事实行为,而非法律行为,因此作者无论是否具有行为能力都可享有著作权。

我国采取著作权自动取得制度,作者只要经过创作形成了作品,著作权就依法自动产生。同时,我国实行作品自愿登记制度,登记并非取得著作权的前提,而是用以作为著作权归属的证据。取得作品的时间点是作品完成时,但不能将其理解为整个作品的最终完成时,当作品具有独创性的一部分完成时,著作权便已经产生。

继受取得著作权的主体,即依受让、继承、受赠和其他方法取得著作权的主体。著作权作为一种可处分的权利,权利转让是最为典型的作品价值实现方式。作者可以将其原始取得的全部或部分著作财产权转让与他人,此时作者仍享有著作人身权,受让人则享有著作财产权,二者同为著作权人。继受取得的只是著作财产权,著作人身权不得转让、继承。但是,继承人可保护被继承人的著作人身权。继承人还可发表被继承人未发表的作品,前提是不违反后者生前意志;若无继承人和受遗赠人的,则作品原件持有人可以发表作品。

著作权许可是另一种重要的作品价值实现手段,基于许可关系产生了著作许可人与著作被许可人两类主体。其中,著作被许可人指的是根据许可合同,在约定的期间和地域范围内,以约定的方式利用作品的人。许可合同可区分为专有许可与非专有许可,二者具有不同程度的排他性,被许可人享受的权利也不同。

（二）特殊作品的主体

在第一部现代版权法——《安娜女王法》颁布后的 100 多年时间里,作品的创作几乎完全是创作人一人的事情,他在创作上无需他人合作或协助,他的创作只与自己有关,而与他人无涉。所以,"作品是作者思想的表达"的说法,实是对当时作品创作现实的一种客观描述。① 然而,随着时代的进步、分工的细化以及社会主体关系的复杂化,各类新形式的特殊作品登上了著作权历史的舞台,并产生了新的著作权分配问题。

1.职务作品

自然人为完成法人或者非法人组织工作任务所创作的作品是职务作品。职务作品的构成要件至少包括两个方面:一是创作作品的自然人须是法人或组织(雇主)的工作人员,双方存在劳动或雇佣关系;二是作品必须因履行职务行为的需求而创作,也即为了完成工作任务而创作。

职务作品可进一步分为一般职务作品与特殊职务作品。两类职务作品的本质区别在于,雇主与雇员对于完成不同类型作品的贡献度存在巨大差异。一般职务作品的完成,通常可直接归功于雇员,雇主对其并无直接贡献,仅是由于其保障了雇员的物质基础,从而间接促成作品的问世。与之相对,特殊职务作品的完成,则往往需要团队合作以及大量直接资金、设备、资料的投入,雇主的贡献是占主导地位的,单一员工的贡献反而较为有限。我国著作权法明确了以下三种情形构成特殊职务作品,其他则构成一般职务作品。

① 孙新强.论作者权体系的崩溃与重建——以法律现代化为视角[J].清华法学,2014(2):130-145.

第一，主要是利用法人或者非法人组织的物质技术条件创作，并由法人或者非法人组织承担责任的工程设计图、产品设计图、地图、示意图、计算机软件等职务作品。

第二，报社、期刊社、通讯社、广播电台、电视台的工作人员创作的职务作品。

第三，法律、行政法规规定或者合同约定著作权由法人或者非法人组织享有的职务作品。

在职务作品著作权的归属问题上，著作权法充分贯彻意思自治原则。因此，若职务作品的雇主与员工对于著作权归属有约定的，则遵从约定。在双方无约定的情况下，著作权法规定一般职务作品的著作权由作者享有，法人或者非法人组织有权在其业务范围内优先使用；而特殊职务作品，作者仅享有署名权，著作权的其他权利由法人或者非法人组织享有，法人或者非法人组织可以给予作者奖励。

2. 法人作品

《著作权法》第十一条规定："由法人或者非法人组织主持，代表法人或者非法人组织意志创作，并由法人或者非法人组织承担责任的作品，法人或者非法人组织视为作者。"

法人作品最早出现于 1903 年的美国判例法，在 Bleistein v. Donaldson Lithographing Co. 一案中，美国最高法院的霍姆斯法官提出了"视为作者原则"，即"如果雇员创造某种东西是为了履行部分职责，那么，他所创造出来的东西就应该属于雇主的财产"[1]。之后，这一原则被写入了美国 1909 年版权法，该法第 26 条规定："解释和阐释本法时，作者一词应当包括雇佣作品情形下的雇主。"在"视为作者原则"下，世界版权法立法史上第一次产生了拟制作者。法人作品、拟制作

---

[1] Bleistein v. Donaldson Lithographing Co. , 188 U. S. 239.

者的"诞生",被认为标志着实际作者的"死亡"①,因为公司、企业等雇主从此可以更轻易地合法取得雇员的智力劳动成果。

3. 委托作品

根据我国著作权法,委托作品是指受托人根据委托人的委托而创作的作品。需要注意的是,此处"受托人"与"委托人"之间的法律关系并非通常委托合同指向的委托代理关系,因为委托作品的作者并非以委托人的名义实施民事法律行为,而是以自己的名义实施创作这一事实行为。两者间的法律关系宜定性为定作承揽关系,作者作为承揽人按照定做人的要求完成工作,交付工作成果。

委托作品著作权的归属同样尊重意思自治原则,首先由委托人和受托人自由约定归属。在双方缺乏约定的情况下,著作权法将权利分配给受托人。根据相关司法解释,委托人此时虽无法取得著作权,但可在约定或推定范围内免费使用作品。

域外方面,美国等版权体系国家倾向于将没有明确约定归属的委托作品的著作权划归雇主,即委托人;著作权法体系国家受人格理论影响,只承认自然人创作者的作者资格,因此委托作品著作权原始归属于受托人,委托人可根据合同获得作品使用权或受让著作财产权。

4. 合作作品

合作作品是指两个及以上的作者经过共同创作所形成的作品,其构成要件至少包括两个方面:其一,作者之间必须有主观上共同创作的合意。例如,《红楼梦》这一作品的两位作者曹雪芹、高鹗之间缺乏主观上的合意,因此无法将其界定为合作作品。其二,作者之间必须有客观上的共同创作行为,对作品的独创性表达作出实质性贡献。我国著作权法规定没有参加创作的人,不能成为合作作者。在作品创作

---

① Fisk C L. Authors at Work:The Origins of the Work-for-Hire Doctrine[J]. Yale Journal of Law & the Humanities,2003(1):1-70.

过程中,仅起到辅助、指导等行为的主体,无法视为作者,该作品也不应界定为合作作品。

合作作品著作权的行使具有复杂性,一般要求合作作者通过协商一致行使;不能协商一致,合作作者可单独行使除转让、许可他人专有使用、出质以外的其他权利,但是所得收益应当合理分配给所有合作作者。因此,部分国家设定了更高的合作作品认定标准,以避免将过多作品认定为多人共有。除上述构成要件外,这些国家的立法往往还要求"各作者在作品中的贡献无法区分",若贡献可区分(如音乐作品的作曲作词),则不构成合作作品。

在我国,可分割使用的作品仍可能被界定为合作作品。此时,作者对各自创作的部分可以单独享有著作权,但行使著作权时不得侵犯合作作品整体的著作权。

5.演绎、汇编作品

演绎作品与汇编作品是为《伯尔尼公约》所明确规定的两类作品。其中,演绎作品又称派生作品,是指在保持原有作品基本表达的基础上,对原表达加以发展、演绎形成的新作品。翻译作品、改编作品等均为演绎作品。演绎作品与原作品具有相似性,它既包含原作品的基本表达,也包含演绎者的独创性劳动成果。汇编作品是指汇编若干作品、作品片段或非作品材料,对其内容的选择或编排能够体现独创性的作品。

演绎、汇编行为涉及原作品之上的改编权、翻译权、汇编权、复制权等著作权权利。因此,通过演绎、汇编形成的新作品之上存在两重权利,即原作品的著作权与新作品的著作权。使用者使用这类作品须同时获得演绎、汇编作品与原作品权利人的许可,方不构成侵权。

6.视听作品

现行《著作权法》将原立法中的"电影作品和以类似摄制电影的方法创作的作品"改为"视听作品",以适应时代发展的需要。《视听作品国际注册条约》对视听作品的定义是:由一系列相关的固定图像组成,带有或不带伴音,能够被看到的,并且带有伴音时,能够被听到的任何作品。

视听作品往往既可归类为演绎作品,也可归类为合作作品,权利主体较为复杂。其中,著作权法直接规定了电影作品、电视剧作品的著作权由制作者享有,编剧、导演、摄影、作词、作曲等作者享有署名权和获得报酬的权利。电影作品、电视剧作品以外的视听作品的著作权归属,则由当事人约定;没有约定或者约定不明确的,由制作者享有,但作者享有署名权和获得报酬的权利。

视听作品的利用往往涉及在先作品的著作权问题。多数国家的立法采取了默示许可的规则,即在先作品的著作权人一旦许可其作品用于视听作品,就不能阻止制片者对视听作品的正常利用。我国立法虽未明确规定该规则,但司法实践已确认在先作品的著作权人不得阻止制片者对视听作品的正常利用。

7. 作者身份不明的作品

作者身份不明的作品也称孤儿作品。该类作品原件的所有人享有行使除署名权以外的著作权。作者身份确定后,由作者或者其继承人行使著作权。对于孤儿作品的立法,旨在推动作品的利用、传播,以实现其价值。

(三)相关权的主体

由于相关权一般以权利主体为核心进行命名,权利与主体间的对应性是较强的。通常情况下,表演者权的权利人即表演者,录音录像制作者权的权利人即录音录像制作者,广播组织权的权利人即广播组织,出版者权的权利人即出版者。

其中,《著作权法实施条例》进一步解释了部分相关权权利人的概念。所谓录音制作者,是指录音制品的首次制作人;录像制作者,是指录像制品的首次制作人;表演者,是指演员、演出单位或者其他表演文学、艺术作品的人。

此外,根据著作权法的规定,广播组织的主体范围仅为广播电台、电视台。对此,《罗马公约》指出广播组织仅指通过无线方式传播信号的组织,即"无线广播组织"。通过有线电缆传播信号的有线广播组织、网络广播电台、网络电视台等均非著作权法意义上的广播组织,因而也不享有广播组织权。当然,对于是否应在未来赋予以上组织广播组织权,我国拥有充分的立法自主权。《罗马公约》所规定的,仅是著作权保护的下限,而扩大广播组织权主体范围则属于提高著作权保护水平的行为,因此并不受到该公约的限制。

相关权主体方面的特殊规则,主要体现在职务表演制度上。演员为完成本演出单位的演出任务进行的表演为职务表演。对于职务表演,演员所明确享有的是表明身份和保护表演形象不受歪曲的人身性权利。其他财产性权利,由当事人约定。当事人没有约定或者约定不明确的,职务表演的权利由演出单位享有。若约定所有职务表演的权利皆由演员享有的,演出单位则可以在其业务范围内免费使用该表演。职务表演的权利归属规则与特殊职务作品制度极其相似,由于演员与演出单位间存在天然悬殊的谈判地位,实践中相关的财产性权利通常是由演出单位取得的。

三、著作权内容

在我国,狭义著作权的内容被划分为著作人身权与著作财产权两方面,著作人身权又称精神权利,作者对作品中体现出的人格利益享有的权利就是著作人身权。著作财产权则是针对作品经济利益的一种权利,权利人通过该权利控制针对作品的特定行为,即可获得相应的收益。

此种将著作权设为一权两体的立法模式被学者归类为"二元说",法国、意大利、日本等国均采此说。德国、奥地利等国的立法者则采用了"一元说",否定了著作人身权与著作财产权可分性。著作权内容基础框架的差异,进一步在各项具体制度中展现、放大。如在法国,著作人身权虽无法与作者的人格分离,不得转让、放弃,但著作财产权是可以与作者的人格分离的,因此得自由处分①;而在德国,不仅著作人身权无法处分,甚至著作财产权因与著作人身权不可分,也是无法转让的②。

著作人身权与著作财产权在权利性质上存在巨大差异。著作人身权与民法上的人格权类似,具有固有性的特征,是不可转让、继承甚至放弃的。③ 这一特征虽一定程度限制了作者处分作品的自由,但也使得市场上具有优势地位的出版商、广播组织等经营性主体无法通过合同约定等形式剥夺作者的著作人身权,可以说是以效率换公平。

在大部分国家,著作财产权则通常与其他财产权类似,可由权利人自由处分。著作权法充分尊重当事人的意思自治,便可最大限度降低法律干预造成的交易成本,进而提升作品资源的配置效率,促进著作权相关市场的繁荣。

此外,各类相关权的内容与狭义著作权内容极为相似,但范围更窄。因此总体上,相关权的权利强度是弱于狭义著作权的。

(一)著作人身权

部分物权法中的物,如照片、录像等,往往被判定具有人格利益。

---

① 参见《法国知识产权法典》第 L121-1 条。
② 参见《德国著作权法》第 28 条、第 29 条、第 64 条。
③ 在高度重视著作人身权的德国,甚至不允许著作财产权的转让,因为著作财产权也是直接来源于作者人格的。在英美法系国家,精神权利也是不能转让的,但是可以放弃。

作为作者思想、意志、情感载体的作品,当然蕴含更多人格利益。按照著作权体系国家的人格权理论,著作权首先要保护的就是蕴含在作品中的人格利益。我国著作权法为著作权人设定了发表权、署名权、修改权、保护作品完整权等著作人身权,以保护作品之上的人格利益。著作人身权的保护期通常是永久性的,但为促进作品的更好传播,我国对作品的发表权进行了限制,超过发表权保护期的作品即可任意发表。

著作人身权与民法上的人格权的关系尚未形成通说,有观点认为著作人身权与民法人格权之间丝毫没有共同之处,也有观点认为著作人身权属于民法上的一种特别人格权,还有折中说的观点认为两者既有相同之处,也有区别。

1. 发表权

发表权是指作者有决定是否、如何将其作品公之于众的权利。所谓公之于众,是指以出版发行、广播、上映等方式披露作品,并使其处于为公众所知悉的状态;或者说是将作品向不特定的人公开。

发表权具有以下特点。

第一,作品被公之于众的状态是不可逆的,一旦合法公开,发表权即用尽。通过非法出版、展览等方式公开的作品,著作权人尚未行使发表权,发表权仍未用尽。在规定了回收作品权的国家,著作权人若希望阻止已经发表的作品在市场上流通,则可通过行使该权利进行收回。

第二,若作者转让或许可使用著作财产权,那么往往可以推定作者许可发表作品。

第三,作者的继承人或受遗赠人可在不违背作者生前意志的情况下发表作品。

2. 署名权

署名权,即表明作者身份,在作品上署名的权利。作者据此可决定是否以及如何在自己创作的作品上署名，如以匿名、笔名、化名等方式发行作品。

署名权与姓名权是两种容易引发混淆的权利。常见的假冒他人名字署名作品的行为，称为冒名行为，该行为并不侵犯他人的署名权，而是侵犯他人的姓名权，同时可能构成不正当竞争。原因在于，一个人只能针对自己创作的作品享有署名权，对于他人创作的作品则不享有任何著作权，但是对于自己的姓名始终享有权利。他人冒用姓名的行为，实质上是侵害了权利人姓名之上的人格利益，而非作品之上的人格利益。

英国、澳大利亚、美国等国的版权法专门规定了"禁止冒名权"来阻止冒名行为。但在我国及大陆法系国家，由于人格权法当中本就明确保护了姓名权，同时反不正当竞争法也能够提供补充性保护，便不需要另作规定了。

3. 修改权

修改权，即修改或者授权他人修改作品的权利。我国以外的多数国家并未单独规定修改权，而是规定了"修改与回收作品的权利"或"回收作品权"。作品反映作者人格，而作者人格存在发展与变化的可能，当某个作品不再反映作者现有人格时，作者应当有权对其进行修改甚至回收。

有学者认为，作者本身修改作品无需修改权，如果他人修改作品则受到保护作品完整权以及改编权的控制，因此，修改权单独存在意义不大。实际上，若将出版者的因素考虑在内，修改权的存在仍具有一定积极意义。例如，在存在出版合同限制作者修改作品的情况下，法律将优先保障作者的修改权，使其修改行为不至于构成违约。

4. 保护作品完整权

保护作品完整权，即保护作品不受歪曲、篡改的权利。该权利的设定意在保护作者的人格、声誉,因而并非所有对作品的改动都构成歪曲、篡改,许多国家要求只有相关行为"可能对作者的声誉造成损害"时,才算侵犯保护作品完整权。我国立法虽无此明确要求,但可借此解释歪曲、篡改二词的含义,即唯有对作品的修改实质性地改变了作者在作品中要表达的思想、感情,并导致其声誉受损,才算侵犯该权利。

保护作品完整权控制的是演绎行为,与著作财产权中的演绎权较为类似。通过多种权利控制同一行为,似无必要,但由于保护作品完整权与演绎权在性质上存在明显区别,两种权利同时存在方能更好保护作者利益。保护作品完整权作为一项著作人身权,是无法转让或放弃的,因此具有市场优势地位的电影、出版公司等主体无法通过合同约定的形式迫使作者转让或放弃该权利。这就保证了作者自始至终对作品的演绎都具有一定控制力,避免了过度歪曲作者思想、情感,损害其名誉等侵权行为的出现。

5.其他著作人身权

除我国著作权法规定的上述著作人身权外,其他国家和地区还为作者设立了其他类型的权利以更全面地保护其人格利益。

第一,回收作品权。回收作品权又称反悔权、追悔权或撤回权,是指作品虽然已进入社会领域公开传播,但因作者感情上的变化而不希望作品继续流传,进而收回已转让出去的著作权利,禁止作品流传。1957年的法国《关于保护文学和艺术作品所有权法》最早对此项权利作了规定。我国文化部在1984年颁布的《图书、期刊版权保护试行条例》设立了类似的回收权,规定作者有权"因观点改变或其他正当理由声明收回已经发表的作品,但应适当赔偿出版单位损失"。但出于平衡作者与出版商利益以及繁荣文化市场等考虑,该条例于2003年废止。

第二,追续权。追续权是指在艺术作品首次销售后,由作者或其继承人,或由法律授权的其他机构,在保护期内享有对美术作品原件每次转售的收入额提取一定比例权利金的权利。追续权的设立主要基于社会对公平正义的考虑。根据著作权法的规定,文字作品的作者可以通过行使发行权、复制权来实现自己的经济利益,而艺术作品的作者却只能通过一次性卖断自己的作品而获得报酬。由于艺术家无法从现行著作权法中寻求保护自身经济权利的明确规定,因而法律只能另寻其他途径来弥补艺术家的经济损失。追续权最早诞生于法国,而后开始为世界其他国家逐步接受,欧盟于 2001 年颁布了《追续权指令》,统一了该地区追续权的保护标准。

此外,各国根据自身社会、文化的需要还设立了一系列其他著作人身权。例如,接触作品权,该权利在作品原件或复制件已为他人合法取得时,赋予了作者接触该作品原件或复制件的权利。

(二)著作财产权

著作财产权是实现作品经济利益的重要手段。一方面,该权利直接控制复制、传播、演绎等行为,使权利人通过垄断作品获得高额回报;另一方面,该权利在性质上可自由处分,权利人通过权利的转让、质押、人股等形式亦可获得收益。根据激励理论,著作权法的目的之一是促进作品的创作与传播,而使创作者从作品中获得相应的经济回报是实现这一目的的基本方法。但这一方法又存在一定的所谓著作权悖论,因为它本质上是通过限制传播的方式来促进作品传播。因此,著作权法本身的正当性有赖于该法自身如何进行内部平衡,以降低著作权对作品传播的不当阻碍,从而削减逻辑上的悖论。著作财产权的保护期制度、法定许可制度以及合理使用制度等,均是为了实现这一目的。

1. 复制权

复制权,控制复制行为的权利,即以印刷、复印、拓印、录音、录像、翻录、翻拍等方式将作品制作一份或者多份的权利。复制权是传统著作财产权的核心,在纸质媒介作为作品主要承载与传播工具的时代,作品只有经过复制在纸上之后方能传播,因而只要著作权人能够控制复制行为,其经济利益便能够得到有效保障。但随着新技术的出现与发展,作品的传播对于纸质媒介以及复制行为的依赖性逐步降低,复制权的地位亦随之下降。

复制行为的形式具有多样性,除印刷、复印、拓印、录音、录像、翻录、翻拍等传统形式,还有平面到平面的复制、平面到立体的复制、立体到平面的复制、立体到立体的复制、无载体到有载体的复制形式,以及在数字环境下,将作品固定到硬盘、磁盘,上传至服务器,下载作品等行为亦为复制。

复制行为的构成需满足两个条件:其一,该行为应当在有形物质载体上再现作品。缺少物质载体之时虽然往往也可以展现作品,如表演、广播,但相关行为便不再视为复制。其二,该行为应当使作品被相对稳定和持久地固定在有形物质载体之上。作品与物质载体之间的结合若缺乏稳定性,比如镜子反射中的作品,便不构成复制。

2. 发行权与出租权

发行权用以控制发行行为,即以出售或者赠与方式向公众提供作品的原件或者复制件的行为。出租权用以控制出租行为,即有偿许可他人临时使用视听作品、计算机软件的行为。

在我国,发行权与出租权虽各自独立,但亦存在紧密关联,二者所控制的行为,皆以转移作品有形载体为基本特征,不同之处在于发行行为所转移的是载体物权上的所有权,出租行为则转移载体物权上的使用权。正因如此,许多国家著作权中的发行权本身已包含出租权,权利人通过广义的发行权即可控制发行与出租行为。①

发行权的设立可追溯到 20 世纪 70 年代,音像制品和计算机软件新型作品类型和载体形式的出现改变了作品价值的实现方式。在此之前,文学、艺术作品的发行并无太多的商业价值,而且发行作品都以复制为基础,因此权利人只需通过复制权控制复制行为,即可获得作品利用过程中的主要收益。随着音像制品和计算机软件市场飞速发展,出租这些作品的收入甚至一度超过了销售收入,而出租人往往并非著作权人或复制者,著作权人无法通过复制权控制其行为。此时,作品带来的巨大收益便被出租人取得,著作权人的利益则难以得到有效保障。这一结果显然并不公平,于是发行权应运而生,发行、出租行为受到了著作权的控制。

广义上发行行为的构成一般需要满足两个条件:其一,提供作品的行为应面向公众,所谓公众通常可解释为三人及以上的不特定对象。若提供作品的对象少于三人,或为亲朋好友等特定对象,则通常不构成发行。其二,该行为应当以转移有形载体的方式提供作品原件或复制件。以转移载体所有权的方式提供作品原件或复制件,则属于狭义的发行行为。以转移有形载体使用权的方式提供作品则属于出租行为。

发行权的行使受到一定的特殊限制,即"发行权一次用尽原则",又称"首次销售原则(美国等英美法系国家的提法)"或"权利穷竭原则(大陆法系国家的提法)"。根据该原则:对于合法投放市场的作品原件或复制件,著作权人已行使过一次权利并获得了相应的回报,因此在首次销售或赠与后,著作权人就无权控制这些原件或复制件的再次销售或赠与了。

---

① 如美国版权法规定:版权人有以通过销售或其他转移所有权的方式,或以出租、出借方式发行作品复制件或唱片(录音制品)的排他性权利。

"发行权一次用尽原则"本质上是一种化解著作权与物权冲突的手段。书籍、唱片等作品载体是物权法意义上的有体物,对它们的处分行为,比如销售、赠与等,同时受到著作权法与物权法的调整。而物权人和著作权人往往并非同一主体,这就造成了载体所有权与作品发行权的冲突。鉴于此,为了平衡物权人和著作权人的利益,司法实践确立了"发行权一次用尽原则"。该原则的适用主要有两个条件。

第一,作品复制件应为合法制作。对于非法制作的作品复制件,如盗版光碟等,著作权人并未从中获得其应有收益,不适用"发行权一次用尽原则"。

第二,作品原件或复制件合法进入市场。即便是作品原件或合法复制件,其进入市场之时若存在违约、违法的情形,亦将损害著作权人利益。此时,"发行权一次用尽原则"仍不适用,行为人构成侵犯发行权。

3. 展览权

展览权,即公开陈列美术、摄影作品的原件或者复制件的权利。各类作品的利用方式不尽相同,展览是美术作品、摄影作品的主要利用与价值实现方式之一。在我国,仅有这两类作品的著作权人享有展览权,其他类型作品的著作权人虽不享有该权利,但仍可通过其他权利获得类似保护。如音乐、舞蹈作品的展示可定性为表演行为,受表演权控制;视听作品的展示则可定性为放映行为,受放映权控制。这一制度设计体现了著作权法"以用设权"的特征。

展览权的行使亦受到一定特殊限制,如《著作权法》第二十条规定:"作品原件所有权的转移,不改变作品著作权的归属,但美术、摄影作品原件的展览权由原件所有人享有。作者将未发表的美术、摄影作品的原件所有权转让给他人,受让人展览该原件不构成对作者发表权的侵犯。"著作权法强制规定了展览权对于作品原件物权的依附性,可作为一种平衡著作权与物权冲突的手段,也是出于实践的考虑。毕竟,若买受人购买作品原件后只能独自欣赏,无法向他人展示,并不符合惯例与常理。

4.表演权

表演权所控制的表演行为与一般生活中的表演有所区别。著作权法意义上的表演行为包括两类,其一为公开表演作品行为,其二为利用各种手段公开播送作品的表演行为。公开表演,主要指演员、歌手等主体现场进行的作品表演;公开播送,通常指的是机械表演,即利用机器直接播送表演者表演的作品,如餐厅播放背景音乐。

尽管著作权法未限定表演权所控制的作品类型,但由于我国还规定了放映权、广播权等相似的权利,因此通过机械设备播放作品的行为往往还需根据作品类型进行定性。若机械设备播放的是音乐作品,则该行为可定性为表演,受表演权控制;若机械设备播放的是视听作品,则该行为应定性为放映,受放映权控制;若机械设备播放的是广播信号,则该行为又应定性为广播,受广播权控制。

目前的技术发展早已使得单一设备兼具了播放各类作品、客体的能力,著作权法的这一立法模式显然已难以适应时代。

5.放映权

放映权,即通过放映机、幻灯机等技术设备公开再现美术作品、摄影作品、视听作品等的权利。公开放映行为在许多国家被认定为机械表演行为,但也有一些国家的立法选择单独设立放映权来控制公开播放美术作品、摄影作品和电影作品等行为,我国属于后者。

6.广播权

广播权用以控制传统的单向、非交互式的广播行为。广播行为,即以有线或者无线方式公开传播或者转播作品,以及通过扩音器或者其他传送符号、声音、图像的类似工具向公众传播广播作品的行为。

传统的广播行为是以单向、非交互的形式来传播作品的,播送作品的选择权在广播组织一方,公众无法主动选择所欲接收的作品。互联网技术的出现使得公众一方获得了更多选择作品的主动权,更具效率的交互式作品传播登上舞台,并成为主角。但这种交互式传播,在我国并不受广播权所控制,而是受信息网络传播权所控制。

2020 年的《著作权法》修正了原有广播权规定的瑕疵,化繁为简地将广播权控制的行为划分为三类:其一,有线或无线广播行为,即把作品转化为信号传送到远端,由远端的装置还原成作品进行播放的行为,不规定传播是否有线。其二,有线或无线转播行为,即将接收到的无线广播信号同无线电波或有线电缆等进行传播,使原本无法接收广播信号的受众也能获得作品的行为。其三,公开播放接收到的广播信号,即接收广播信号后,通过扩音器、电视机等设备将其面向公众播放的行为。第三种行为与机械表演仅有的区别在于,前者播放的是承载于广播信号上的作品,后者播放的是存储于光盘、U 盘等载体上的作品。

7.信息网络传播权

信息网络传播权用以控制交互式的信息网络传播行为。信息网络传播行为,即以有线或者无线方式向公众提供作品,使公众可以在其个人选定的时间和地点获得作品的权利。

网络技术的发展促成了作品的交互式传播,使公众可以在其个人选定的时间和地点获得作品。1996 年,WPPT 与 WCT 分别明确要求成员国通过相关权利控制信息网络传播行为,以保护著作权人与相关权人利益。

信息网络传播行为的构成要件如下。

第一,传播方式应为交互式传播。信息网络传播权所控制的并非通过信息网络传播作品的行为,根据 WPPT 与 WCT 的规定,它控制的应是交互式传播行为。我国著作权法规定的"使公众可以在其个人选定的时间和地点获得作品"即是对交互性的要求。依据现行《著作权法》,通过网络进行非交互式的单向作品传播,如网络直播、定时传播,并不构成信息网络传播行为,而可能是广播行为或由兜底权利控制的其他行为。同时,不能将交互性作过窄解释,将"在指定的时间和地点"理解为任意时间和地点。公众在受到一定时间、地点限制的情形下,只要享有一定主动选择作品的自由,仍能满足交互性的要求。

第二,该行为是提供作品的行为。信息网络传播权控制以交互式手段向公众提供作品的行为,指的是一种使他人获得作品的可能性,而非他人已经获得作品的状态。鉴于此,在开放的网络、平台上上传作品后,即使实际上无人问津,该上传行为仍然构成信息网络传播行为。

第三,该行为须面向公众。行为人面向公众提供作品,方有可能构成信息网络传播;若作品仅向其有限社交范围内的亲朋好友提供则不构成信息网络传播,例如将作品上传至服务器中的私密空间或设置密码,只限于自己与亲友能够下载的行为。

8.摄制权

摄制权、改编权以及翻译权可归类为演绎权,用以控制演绎行为。而所谓演绎权是对作品进行演绎以及对由此形成的演绎作品进行利用的权利。对原作品进行演绎后形成的作品称为演绎作品,该作品应保持原有作品基本表达,并对原表达加以发展,并使新表达与原表达融为一体。

其中,摄制权指的是以摄制视听作品的方法将作品固定在载体上的权利。如将他人小说拍摄成电影的行为,即是一种摄制行为,摄制过程中,电影导演、编剧等在保留小说原有基本表达的基础上,对作品加以演绎,丰富相关的故事情节、人物关系、台词、动作、布景等,从而形成新的视听作品。

摄制行为不仅受到原作品摄制权这一著作财产权的控制,还有可能受到保护作品完整权等相关著作人身权的限制。例如在《上海人在东京》案中，被告方上海电视台虽取得同名作品的改编权和摄制权，但原告方作者却认为电视剧的拍摄改变了原作的主题，歪曲了原作的思想，严重损害了其声誉，于1998年以侵害保护作品完整权为由起诉至法院。①

9.改编权

改编权，即改编作品，创作出具有独创性的新作品的权利。改编权用以控制改编行为，但并非所有对原作的改编都受改编权的控制。改编权作为演绎权的一种，所控制的是对原作特定表达的改编行为。

一部完整作品的部分或片段，若满足独创性的要求，往往便可单独构成作品。对作品整体表达或具有独创性部分的表达进行改编才能受改编权的控制，而对作品思想或不构成作品的素材的改编则不受改编权的控制。同时，改编权的行使还受到合理使用制度的限制。他人对作品的改编若具有较高转换性，体现了不同的艺术、思想、情感等，即属于合理使用中的适当引用，不构成侵权。

10.翻译权

翻译权，即将作品从一种语言文字转换成另一种语言文字的权利，用以控制翻译行为。各类作品，尤其是文字作品往往具有高度的语言艺术，将其翻译，乃是从一种语言艺术转换为另一种语言艺术，其过程凝聚了译者的心血，也反映了译者的巧思与情感，因此并非简单的复制行为，而是一种演绎行为，翻译而成的作品也因此构成译著，而非复制品。

相反，若"翻译"行为是机械的，不体现译者意志、情感、思想，则不构成著作权法意义上的翻译，可能构成复制。例如，将文字转化为盲

---

① 上海市第二中级人民法院(1996)沪二中民初(知)字第28号民事判决书。

文,或者将一种计算机语言直接通过软件转化成另一种计算机语言。

11. 汇编权

汇编权,即将作品或者作品的片段通过选择或者编排,汇集成新作品的权利,用以控制汇编行为。与前述演绎权类似,只有汇编的对象满足作品独创性要求时,方受到汇编权的控制。例如,编辑一份期刊便涉及将多部不同作品汇编成册,每部被汇编作品的权利人皆可通过汇编权进行控制。

如果汇编的对象不具有独创性,则即使是作品中的片段,亦不受该权利的控制。由于汇编行为涉及对他人作品的复制、发行或网络传播,完全可以由复制权、发行权和信息网络传播权控制,通过单独设立汇编权保护著作权人的必要性并不高。

汇编行为由于在选择、编排作品之时能够体现汇编者的独特审美、构思,汇编形成的作品也可在满足独创性要求时构成汇编作品。汇编者与原作品共同享有对其的著作权,双方往往通过合同约定相关权利的归属与行使。

(三)相关权内容

相关权的内容与狭义著作权的内容总体相近,主要以控制智力成果的使用、传播行为为目的。区别在于,相关权的内容相对更为狭窄、笼统,所能控制的行为也相应更为有限。

其中,出版者权仅为权利人提供了"许可或者禁止他人使用其出版的图书、期刊的版式设计"的权利,而对于何种行为构成著作权法意义上的使用,相关法律、条例以及司法解释尚未给出明确答案。这留给了法官较大的自由裁量空间,但基于"举重以明轻"逻辑,出版者所能控制的"使用"行为应不超过狭义著作财产权所能控制的复制、发行、展览等行为范围。理论上,在缺乏法律明确授权的情况下,出版者权应是不享有人格权性质的相关权利的,因此不享有类似于作者的署名权、保护作品完整权等著作人身权的权利。

同理,录音录像制作者权、广播组织权的权利内容也是属于财产权性质的。前者的权利内容主要包括复制权、发行权、出租权、通过信息网络向公众传播权、广播权,后者的权利内容则主要包括转播权、复制权以及信息网络传播权。尽管在表面上,以上相关权内容相较于狭义著作权内容是明显更为狭窄的,但是实践中却足以控制大部分相关的商业行为并保障相关权主体正当商业利益。

相关权中较为特殊的是表演者权,其权利内容兼具财产性与人格性,主要包括:"(一)表明表演者身份;(二)保护表演形象不受歪曲;(三)许可他人从现场直播和公开传送其现场表演,并获得报酬;(四)许可他人录音录像,并获得报酬;(五)许可他人复制、发行、出租录有其表演的录音录像制品,并获得报酬;(六)许可他人通过信息网络向公众传播其表演,并获得报酬。"

其中,第(一)、(二)项属于人格性权利,第(三)至(六)项属于财产性权利。这些权利与相关的狭义著作权尽管存在表述上的差异,其实质的效果是基本相同的。表演者"表明表演者身份权"实质上等同于作者的"署名权","保护表演形象不受歪曲权"则等同于作者的"保护作品完整权"。著作权法之所以赋予表演者独特的人格性权利,是因为表演者的表演与其他相关权客体存在明显区别,表演之中往往融入了表演者的独特构思、情感,具有较高的独创性,其对作品的表现,不仅反映作者的人格,也能够反映表演者自身的人格,这是其他相关权客体无法企及的。有鉴于此,表演可以视为表演者人格的延伸,其中同样凝聚着表演者的人格利益,著作权法为其设置人格性权利目的便在于保护此种独特利益。

【习题】

1.电影公司许可音像公司将其拍摄的电影制成 DVD 发行,音像公司是否为录像制作者?

2.我国立法是否应引入追续权以保障艺术作品著作权人的利益?

3.前文所述《红楼梦》的两位作者曹雪芹与高鹗不存在合作关系,作品不应认定为合作作品,那么二者间的关系如何定性,作品著作权如何分配?

第二节　网络环境下著作权客体

【案例导入】

在菲林诉百度案中,原告菲林律师事务所通过"威科先行库"软件自动生成了一篇分析报告——《菲林影视娱乐行业司法大数据分析报告——电影卷北京篇》,并将其发表。被告百度网讯公司经营的"百家号"平台,在未经许可的情况下,删除了涉案文章的署名、引言、检索概况等部分内容并发布。菲林律师事务所遂诉至法院,要求百度网讯公司承担相应侵权责任。

该案焦点之一在于,"威科先行库"软件这一人工智能产品所生成的报告是否具有可版权性,能否作为作品受到著作权保护。对此,该案法院给出了否定的答案。然而目前,关于人工智能生成物可版权性的共识并未达成,理论界与实务界之间的争论仍在持续。

实际上,自 20 世纪以来,网络、计算机等一系列新兴技术的出现给原有的著作权体系带来了巨大冲击,著作权法以及其他相关部门法如何应对这种冲击,值得深思。

网络、计算机等新型技术使作品载体形式、传播方式等发生了巨变,其中一些改变是适用原有著作权体系可以解决的,如网页、短视频等类型作品的保护与传统文字、汇编以及视听作品的区别较为有限,在法律适用过程中并无过多障碍;而另一些客体形式,则是难以在原有著作权体系下进行保护的,典型代表包括计算机软件、数据库、人工智能生成物等。了解著作权法以及其他部门法如何通过解释论、立法论的方法应对以上新客体带来的挑战,对于理解著作权法的基本运作原理是至关重要的。

一、著作权客体的扩张

我国现行《著作权法》明确了十余种作品类型的保护,其中的大部分类型并未出现在各国早期的著作权法律之中。被视为现代著作权制度起点的《安娜女王法》保护的客体主要是文字作品,美国第一部版权法主要规定了对图书、地图和图表的保护。

版权法的产生与发展一直与技术紧密勾连①,技术的发展促使立法者不断推动著作权客体的扩张,著作权相关国际公约的订、改历史便反映了这种扩张趋势。《伯尔尼公约》于 1886 年签订后进行了多次修改,其中,1948 年文本在 1928 年文本基础上,增加、扩展了"电影作品"与"实用艺术品"等新型客体。1994 年的 TRIPS 协定,则更为激进地将计算机程序和数据库纳入著作权客体范畴。

这些公约扩张著作权客体的时间点正好与相关技术革命出现的

---

① 李雨峰. 版权扩张:一种合法性的反思[J]. 现代法学,2001(5):57-65.

时间吻合。19 世纪末到 20 世纪中叶,电影、广播等新型视听、媒体技术诞生与普及,推动了《伯尔尼公约》权利客体的扩张;20 世纪 70 年代后,计算机、网络等技术的发展则推动了 TRIPS 协定权利客体的扩张。

　　除技术因素外,著作权客体的扩张当然也有其他方面的因素。有学者指出,国际上之所以出现版权扩张的趋势,是因为作者之间易于形成一种利益集团,而使用人则否。[①] 对于著作权客体扩张现象背后的原因,本书不再作深入探讨。需要说明的是,这一现象的出现一方面有一定的正当性基础[②],另一方面给原有的著作权体系造成了巨大冲击[③]。

二、计算机软件与视频游戏

　　我国《计算机软件保护条例》对计算机软件的定义是,计算机程序及其有关文档。其中,计算机程序是指为了得到某种结果而可以由计算机等具有信息处理能力的装置执行的代码化指令序列,或者可以被自动转换成代码化指令序列的符号化指令序列或者符号化语句序列;文档是指用来描述程序的内容、组成、设计、功能规格、开发情况、测试结果及使用方法的文字资料和图表等,如程序设计说明书、流程图、用户手册等。

　　计算机软件以计算机语言作为基本表达,驱动硬件以实现特定功能,因而具有"作品"和"工具"两重属性[④],且"功能性"才是软件开发者

---

① 中山信弘. 多媒体与著作权[M]. 张玉瑞,译. 北京:专利文献出版社,1997.
② 冯晓青. 著作权扩张及其缘由透视[J]. 政法论坛,2006(6):74-87.
③ 孙新强. 论作者权体系的崩溃与重建——以法律现代化为视角[J]. 清华法学,2014(2):130-145.
④ 曹伟. 计算机软件知识产权保护的反思与超越[D]. 重庆:西南政法大学,2007.

最终追求的目标①。鉴于此，关注具体表达的著作权法与关注技术方案应用的专利法在计算机软件这一客体的保护上重叠了。

在专利法层面，计算机软件本身一般不具有可专利性，但其与硬件设备结合成为解决技术问题的技术方案，便基本满足了可专利性的要求。此时，专利法所保护的是其作为整体技术方案中的部分技术特征所具有的功能。

在著作权法层面，计算机软件作为 TRIPS 协定中新增的著作权客体，首先要克服权利正当性问题。著作权体系本以保护文学、艺术领域作品为基本目的，将计算机软件纳入该体系虽对体系本身造成了巨大冲击，但也是具有一定正当性基础的。在美国的 Bernstein v. United States Department of State 一案中，法院指出，源代码虽然是用计算机语言而不是用英语书写的，但是计算机语言尤其是高级计算机语言与德语或者法语没有什么区别，不能因为计算机软件自身阅读范围的原因而拒绝承认其作为一种言论的表达。无论是直接阅读还是必须借助于特殊的技术手段感知，都不妨碍计算机软件成为版权法意义上的作品。② 同时，尽管计算机软件具有功能性，而著作权法明确排除了对实用功能的保护，但与实用艺术品类似，计算机软件的表达与其功能在观念上是可分离的，它完全可以通过不同的表达（如不同的计算机语言、代码）实现相同的功能，著作权所保护的仅是它的特定表达。因此，总体上，将计算机软件纳入著作权体系的主张是基本能够自圆其说的。

除正当性问题之外，计算机软件的著作权保护还面临许多其他难题，典型问题包括计算机程序的作品如何定性、相关作品中的元素是

①　耿利航. 析美国对计算机软件的版权和专利保护[J]. 政法论坛,1997(6):103-115.

②　Bernstein v. United States Department of State, 922 F. Supp. 1426 (N. D. Cal. 1996); Bernstein v. United States Department of State, 945 F. Supp. 1279 (N. D. Cal. 1996)

否具有可版权性等。这些问题的出现,首先与计算机软件本身的界定相关。

　　根据《计算机软件保护条例》的定义,计算机软件仅包括程序与辅助性文档两类元素,若一个作品包含的元素范围超过以上两类,则该作品是否可定性为计算机软件作品便将引发争议。实际上,各国以及国际组织间对于计算机软件的定义要么与我国大同小异,要么仅对计算机程序而非计算机软件进行了定义。例如,WIPO 在 1978 年发布的《计算机软件保护示范规则》中,将其元素概括为程序、程序说明和程序使用指导三类,基本与我国无实质差异;美国以及 TRIPS 协定则仅对计算机程序进行定义,同时明确将其作为文学作品进行保护。[①]比较两个概念,著作权法上的"计算机程序"显然是较为狭窄但明确的概念,而且与日常生活中以及计算机行业内的普遍认知相一致。著作权法上的"计算机软件",虽然概念的外延增加了辅助性文档这一元素,相对于计算机程序略宽,但已与现代的技术发展及公众认知存在较大距离。相较于 WIPO 在 1978 年出台示范规则之时,现代的计算机软件早已今非昔比,其设计、元素、功能日渐多元。将"程序＋辅助性文档"的组合用以描述 1978 年的计算机软件恰如其分,但用以描述如今的软件,却已不合时宜。继续沿用这种定义,不仅背离公众一般认知,而且造成了著作权法适用的困难。

　　视频游戏(video game)的归类难题即是这种法律适用困难的典型代表。视频游戏是由计算机程序与动画、视频、音乐、游戏规则、功能界面等诸多元素结合而成。在现代人的一般认知中,视频游戏应当也是计算机软件的类型之一。但是,将其直接归入著作权法中的软件作品却又是不妥的,因其所包含的元素已远超"程序＋辅助性文档"的组

---

　　① TRIPS 协定第 10 条第 1 款规定:"无论是以源代码或以目标代码为形式的计算机程序,均应作为《伯尔尼公约》1971 年文本中所指的文学作品给予保护。"

合。因此，又有部分学者可能受国内①以及其他国家司法实践②的启发，主张将视频游戏归入视听作品的范畴。这显然也是有待商榷的，毕竟现代视频游戏的内容并不仅限于连续"画面＋声音"的组合。此外，其他诸如主张将视频游戏定性为"符合作品特征的其他智力成果"的观点，也存在破坏著作权法客体定性的瑕疵。

解释论角度，更准确的界定方式是将游戏视为由"游戏引擎＋游戏资源库"构成的"计算机程序＋汇编作品"的综合体，并为不同表达分别提供著作权保护。所谓游戏引擎是由指令序列组成的单纯的计算机程序；游戏资源库则是指计算机游戏软件中各种素材片段组成的资源库，含有各种音频、视频、图片、文字等文件。资源库本身作为一个整体，也可能被视为汇编作品，其中局部内容则可作为美术作品和视听作品等加以保护。③ 实务界的法官也更认可这一思路，指出："由于现行著作权法未将网络游戏设定为一类作品，除了可整体主张网络游戏为计算机软件外，不能笼统主张网络游戏享有著作权，而应将其中不同类别的元素进行分解，对应著作权法规定的不同作品进行主张。"④

立法论角度，部分观点主张通过修法将视频游戏单独列为一类新的作品类型。这种主张也具有合理性，过去著作权法在处理电影作品时，的确采用过类似的策略——电影作品实际上集合了文字、音乐、摄影、美术等作品类型。⑤ 然而，似乎鲜有人反思，此时计算机软件这一作品类型的存在是否仍有意义。实际上更理想的立法对策，应是进行

① 国内代表性案件为"奇迹 MU"案。上海市浦东新区人民法院(2015)浦民三(知)初字第 529 号民事判决书。
② 日本、德国和澳大利亚等国家也倾向于将游戏作品作为视听作品保护。董颖,邹唯宁,高华苓. 视频游戏作品所包含的艺术类著作权[J]. 电子知识产权,2004(11):40-43.
③ 崔国斌. 认真对待游戏著作权[J]. 知识产权,2016(2):3-18.
④ 曹丽萍. 网络游戏著作权案件审理中的四大难题[N]. 中国知识产权报,2015-06-05.
⑤ 冯晓青,孟雅丹. 手机游戏著作权保护研究[J]. 中国版权,2014(6):34-37.

追本溯源的修法，或者放弃意义有限且容易引发歧义的计算机软件作品的概念，采用计算机程序作品的概念；或者将计算机软件的著作权法定义进行与时俱进的修改、扩大，使其能够将视频游戏以及类似新型客体归入其中。

三、数据库与大数据

对于数据库的保护并非当下网络发展与著作权研究关注的热点，但它既是信息时代著作权历史中的一项重要事件，也为未来新型客体的保护提供了重要启示。

数据库的一种粗糙定义是：一种信息集合，信息可以被有访问权的任何人检索。[①] 之所以使用这种粗糙定义，是因为以欧盟为代表的部分国家、地区的相关法律对于数据库的界定是极为宽泛的，它并非单指电子数据的集合，而是一种包括独立的作品、数据以及其他素材的集合。因此，汇编各类信息形成的集合，例如电话号码簿、期刊、法律案例资料书、地图等皆可视为数据库。尽管相关立法尝试对该定义进行限制，例如要求信息集合中的信息须具有"独立性"方可视为数据库，但最终的结果仍是过于宽泛的。这种宽泛定义显然会给数据库保护带来巨大的不确定性，同时也不符合相关立法促进数据库产业发展的目标。

数据库与著作权法中的汇编作品极为类似，均以汇编素材的方式形成，若数据库对素材的汇编本身满足独创性的要求则其便可作为汇编作品受到著作权保护。对于无独创性数据库的保护，世界各国主要存在两种模式：其一，为数据库特殊权利保护模式，即通过专门立法将数据库权利化，赋予其著作权或相关权进行保护。欧洲的英、法、德等

---

① 戴维森. 数据库的法律保护[M]. 朱理，译. 北京：北京大学出版社，2007：1.

国是这一进路的代表性国家,这些国家的反不正当竞争法同时也能够为这类数据库提供额外保护。其二,为反不正当竞争法保护模式,即通过反不正当竞争法或反盗用侵权制度为这类数据库提供保护,典型代表是中、美等国。数据库特殊权利保护模式相较于后者,显然具有更高的保护强度,它使权利人在无需证明行为人主观过错、竞争关系以及损害结果等情况下,即可对各类主体的相关行为进行控制。另外,虽然数据库特殊权利在理论上存在保护期上的限制,但只要数据库制作者进行一定更新,即可获得永久性的保护。对于更强的保护是否能够带来更多的投资、创作激励并更好地促进相关产业繁荣这一问题,数据库的保护给出了否定的答案。数据库特殊权利设立后并未真正推动欧盟数据库产业的发展,不仅未能实现最初的立法目标,还提高了行业的准入门槛,对市场竞争存在消极影响。然而由于路径依赖问题,废除该法将对数据库产业产生极大冲击,因此立法者进退两难,不得不维持现状。①

大数据技术背景下,以智能化设备数据为基础制作的数据库可被称为单一来源数据库。这种单一来源数据库实际上通过设备的自动化程序便可形成,供应商无需投入较多成本或精力寻找、收集用于制作数据库的数据。供应商绝大多数的相关成本主要是对智能化设备本身的投资,以使这些设备能够创造数据。在 BHB v. William Hill 案中,欧洲法院已明确欧盟《数据库保护指令》所保护的投资是为了促进建立储存和处理现有信息的系统,而非为了促进创造用于制作数据库的材料(数据)。② 基于该判例,保护智能化设备产生的数据并不符

---

① Kur A. What To Protect,And How? Unfair Competition,IntellectualProperty,Or Protection Sui Generis[M]//Intellectual Property, Unfair Competition and Publicity. Cheltenham:Edward Elgar Publishing,2014:1-22.

② The British Horseracing Board and Others v. William Hill Organization Ltd, Case C-203/02, para. 31.

合数据库保护法的基本立法目的。同时,考虑到数据库保护法在智能化设备领域的应用可能对竞争产生严重的消极影响,法院势必对其采取更为谨慎的态度。

国内近年来主张为投资者创设专门的数据财产权的声音日益高涨。针对公开状态的非独创性大规模数据集合,尤其是企业数据的持有人一方,通常仅能根据反不正当竞争法获得一定保护,无法通过著作权法或商业秘密法获得知识产权的现实,有学者指出,反不正当竞争法的保护强度与密度明显不足,企业只能在遭遇特定侵权行为时获得救济。这种保护方法既不利于数据的流动和分享,也无法充分鼓励数据企业更多地收集、存储、转让和使用数据。[①] 同时,如果仅赋予个人信息权,那么那些为准确利用数据投入了巨大资源的企业机构就会丧失积极性,不仅不符合劳动原理,更不符合数据经济规律。[②] 因此,这些学者主张应为企业设立相应的数据权利,以控制数据的利用与传播。[③] 这些主张的总体目标具有一定的正当性基础,但其所采取的具体措施却是有待商榷的。过于激进地将数据这种新型客体权利化,可能导致立法的失败。而恰当地利用反不正当竞争法,选择合理的数据保护进路与强度,是保证立法成功与数据相关产业繁荣的基本前提。

四、人工智能生成物

目前,Alpha Go、ChatGPT 等一系列具有里程碑意义的人工智能产品已经问世,中国人工智能领域也已覆盖了工业机器人、服务机器

---

① 程啸. 论大数据时代的个人数据权利[J]. 中国社会科学,2018(3):102-122.

② 龙卫球. 再论企业数据保护的财产权化路径[J]. 东方法学,2018(3):50-63;龙卫球. 数据新型财产权构建及其体系研究[J]. 政法论坛,2017(4):63-77.

③ 对于权利类型、权利强度,各学者观点不一,相对保守的学者倾向于限制该类权利的强度。崔国斌. 大数据有限排他权的基础理论[J]. 法学研究,2019(5):3-24.

人、智能硬件等硬件产品层,智能客服、商业智能等软件与服务层,视觉识别、机器学习等技术层,数据资源、计算平台等基础层。[①] 人工智能对法律的冲击是全面性的,其中尤以著作权法为甚。

在著作权客体层面,人工智能主要面临的问题是,其生成物是否具有可版权性。对此,英国版权法对"计算机生成内容"的认定规则是,承认没有人类作者参与而由计算机生成的成果可以构成作品,其保护期为50年。其立法理由是版权法应保持足够灵活性以应对未来技术的挑战。新西兰、爱尔兰、印度、南非等与英国联系紧密的国家均作出了类似的立法规定。

我国对人工智能生成物的可版权性持否定态度的学者的代表性观点是,这些内容都是应用算法、规则和模板的结果,并不属于创作,不能体现创作者独特的个性,并不能被认定为作品,自然无需再去讨论作者。[②] 持肯定态度的学者则认为,人工智能的"算法创作"实际上是"机器作者"与人类作者的共同创作,有别于"人类中心主义"下的创作主体结构[③],人工智能不仅仅是基于既定的算法、程序作出的指令性输出,而是能够使其在没有预先算法或者规则设定的情况下,通过主动学习来进行创作[④]。因此,人工智能生成之内容,只要由机器人独立完成,并符合独创性要求时,即构成受著作权保护的作品。[⑤] 这些立法论上观点的提出,普遍具有一定的理论支撑。"工具说"将人工智能视为使用者的工具,其使用人是作者;"意志代表说"将人工智能的生成过程视为按照其使用者或程序编写者的意志所产生

---

① 陈静. 人工智能怎样改变我们的生活[N]. 经济日报,2016-05-05.
② 王迁. 论人工智能生成的内容在著作权法中的定性[J]. 法律科学(西北政法大学学报),2017(5):148-155.
③ 吴汉东. 人工智能生成作品的著作权法之问[J]. 中外法学,2020(3):653-673.
④ 易继明. 人工智能创作物是作品吗?[J]. 法律科学(西北政法大学学报),2017(5):137-147.
⑤ 吴汉东. 人工智能时代的制度安排与法律规制[J]. 法律科学(西北政法大学学报),2017(5):128-136;熊琦. 人工智能生成内容的著作权认定[J]. 知识产权,2017(3):3-8.

的表达。[①]

在司法实践层面,人工智能技术已经带来了现实的著作权法适用难题。在前文提及的"菲林诉百度案"中,法院否定了人工智能生成物的可版权性,其理由在于:涉案软件生产报告中的图形是原告收集的数据,利用智能软件制作而成。虽然图形会因数据变化呈现出不同的形状,但形状的不同是基于数据差异性而产生,并非基于创作活动产生。针对相同的数据,不同的使用者使用同一软件最终产生的图形应是相同的;即使使用不同软件,只要利用常规图形类别展示数据,最终形成的表达也是相同的,故涉案图形不符合图形作品的独创性要求。

同时,对于涉案软件生产报告中的文字表达,法院认为具备独创性并非构成作品的充分条件,还需要同时满足"自然人创作"这一条件,而该文字表达无法满足该条件,因此无法成为受著作权保护的作品。[②]

在北京互联网法院作出"菲林诉百度案"判决后的第二年,深圳市南山区人民法院在"腾讯诉盈讯案"中对人工智能生成物的可版权性作出了截然相反的判决,认可了该类客体的可版权性。

该案中,原告深圳腾讯公司通过使用人工智能产品 Dreamwriter 自动生成了一篇股市财经综述文章,并在文章末尾注明"本文由腾讯机器人 Dreamwriter 自动撰写"后进行了发表。被告上海盈讯公司未经许可,复制、发表了同一文章,遂被腾讯公司诉至法院。该案法院支持涉案文章构成作品的理由是,其作为一篇股市财经综述文章,属于文学领域的表达,具有可复制性。同时,在独创性方面,涉案文章的外

---

① 陶乾. 论著作权法对人工智能生成成果的保护——作为邻接权的数据处理者权之证立[J]. 法学,2018(4):3-15.

② 北京互联网法院(2018)京 0491 民初 239 号民事判决书。

观符合文字作品的形式要求,体现出了对相关股市信息、数据的选择、判断,具有一定的独创性。此外,涉案文章的生成过程体现了创作者的个性化选择、判断及技巧等因素。其中,主创团队负责数据的输入、设定具体的触发条件、选择机器学习的文章框架模板,以及进行智能校验算法模型的训练。虽然这些行为与涉案文章的实际撰写存在一定时间的间隔,但这种"不同步性"是由软件技术路径的特性所决定的,应将上述行为纳入涉案文章的创作过程。据此,法院认为原告主创团队人员的个性化选择与编排行为对涉案文章的产生具有决定作用,涉案文章的表现形式并非唯一,具有一定的独创性,构成文字作品。[①]

　　未来,理论界与实务界关于人工智能生成物的可版权性问题的争论仍将持续一段时间。可以预见的是,今后技术进步的加速将更为频繁、剧烈地冲击现有著作权体系,而该体系本身的灵活性以及与其他相关部门法的配合度,很大程度决定其应对能力。

【习题】

1. 如何看待著作权的扩张趋势?

2. 著作权法如何应对新型客体?

3. 是否应当为大数据设定排他性专有权?

---

① 广东省深圳市南山区人民法院（2019）粤 0305 民初 14010 号民事判决书。

第三节 网络环境下著作权主体

【案例导入】

在前文所述的腾讯诉盈讯案中,法院在认定涉案人工智能生成物具有可版权性的基础上对其著作权归属亦作出了裁定:涉案文章构成法人作品,其著作权由原告腾讯公司享有。

根据我国著作权法,法人作品具有"由法人主持""代表法人意志""由法人承担责任"三个构成要件。法院指出,涉案文章是由原告组织来自不同专业技术领域的团队,根据法人指导方案协调分工,汇集整体智慧运用 Dreamwriter 软件创作完成,这便满足了"由法人主持"的构成要件。涉案文章在腾讯网证券频道上发布,且在文章末注明"本文由腾讯机器人 Dreamwriter 自动撰写",其中"腾讯"的署名结合发表平台,可以充分表明是以原告法人的名义对外声明涉案文章是代表其意志的创作,满足了"代表法人意志"的要求。同时,以"腾讯"署名的方式对外主张权利的同时,也意味着对涉案文章发表可能引起的侵权风险负责,满足了"由法人承担责任"的要件。因此,法院认定该文章属于原告主持创作的法人作品。

该案判决在人工智能生成物权利归属上具有重要意义,但仍遗留许多相关问题有待解决。人工智能涉及三个主要的利益主体:设计者、所有者和使用者。该案中的原告腾讯公司同时兼具设计者、所有者以及使用者三重身份,因而取得相关著作权并无过大争议。若腾讯公司只具有其中的一种身份,例如设计者身份,而后该人工智能的权利被转让给了其他公司,而真正使用该人工智能形成涉案文章的又是某个用户,此时该文章著作权及相关权益的归属问题就变得极为复杂了。

网络环境下,信息智力成果形式的出现必然引发相关权益归属的争论,传统著作权制度以作者为中心的权利分配体系正面临考验。开源软件的出现意味着著作权人处分其权利的方式正在发生巨变;新时代的视频游戏中,用户可以更广泛、深入地参与游戏相关作品创作;在数据库制作过程中,制作者的行为极具多元性;在人工智能生成物之上,"作者"的"创作"方式可能正经历质变。

以上种种现象使得我们不得不重新反思著作权制度中的许多重要问题,如作者与作品的关系是什么,作者与其他主体间如何分配相关权益,著作权取得的法律基础是什么。本节将通过若干新客体相关权利的取得、归属、处分来重新审视以上问题。

一、计算机软件、视频游戏的著作权主体

普通形式的计算机软件、视频游戏的著作权归属,按照著作权法中的一般作品、法人作品、职务作品等规则即可确定。但开源软件、沙盒类游戏等特殊作品的著作权归属,则需要特殊对待。

(一)开源软件

开源软件(open source software,简称 OSS)又称开放源代码软件,是源代码可以任意获取的计算机软件。这种软件的版权持有人在软件协议的规定下,保留一部分权利并允许用户学习、修改以及以任何目的向任何人分发该软件。开源软件始于 20 世纪 80 年代兴起的开放计算机源代码运动,软件开发者主动放弃部分权利,向公众开放软件的源代码,使得公众可以自由使用和修改软件,以实现软件技术

的交流与创新。①

开源软件并非可以任意使用的软件,该类软件往往附有特定类型许可协议(即开源协议),以限制不符合初始开发者目的的使用行为。代表性的许可协议包括以下几类:其一,针对软件的公共许可协议(general public license,简称 GPL)。在 GPL 模式下,一方面,部分计算机软件的版权人向不特定的社会公众提供能够自由改编和修改的计算机软件;另一方面,GPL 奉行平等性和开放性,要求被许可人也以同样方式向公众提供演绎之后的新软件。其二,针对一般作品的自由文档许可(free document license,简称 FDL),允许自由复制、改编、修改产生演绎作品。其三,针对学术文章、文学、音乐、电影、教材等其他种类作品的创作共享许可(creative commons public license,简称 CCPL),以信息共享为运作基础,允许他人对作品进行共享、使用与传播,促进创意作品的开放与交互式共享。②

发出开源软件许可协议的行为具备要约的特征,它是软件初始开发者欲收到私法上效果的意思表示,而且表示的内容是明确的、具体的。在后开发者、用户虽不通过口头或书面的方式向要约人作出直接承诺,但其相应的复制、修改或再发布源代码,系通过行为作出承诺。此时许可协议成立并生效,在后开发者、用户受到该协议的约束。

开源软件的在后开发者、用户,需在遵守开源协议的前提下合法使用相关软件。违背协议使用相关软件的行为,则可能构成侵权行为与违约行为的竞合。我国《民法典》第一百八十六条规定:"因当事人一方的违约行为,损害对方人身权益、财产权益的,受损害方有权选择请求其承担违约责任或者侵权责任。"

---

① 赵锐. 开放许可:制度优势与法律构造[J]. 知识产权,2017(6):56-61.
② 赵锐. 开放许可:制度优势与法律构造[J]. 知识产权,2017(6):56-61.

（二）视频游戏

视频游戏相关作品的著作权归属特殊性，主要源于用户、玩家在游戏中的参与、互动。在早期的游戏作品中，游戏按照开发者既定的程序进行，玩家的干预或选择非常有限，比如各种弹跳或击打过关、按既定程序射击物体之类的游戏。[①] 1983 年，美国的相关判决便否定了用户获得相关著作权的资格："玩视频游戏更像切换电视的频道，而不像写小说或画画。游戏用户不能控制屏幕上呈现的画面顺序。他也不能利用已经存储在电路模块图片中创造出他自己想要的画面顺序。他最多只能从游戏许可的有限顺序排列中选择一个顺序。他并不像一个作者或画家，因为游戏本身已经为他写好句子或做好画面，他只是从存储装置中选取一个句子或一幅画。"[②]

现代游戏的互动性日益增强，游戏过程中越来越多地包含用户选择的内容，比如用户对于游戏背景或界面的设置、选择，用户对于游戏进程的操纵。随着按照既定程序播放游戏画面的情形越来越少，主张游戏为视听作品的意见也日渐式微。[③]

在近些年流行的《我的世界》《饥荒》《孢子》等沙盒类游戏中，用户的参与度得到进一步提升，其添加的表达性内容（文字、图片、声音）的行为直接丰富了游戏的资源库。用户可以在这类游戏中创造角色、"皮肤"、物品、建筑等，从而创造、改变整个游戏世界。游戏开发者仅在游戏资源库中为用户提供大致的规则、基础的素材，真正具有艺术性、独创性的表达则通常是由用户利用这些基础素材完成的。而用户所完成的最终表达，往往储存在客户端或服务器端的游戏资源库中，

---

① 崔国斌. 认真对待游戏著作权[J]. 知识产权，2016(2):3-18.

② Midway Mfg. Co. v. Artic Int'l, Inc., 704 F. 2d 1009,1011-1012 (1983).

③ 有研究指出，游戏的互动性增强，按照既定程序播放游戏画面的情形越来越少，这导致主张游戏为视听作品的意见几乎消失。Nichols W J. Painting through Pixels: The Case for a Copyright in Videogame Play[J]. Columbia Journal of Law & the Arts, 2006 (2):101-131.

从而成为游戏整体的一部分。

如今已有许多软件被用于创作，能够服务于用户创作的相似游戏也应得到著作权法的等同对待。用户利用这类游戏所提供的功能创造角色、建筑的过程，更类似于利用工具作画而非打篮球等竞技运动，应能满足"自然人创作"的要求，可获得对这类表达的著作权。

二、数据库的著作权主体

数据库作为 20 世纪末的一种新型智力成果，在其相关立法进程中也出现了权利由谁所有、权利取得的依据、前提是什么等权利主体相关问题。关于解决这些问题的经验总结对于当下以及未来的立法均有重要启示意义。

在欧盟，数据库享受狭义著作权与特殊权利的双重保护，其中特殊权利保护在部分国家被转化为相关权的保护。在结构、编排上满足独创性要求的数据库可作为作品获得狭义著作权的保护，制作该数据库的主体则获得了作者（author）的身份。欠缺独创性的数据库也可能受到特殊权利的保护，但此时制作该数据库的主体不再被称为作者，而是被称为制作者（maker）。在这两种权利结构下，权利取得的依据是完全不同的。

取得数据库作者身份及狭义著作权的前提是具有"创作"行为。对此，有观点认为电子数据库并没有著作权意义上的作者，因为它是由数据库内负责组织数据的计算机程序自动编排的，该计算机软件形成了物理数据库本身与作者之间的一层或数层软件，作者利用该软件去添加、更新或移除数据，作为文学作品的计算机程序是有版权的，这种版权与数据库的任何版权都是完全分离的。操作者仅仅是不加区别地键入数据或者插入已经数字化的数据，而该数据可以由计算机程序编排。① 因为编排已经作为操纵数据的计算机软件运行结果而自动发生,所谓的数据库的作者事实上并没有创作它。②

无创作即无作者的观点至今依然成立,并被部分学者用以质疑人工智能生成物等新事物的权利正当性。但是,基于在创造相关智力成果的过程中存在计算机软件的介入,便完全否定人的劳动价值及其行为的创造性的观点,亦是不可取的。有鉴于此,合理设定"创作"的标准以评价相关行为是极为重要的。相较于人工智能生成物,数据库的制作其实是更为复杂的一个过程。以电话号码簿数据库为例,制作者至少需要决定每一个条目按照怎样的顺序储存,决定以何种方式、信息、标准制作索引以及决定使用何种软件等内容。③ 一个具有独创性的数据库是无法由计算机软件单独完成的,制作者的贡献是实质且不可或缺的。此时,将制作者的行为评价为创作并无不当。

取得数据库制作者身份及特殊权利的前提则是,在对数据库"获取、校验或展现过程中有质量或数量上的实质性投入"④。对于缺少独创性的数据库,欧盟《数据库保护指令》虽为其设定了特殊权利的保护,但也设置了必要的"准入门槛"。这类数据库权利来源的正当性,在于保护投资,促进相关产业发展。但并非任何投资都值得保护或者说适合用数据库保护法的方式来保护,对不恰当投资的保护极有可能起到阻碍数据库产业发展的反作用。只有那些有价值的且是针对数据库的投资,才可作为取得数据库制作者身份及特殊权利的前提。在"英国赛马委员会案"⑤和"足球比赛赛程表案"⑥中,欧盟法院指出数

---

① Ricketson S. The Law of Intellectual Property: Copyright, Designs and Confidential Information[M]. Sydney:LBC Information Services,1999:45.

② 戴维森. 数据库的法律保护[M]. 朱理,译. 北京:北京大学出版社,2007:22.

③ 戴维森. 数据库的法律保护[M]. 朱理,译. 北京:北京大学出版社,2007:24.

④ 欧盟《数据库保护指令》第 7 条.

⑤ British Hourse racing Board v. William Hill, C-203/02.

⑥ Fixtures Marketing Ltd v. AB Svenska Spel, AB C-338/02.

据库特殊权利所保护的投入必须是针对数据库创建本身的投入。因此,诸如制作体育比赛日程表的行为不能成为一种受保护的"实质性投入",因为这种投入所针对的是数据的创建而非数据库的创建。而在数据创建之后,这类比赛的数据库的创建是水到渠成,几乎不需要额外投入的。

尽管欧盟立法者为数据库特殊权利设定"准入门槛"的理念值得肯定,但由于"实质性投入"等概念存在极大模糊性,随之对无独创性数据库的保护也产生了极大的不确定性。在相关法律概念尚未成熟阶段,便赋予这一新型智力成果以过高的专有权保护,可能是导致欧盟立法无法实现既定目标的重要原因之一。

另外,在如今的大数据环境下,数据更多地产生于网络结构中,数据库的制作者难以识别,数据库保护法的适用面临更严重的挑战。因此,实质性地改革数据库保护法以适应新的市场环境已成为欧盟地区的共识。①

三、人工智能生成物的著作权主体

在著作权层面,人工智能生成物的权利归属主要涉及两大问题:其一,人工智能本身是否可以成为权利主体;其二,如何在不同的利益主体间分配权利。

目前,理论界的许多讨论是围绕人工智能本身是否可以成为法律上的权利主体,从而获得对其生成物的著作权而展开的。这一宏大问题全面挑战了人类现有的哲学、道德、法律体系,需要通过哲学、法学层面的宏观、整体、深入研究方可得出结论。单独从著作权法维度研

---

① Executive Summary of the Evaluation of Directive 96/9/EC on the legal protection of databases, SWD(2018) 146 final: 2.

究该问题无异于管中窥豹,难以得出具有实践意义的结论。

著作权法的学习与研究更应聚焦当下,而当下的司法实践通常将人工智能当作一种权利客体对待。有学者基于人工智能与人类智力水平的比较,将前者划分为三个等级:弱人工智能、强人工智能以及超人工智能。[①] 后二者的智力水平已经等于或超越人类,而目前的谷歌的 Alpha Go、腾讯的 Dreamwriter 等尽管具备了自我学习的能力,但仍属于弱人工智能的范畴。这类弱人工智能显然尚不具有争取法律主体资格的意志与能力。现有的人工智能案例通常也不关注人工智能法律主体身份的讨论,如在国内的"腾讯诉盈讯案"中,法院的裁判基础是将 AI 视为自然人主体的创作工具,并非将其视为独立创作主体或作为法人组织的成员代表法人意志进行创作,是直接适用而并非类推适用"法人作品"的裁判逻辑。[②] 国外的判例也通常以"猴子自拍案"[③]的精神为核心,否认人工智能的法律主体资格。

在将人工智能界定为权利客体的基础上,针对第二个问题"如何在不同的利益主体间分配权利"的研究更具实践意义。目前,对于满足作品构成要件的人工智能生成物的著作权分配涉及设计者、所有者和使用者三类主体。基于这三类主体,理论界产生了设计者说、使用者说、所有者说、合作作者说、类职务作品说等观点。其中,设计者说认为,设计者投入创造性的智力劳动设计出计算机程序,再由诸如计算机等智能机器生成相应的作品,设计者对人工智能生成物的创作具有实质性贡献,生成物的著作权应归属于设计者。[④] 使用者说则类比

---

① Searle J R. Minds, Brains, and Programs[J]. Behavioral and Brain Sciences, 1980(3):417-424.

② 卢炳宏. 论人工智能生成物的著作权保护[D]. 长春:吉林大学,2021.

③ Naruto v. Slater Case No. 16-15469(9th Cir. 2018).

④ Glasser D. Copyrights in Computer—Generated Works:Whom, if Anyone, Do We Reward? [EB/OL]. (2001-11-07) [2023-12-03]. http://scholarship. law. duke. edu/cgi/viewcontent. cgi? article=1023&context=dltr.

笔与纸,将人工智能视为创作的辅助工具,强调使用者在人工智能生成物形成过程中的重要性,进而得出人工智能生成物的著作权应归使用者的结论。① 所有者说在权利分配上更倾向于以激励理论作为正当性基础,而基于激励创新市场、促进作品传播的考虑②,同时借鉴法人作品制度③,应将人工智能生成物的著作权分配给该人工智能的所有者。此外,还有合作作者说认为人工智能生成物是设计者与使用者共同合作创作的作品,著作权应由两者共有。④

以上观点虽立场各异,但相互间存在着一定的协调性和关联性。以较有代表性的使用者说与所有者说为例,部分所有者说的观点其实较为注重协调所有者与使用者的利益。他们强调"版权作为一种激励因素,不仅对创造性写作是必要的,对支撑出版经济也是必要的"⑤。而所谓"出版经济"在这里所代表的,实际上是投资人的利益,即所有者或者使用者的利益。⑥ 无论是人工智能的所有者还是人工智能的使用者,实际上都以不同的方式支付了拥有或使用人工智能的对价,对人工智能生成物的形成进行了投资。由此,他们认为"对于购置成本不高的人工智能来说,使用者可以直接变为所有者;而对于购置或者维护成本高的人工智能来说,使用者则完全可以基于所有者的投资,

---

① 李扬,李晓宇. 康德哲学视点下人工智能生成物的著作权问题探讨[J]. 法学杂志,2018(9):43-54.

② 易继明. 人工智能创作物是作品吗?[J]. 法律科学(西北政法大学学报),2017(5):137-147.

③ 熊琦. 人工智能生成内容的著作权认定[J]. 知识产权,2017(3):3-8.

④ Farr E H. Copyrightability of Computer-Created Works[J]. Rutgers Computer & Technology Law Journal,1989(15):63-80.

⑤ Glasser D. Copyrights in Computer-Generated Works:Whom,if Anyone,Do We Reward?[EB/OL]. (2001-11-07)[2023-12-03]. http://scholarship. law. duke. edu/cgi/viewcontent. cgi?article=1023&context=dltr.

⑥ 易继明. 人工智能创作物是作品吗?[J]. 法律科学(西北政法大学学报),2017(5):137-147.

同样实现对人工智能的利用"①。

另外,激励理论时而被用以论证所有者说的观点,时而被用以论证使用者说的观点。在"菲林诉百度案"中,法院认为,案件所涉的人工智能生成物——分析报告的产生既凝结了软件研发者(所有者)的投入,也凝结了软件使用者的投入,具备传播价值。如果不赋予投入者一定的权益保护,将不利于投入成果(分析报告)的传播,无法发挥其效用。对于软件研发者(所有者)来说,其利益可通过收取软件使用费等方式获得,其开发投入已经得到相应回报;分析报告系软件使用者根据不同的使用需求、检索设置而产生的,软件研发者(所有者)对其缺乏传播动力。因此,如果将分析报告的相关权益赋予软件研发者(所有者)享有,后者并不会积极应用前者,不利于文化传播和科学事业的发展。对于软件使用者而言,其通过付费使用进行了投入,基于自身需求设置关键词并生成了分析报告,其具有进一步使用、传播分析报告的动力和预期。因此,应当激励软件使用者的使用和传播行为,将分析报告的相关权益赋予其享有。②

由此可见,目前无论是理论界还是实务界,不仅尚未达成关于人工智能生成物著作权归属的共识,各种理论之间还存在许多矛盾。不过,既有的研究也能够带来许多启示。

第一,激励理论的应用需注意其所对应的客体,激励对人工智能的投资与激励对人工智能生产物的投资是存在天壤之别的,若激励的是前者,则应把相应的权利分配给人工智能的所有者,即软件著作权人;若激励的是后者,则应把应得权利分配给人工智能的使用者,因为使用者的行为是催生人工智能生成物的直接原因。由于人工智能的

---

① 易继明. 人工智能创作物是作品吗?〔J〕. 法律科学(西北政法大学学报),2017(5):137-147.

② 北京互联网法院(2018)京 0491 民初 239 号民事判决书。

所有者已经通过软件著作权获得过一次激励,继续赋予其生成物的著作权便构成了重复激励。此时,不仅激励的边际效益会递减,而且对于其他利益相关方也不公平。因此,从激励理论角度考虑,将人工智能生成物的权利分配给使用者是更合理的。

第二,从人格理论出发,使用者的行为是否可视为作者的创作行为,进而享有对人工智能生成物的著作权,是有待研究的。使用者与人工智能的关系,与画家与画笔的关系相类似,两者都是形成最终作品不可或缺的因素。但是,对于最终作品而言,使用者的贡献度更大还是工具的贡献度更大是需要重点考虑的问题。在人的因素占绝对主导地位的情况下,例如画家作画过程中,画家的技艺处于核心地位,画笔的重要性则微乎其微,此时将人作画的行为称为创作显然是合理的。但是在人工智能这一工具在创作最终作品过程中的贡献度越来越高,甚至未来可能占据主导地位的情况下,人的因素的重要性就显著降低了。当人对最终作品的贡献度处于次要地位或可以忽略不计时,继续称其行为为创作便不再合理,这种缺乏重要性、独创性的行为更类似于流水线上工人的劳动,不可继续作为其取得著作权的基础。本质上,这是一个关于人的行为对于作品独创性贡献度的量变到质变的问题,而质变的点或标准有待进一步的研究探索。另外,每个案件所涉及的人工智能及其对最终作品的贡献度可能均有差异,因而未来判断人工智能生成物的著作权归属时所可能采用的是基于统一标准的个案认定原则。

【习题】

1. 人工智能是否应享有法律主体的资格?
2. 著作权法应如何评价网络、软件用户的行为?

第四节　网络环境下著作权内容

【案例导入】

在 MAI System Corp. v. Peak Computer Inc. [①] 案（简称 MAI System 案）中，原告方 MAI 是一家计算机公司，提供计算机的生产、销售、维修服务，并对其制造、销售的计算机的操作系统（OS）享有著作权。被告方 Peak 是一家计算机维修服务公司，其在为客户维修 MAI 公司制造的计算机的时候，不可避免地需要启动计算机中 MAI 公司的操作系统。原告据此起诉被告未经其许可复制其计算机程序，侵害了原告的著作权。

美国第九巡回上诉法院审理后认为，将计算机程序从计算机只读存储器（ROM）载入计算机内部存储器（RAM）中，已经构成著作权法中的"复制"。而原告只是授权了用户使用其操作系统，被告"复制"其操作系统的行为是未经许可的。于是，法院判决，被告未经原告许可启动计算机并载入操作系统的行为，是未经著作权人许可对计算机程序的"复制"，侵害了原告的著作权。

该案所涉及的核心问题是如何在计算机、网络等新的技术环境下，解释著作权内容中的复制行为。计算机读取并载入程序的行为与人们传统认知的复制行为间存在巨大差异，因此该案事实上扩大了原有复制权所控制的行为范畴。通过扩大解释原有著作权权利内容的方式，来保护新技术背景下著作权人利益的做法是否恰当，值得讨论。

---

① MAI System Corp. v. Peak Computer Inc. 991 F. 2d 511 (1993).

在著作权内容方面,网络、计算机技术发展带来的新问题主要包括,新的作品使用方式是否应受著作权人控制以及通过何种途径进行控制等。前文 MAI system 案的判决提供了美国的立场与策略,即临时复制行为应受到著作权人的控制,而法律上的依据则是法院扩大解释了著作权人享有的复制权。

而在美国之外,各国对于著作权人是否应控制作品的新型使用行为存在不同意见,而且在规制路径上存在不同选择。本节将通过临时复制、交互式传播、云技术传播等行为,探讨以上问题。

一、复制权与临时复制

传统著作权法中所认为的复制,通常要求将作品再现于有体物上相当期间,若没有固着于有体物上,一般不构成著作权法意义上的复制。所谓的临时复制,主要针对的是计算机、服务器读取程序、作品过程中,设备内部的随机存储器(RAM)临时储存相关程序、作品的现象。临时复制的过程是极为短暂的,而且并未在有体物上形成稳定的复制件。

对于临时复制行为,其实传统的著作权法也有一定的规制基础。在早期的《伯尔尼公约》中,复制权被解释为控制任何方式或形式的复制行为的专有权。该公约规定:"受本公约保护的文学艺术作品的作者,享有授权他人以任何方式或形式复制其作品的专有权。"因此,即使是临时复制这种十分特殊的形式,理论上也可纳入传统著作权中复制的范畴。其他国际公约方面,WCT 和 WPPT 虽均未明文规定临时复制,但是 WIPO 的立场与《伯尔尼公约》保持了一致,认为一切复制形式的复制,包括临时复制都属于著作权人的权利。这一立场并不限制条约相关成员国的立法自主权,WCT 和 WPPT 均允许成员国对于著作权人的复制权予以有限的限制,是否限制临时复制行为的决定权在各成员国。

这为各国著作权法规制临时复制行为奠定了正当性基础,而发达国家普遍出于强化计算机软件作品著作权人保护、激励本国软件产业发展的考虑,通过判例或立法的形式对临时复制行为进行了限制。

以美国为例,其判例法明确授予了版权人对临时复制行为的控制权。除前文所述的 MAI system 案,1999 年的 Intellectual Reserve,Inc. v. Utah Lighthouse Ministry,Inc. 案[①]也具有重要意义。该案中,被告未经许可,将原告享有著作权的文章刊登在自己的网站上。原告发出通知后,被告虽删除了网站上的涉案文章,但同时设置了通向其他能够非法获取涉案文章网站的链接,并鼓动用户访问该网站。该案法院认定被告的行为构成了辅助侵权,而构成直接侵权的则是浏览涉案文章的终端用户,其理由在于,终端用户在访问相关网站、浏览涉案文章时,其计算机中的随机存储器(RAM)形成了对原告文章的临时复制,因而直接侵犯了原告的著作权。

该案临时复制行为发生于网络环境之下,与 MAI system 案有所不同。除网站经营者与用户外,作品在网络中的传输,离不开众多网络服务提供者的参与,而在他们的计算机或服务器上,无疑也将发生临时复制行为。考虑到版权侵权的构成采用无过错原则,当该案判决明确版权人享有控制临时复制的宽泛复制权时,也使得这些网络服务提供者产生了侵权之虞。

对此,欧盟相关立法对于临时复制的保护与限制是值得借鉴的。作为致力于推动软件产业发展的发达地区,欧盟在其《信息社会版权指令》中,一方面为著作权人规定了极为广泛的复制权,另一方面又对其进行了相应的限制。如此规定的原因,是欧盟已认识到著作权人享

---

① Intellectual Reserve, Inc. v. Utah Lighthouse Ministry, Inc. 75 F. Supp. 2d 1290 (1999).

有广泛的复制权可能带来的负面效果。如果让权利人随意控制作品或者邻接权客体传输过程中所产生的各种临时复制,又会影响网络服务商的正常业务,并且最终影响权利人的利益。① 该指令第 5 条第 1款所规定的复制权例外,目的是让网络服务提供者和中间传输者在不知情的情况下,不会因为传输侵权资料而承担侵权责任。欧盟立法的这一选择可以相对更好地平衡著作权人、网络服务提供者以及使用者之间的利益,为这种宽泛的复制权提供了更多正当性基础。

我国的著作权法并未对临时复制行为进行限制,因此在我国使用计算机、服务器载入作品的行为并不构成对著作权的侵犯。尽管未对著作权人提供额外的保护,但我国计算机软件、互联网产业的良好发展态势恰恰证明,对著作权的保护并非强度越大则激励性越强,选择符合国情的合适强度反而更能促进相关产业的发展。

二、发行权、信息网络传播权与交互式传播

网络技术发展带来的交互式传播,在各国原有的著作权法框架下难以得到有效规制,各国立法或司法采取了不同策略去应对。于是,在 WCT 和 WPPT 的筹备工作中,各国难以达成统一的意见。有的国家希望通过对现有的权利规范作出解释来规制,有的国家则希望引入一种新的按需传输/传送权。② 各国意见分歧最终被"伞形解决方案"所消除。所谓"伞形解决方案",即赋予各国的国内立法以尽可能必要的自由来决定有关行为的具体法律性质(即选择和组合具体的专有权来适用)。③ 易言之,它只是明确了交互式传播行为包含在权利人的控

---

① 李明德,闫文军,黄晖,等. 欧盟知识产权法[M]. 北京:法律出版社,2010:284.

② 王迁. 网络版权法[M]. 北京:中国人民大学出版社,2008:337.

③ Information Infrastructure Task Force. Intellectual Property and the National Information Infrastructure (the Report of the Working Group on Intellectual Property Rights)[R]. Washington, D. C., 1995.

制范围。至于权利的范围,比如何为提供作品,何为传播,则给成员国的国内解决方案提供了极大的自由度。

在"伞形解决方案"的基础之上,各国依照本国法律、文化和逻辑形成了三种主要规制模式:一是扩张解释发行权模式,将网络传播行为纳入发行权的控制之下,美国即是这个做法的代表;二是立法建立新型网络传播权的模式,例如德国规定了公开传播权,我国规定了信息网络传播权;三是立法建立针对所有传播技术的统一公众传播权的模式,日本及欧盟许多国家即采用了这种做法。

其中,第一种扩张解释发行权模式,通过扩张解释发行权权利体系,使其不再局限于有载体的作品转移方式,而是能够延伸覆盖到无载体的作品传输方式。[①] 与此同时,向公众传播权中"公众"一词的含义不变。

第二种和第三种模式具有共同的理论基础,它们都将网络传播行为归入作品无形(无载体)利用的类型中,而将发行行为限定在作品有形(有载体)利用的范围之内。这两种模式将原本向公众传播权中的"公众"一词重新进行界定,原本"在网络环境下,要求每一次欣赏或者再使用受保护的作品的行为都是公开发生,或者要求在同一地点或者同一时间有多人使用作品,可能不再是必要的条件",继而,网络环境下交互式的一对一传输也将被认定为向公众传播的行为。此时,通过网络传输作品的行为并非"发行"行为,也不可能构成对"发行权"的侵权,否则会导致"网络传播权"失去意义。[②]

网络传播行为的立法体系、路径以及背后逻辑的关系,可总结如下(见表4-1)。

---

① Dreier T. Copyright Digitized: Philosophical Impacts and Practical Implications for Information Exchange in Digital Networks[C]//WIPO Worldwide Symposium on the Impact of Digital Technology on Copyright and Neighbouring Rights. Geneva: World Intellectual Property Organization, 1993:187-211.

② 曹伟. 计算机软件知识产权保护的反思与超越[D]. 重庆:西南政法大学,2007.

表 4-1　网络传播行为的规制逻辑

规制体系	立法路径	立法逻辑
发行权体系	扩张解释传统发行权	发行权从有载体的作品转移延伸覆盖到无载体的作品传输；向公众传播权中"公众"一词的含义不变
向公众传播权体系	建立新的网络传播权	修改向公众传播权中的"公众"的含义；发行权仅限于有载体的作品转移
	建立针对所有传播技术的统一的向公众传播权	

三、云技术传播的规制

云技术的出现同样给现行著作权制度带来了冲击。[①] 通过云技术，用户可以便捷地使用各种形式的"端"访问自己部署在云端的数据和应用，或者访问和使用别人提供的数据和应用。[②] 现有的云技术服务模式可分为三类：SaaS（软件即服务）、PaaS（平台即服务）、IaaS（基础设施即服务）。[③]

通过云技术利用作品的行为方式是多元化的，但最为特殊之处在于将作品上传、布置至云端并向用户提供的行为上，其可定义为云技术传播行为。此行为与信息网络传播行为具有相似性，主要的不同之处在于云技术的用户获得作品时不再于终端形成新的复制件，这种获得作品的方式更加类似于网页浏览而非下载，因此云技术传播行为有更为彻底的"无形性"。

有观点据此否定了以信息网络传播权控制云技术传播行为的可

---

① Soghoian C. Caught in the Cloud：Privacy，Encryption，and Government Back Doors in the Web 2.0 Era［EB/OL］.（2009-08-17）［2023-05-15］. https://pdfs. semanticscholar. org/1fef/089ff13a37a52ac96b9aa309582998f3318a. pdf.

② 高富平. "云计算"的法律问题及其对策[J]. 法学杂志，2012(6)：7-11.

③ Mell P，Grance T. The NIST Definition of Cloud Computing[EB/OL].（2011-09-28）［2022-02-20］. http://csrc. nist. gov/publications/nistpubs/800-145/SP800-145. pdf.

行性。一种观点认为"即使我们承认作品的提供(making available)与作品的复制件无关,云计算中的用户获得的不是作品,而仅仅是对作品的利用,这既与软件下载的提供作品模式不同,也与使用流媒体技术的在线播放不同,因为它们都让用户获得了作品本身"①。另一种观点则认为信息网络传播权的局限性在于"SaaS 模式下使用软件并未'获得'软件,而仅仅是'获得'了软件的'功能性使用'"②。

在认为现有的信息网络传播权无法有效地规制云技术传播行为的基础上,这些观点提出扩张解释出租权的方案。其主要理由是云技术传播行为与出租行为在性质上的相似性,即在民法的租赁过程中,承租人在一定的期限内占有租赁物,其目的实质上是使用物的"功能"而非获得该物,类似地,SaaS 模式下用户使用软件也并未获得作品的"内容"而是获得了作品的"功能性使用"。③

然而,这种扩张解释出租权的思路并非首次出现。欧共体绿皮书是世界上最先讨论交互式传播权利性质的文件之一,对于"数字网络环境下的交互式传播行为"究竟应当适用哪种权利这一议题,该绿皮书提出的一个候选权利便是出租权。该绿皮书认为:可以将出租权适用于在商业活动中所发生的数字传输。④ 理由是:从现实的经济层面考察,通过电子的形式出租作品或其他受保护的客体与商店进行的出租行为实质上是一样的,因此二者之间构成竞争;由此看来,在这两种情况下,适用相同的权利是合理的。⑤ 但是,欧委会最终还是放弃出租权,选择了向公众传

① 梁志文. 云计算、技术中立与版权责任[J]. 法学. 2011(3):84-95.

② 鲍征烨. 云计算著作权问题探析——以 SaaS 模式为例[J]. 暨南学报(哲学社会科学版),2013(4):9-15+161.

③ 鲍征烨. 云计算著作权问题探析——以 SaaS 模式为例[J]. 暨南学报(哲学社会科学版),2013(4):9-15+161.

④ 菲彻尔. 版权法与因特网[M]. 郭寿康,等译. 北京:中国大百科全书出版社,2009:276.

⑤ 菲彻尔. 版权法与因特网[M]. 郭寿康,等译. 北京:中国大百科全书出版社,2009:277.

播权①,并明确指出电子作品的使用不属于出租权适用的范围②。目前各国立法实践均强调有形载体是适用出租权的一个重要条件。

另外,各国立法普遍将出租行为包含在发行行为之中,因为出租行为实质亦是向公众转移作品原件或复制件的方式之一。有的国家将出租权直接纳入发行权之中,将作品出租视为作品发行的一种方式,例如美国版权法规定发行权是通过出售或所有权转移等其他方式,或者通过出租、出借向公众发行有著作权作品的复制品、录音制品③;德国等国家和地区将出租视为一项独立的作品使用方式,将出租权与发行权并行规定,出租权被认为是发行权的一项子权利,是作为发行权耗尽原则的一个例外而存在的④。

因此,如果选择以出租权规制网络传播行为,即是将网络传播行为纳入了发行权体系的规制框架之下。然而真正的问题在于,除美国等个别国家以外,包括我国在内的大多数国家都没有采取发行权体系来规制网络传播行为。采用出租权思路,显然将与我国现有的立法实践产生冲突,破坏我国著作权法权利体系的一致性。

对于网络传播行为,我国采取了修改向公众传播权体系中"公众"一词含义(而非扩张解释发行权)的逻辑进行规制。为了保持立法的一致性,对于新型的网络传播行为的规制理所当然也应当遵循既有的逻辑。而所谓遵循既有的逻辑,不仅仅指避免选择直接与既有逻辑相矛盾的方案,更需要注意避免间接违背既有逻辑的方案。在已经修改公众传播权中"公众"含义的情况下,又将发行权或其子权利出租权进行扩张解释,使其能够覆盖无载体的作品传输行为,势必会使得现有的

---

① 菲彻尔.版权法与因特网[M].郭寿康,等译.北京:中国大百科全书出版社,2009:279.
② 韩元牧,吴莉娟. SaaS法律问题研究[J].网络法律评论,2009(1):107-118.
③ 戴维斯,米勒.知识产权法概要[M].周林,等译.北京:中国社会科学出版社,1998:215.
④ 梁平,杨习梅.著作出租权研究[J].河北法学,2005(2):34-37.

信息网络传播权失去其存在的意义,从而构成对既有逻辑的间接违背。

我国著作权法既有逻辑所决定的路径是,云技术传播行为应当在向公众传播权的体系框架下进行规制。由于我国著作权法没有建立统一的向公众传播权,而是将其拆分为表演权、展览权、广播权等更为精细的权利,在这些子权利中,最适合于规制云技术传播行为的权利,其实依然是信息网络传播权。

【习题】

1.临时复制是否构成我国著作权法意义上的复制?

2.应对交互式传播的两种路径——扩张发行权与新设信息网络传播权,何者更优?

第五节　涉网的著作权限制与侵权

【案例导入】

2005 年,陈凯歌执导的电影《无极》讲述了发生在古代某国的故事,故事起因是少年倾城(女主)为了抢回一个馒头而欺骗了少年无欢(男主),致使无欢此后不再相信任何人。于是,网友胡戈通过二次剪辑加工制作了《一个馒头引发的血案》讽刺了《无极》的剧情逻辑。之后,陈凯歌欲起诉胡戈,但随着胡戈的道歉,纠纷告一段落。

《一个馒头引发的血案》本身获得了极高的关注与评价,并成为国内网络恶搞文化的鼻祖,随后几年,基于二次剪辑加工的恶搞片,如《中国队勇夺世界杯》《鸟笼山剿匪记》《网瘾战争》等接连问世。

《一个馒头引发的血案》同样引发了诸多著作权问题,如网络用户的二次创作是否构成合理使用,网络平台是否需要为用户的相关行为承担侵权责任。当下,回应、反思这些问题仍具有重要意义,随着网络软硬件技术的进步,用户参与创作的门槛越来越低,如何在著作权法上正确评价用户的行为,如何平衡著作权人、网络服务提供者以及社会公众的利益等问题的重要性也日益提升。

网络环境下,作品的创作与传播模式发生了巨变,在传统的作者、表演者、出版者、录音录像制作者以及广播组织等主体外,网络服务提供者与用户更多地参与其中。传统著作权体系中的权利限制制度、间接侵权制度等,在适用至网络服务提供者与用户这些新型主体上时,面临许多挑战。立法与司法实践对这些挑战的应对方法是本节所介绍的主要内容。

一、著作权限制制度

著作权作为一种设置于具有公共产品属性的智力成果之上的私有权利,其存在与行使势必有损著作权人以外的使用者及公众的利益。因此,出于公共利益与公共政策的考虑,著作权制度之中设立了著作权限制制度对著作权进行必要的限制。著作权限制制度主要包括法定许可、强制许可以及合理使用三种具体制度,这些具体制度在不同国家的表述及立法方式虽可能有所不同,但目的、功能均在于适当限制著作权,确保在特定情况下使用者及公众享有获得、使用作品的自由。

其中,法定许可是指法律明确规定实施某种原本受专有权利控制的行为无需经过著作权人的许可,但应向著作权人支付报酬。在法定许可情形下,法律代替权利人向行为人发放了使用作品的许可。我国著作权法规定了 5 种法定许可,《信息网络传播权保护条例》增加了 1 种法定许可和 1 种准法定许可。

强制许可,则是指在法律规定的条件下,由著作权主管部门根据具体情况,对已发表的作品进行强制性许可的制度。我国著作权法未规定强制许可使用制度,但是,我国已加入的《伯尔尼公约》和《世界版权公约》等国际公约确立了此项制度。

合理使用制度是三者中最为重要的一种著作权限制措施,作品的使用者基于该制度,可在不与著作权人、行政部门进行任何交涉的情况下,确保自己行为的合法性。关于合理使用的性质,理论界存在三种主要学说,即权利限制说、侵权阻却说以及使用者权利说。司法实践中,合理使用可以视为权利限制或侵权阻却,但不能视为使用者权利。在穆兰赫道案、TEST ACHATS 诉百代唱片案等判决中,法院判定限制使用者接触作品的技术措施不构成对使用者权利的侵犯,因为使用者并不能基于合理使用制度而享有使用者权。①

针对合理使用制度的具体适用,《伯尔尼公约》、TRIPS 协定及 WCT 确立了三步检验法作为判断合理使用的标准。以上公约的成员国国内相关法的立法与司法,均须遵守三步检验法,否则将违反国际公约。

合理使用的三步检验法指的是,只能在特殊情况下作出、与作品的正常利用不相冲突,以及没有不合理地损害权利人合法权益。其中,"只能在特殊情况下作出"所要求的是,合理使用的范围应当是有限的,而且应基于适当的公共政策考量,如保护言论自由、促进教育事

---

① Test Achats v. EMI Recorded Music Belgium et al., Brussels Court of Appeal, 2004/AR/1649(9 September 2005); Association U. F. C. Que Choisir v. Société Universal Pictures Vidéo France, Films Alain Sarde, Studio Canal and Syndicat de 1' Edition Vidéo, Court of Appeal Paris, 06/07506(4 April 2007).

业。"与作品的正常利用不相冲突"则要求凡是能带来较大经济利益、对作者较为重要的权利,应留给作者行使,合理使用的行为不能在经济上与作者对权利的行使形成竞争,即不能损害作品的市场价值。"没有不合理地损害权利人合法权益"则是考虑到任何合理使用都可能在一定程度上损害作者利益,因而要求对权利人的损害必须合理,不能超出与相应公共政策相适应的范围。

我国现行《著作权法》在明确吸收合理使用三步检验法的基础上,进一步列举了 12 种具体合理使用行为,包括:个人使用、适当引用、时事新闻报道中的使用、对时事性文章的使用、对公众集会上讲话的使用、在课堂教学和科研中使用、国家机关公务性使用、图书馆等对馆藏作品的特定复制和传播、免费表演、对室外艺术品的复制、制作少数民族语言文字版本、制作盲文版本。这一立法模式中三步检验法的功能在于和兜底条款"法律、行政法规规定的其他情形"相结合,评价著作权法未列举的行为的合理性,以保证其具有更高灵活性应对新技术带来的挑战。

二、作品使用、传播新形式的合法性判定

(一)数字图书馆

传统环境下,图书馆对其馆藏作品的复制构成合理使用。《著作权法》第二十四条第八项明确规定"图书馆、档案馆、纪念馆、博物馆、美术馆、文化馆等为陈列或者保存版本的需要,复制本馆收藏的作品"构成合理使用。

网络、数字技术的出现,显著提升了图书馆为公众提供作品的能力。通过网络,图书馆的服务对象不再限于馆内,而是可以扩展至全球任何角落。但这一变化也给著作权人带来了负面影响,图书馆提供

作品的行为可能代替其自身的出版发行,使其无法从作品的创作、传播中获得应有的回报。

因此,必须对图书馆通过网络渠道传播作品的行为进行必要的限制,以兼顾著作权人与公众的利益。《信息网络传播权保护条例》第七条规定:"图书馆、档案馆、纪念馆、博物馆、美术馆等可以不经著作权人许可,通过信息网络向本馆馆舍内服务对象提供本馆收藏的合法出版的数字作品和依法为陈列或者保存版本的需要以数字化形式复制的作品,不向其支付报酬,但不得直接或者间接获得经济利益。当事人另有约定的除外。"条例对图书馆的网络传播行为设定了三项合理使用构成要件:一是提供的作品仅限于馆藏作品;二是服务对象仅限于馆内;三是图书馆等主体不得获得直接或间接经济利益。

以上条件极大地限制了数字图书馆向公众提供作品的能力,在陈某诉中国数字图书馆有限责任公司案中,原告陈某的作品在未经许可的情况下,为被告方图书馆所收藏、传播。公众只有付费成为会员后,方可阅读、下载。陈某认为这一行为侵犯其著作权,遂诉至法院。尽管被告方以图书馆具有公益性作为抗辩,但法院仍判决其构成侵权,主要理由是:图书馆向社会公众提供作品,对传播知识和促进社会文明进步,具有非常重要的意义。只有特定的社会公众(有阅览资格的读者),在特定时间以特定方式(借阅),才能接触到图书馆向社会公众提供的作品。因此,这种接触对作者形式著作权的影响是有限的,不构成侵权。被告数字图书馆作为企业法人,将原告作品上载到国际互联网上,对作品使用的这种方式扩大了作品传播的时间和空间,扩大了接触作品的人数,超出了作者允许社会公众接触其作品的范围。数字图书馆未经许可在网上使用陈某的作品,并且没有采取有效的手段保证权利人获得合理的报酬,这种行为妨碍了陈某依法对自己的作品行使著作权,是侵权行为。①

　　由此可见,数字图书馆若想满足合理使用的构成要件是较为困难的,尤其是保证作品提供对象的有限性以及自身行为的非营利性。在非营利的情况下,通过网络为大量用户免费提供作品,数字图书馆的收益难以覆盖成本,无法维持其正常经营。因此,数字图书馆若要发挥自身传播优势,为海量公众提供作品,仍需获得著作权人许可,向其支付报酬。这一路径有赖于商业模式上的创新,而非合理使用制度。

　　(二)自媒体转载

　　自媒体(self-media 或 we media)指的是普罗大众借由网络手段,向不特定的大多数人或特定的单个人传播规范性及非规范性资讯的新媒体。自媒体的兴起受惠于新型网络社交平台、应用的出现,如国内的微博、微信、抖音,国外的 Facebook、YouTube、Instagram 等。自媒体所发布的内容往往涉及对他人现有著作权作品的转载,而转载行为是否构成侵权,需要作具体分析。

　　自媒体的转载行为主要涉及一项法定许可规定和两项合理使用规定的适用问题。法定许可方面,应明确自媒体的转载不属于《著作权法》第三十五条所规定的"报刊转载"法定许可。尽管网络媒体与传统纸质媒体的本质功能是基本相同的,但目前的立法与司法实践已明确"报刊转载"法定许可不适用至网络领域。2000 年最高人民法院发布的《关于审理涉及计算机网络著作权纠纷案件适用法律若干问题的解释》将著作权法关于报刊转载的法定许可扩大适用于网络环境,即网络媒体转载、摘编传统媒体或其他网络媒体的作品也可不经权利人

---

　　① 北京市海淀区人民法院(2002)海民初字第 5702 号民事判决书。

的事先授权①,但 2006 年颁布的《信息网络传播权保护条例》将作品网络传播的法定许可范围严格限定于发展教育和扶助贫困需要,最高人民法院取消了网络转载、摘编的法定许可的扩张解释。2015 年,国家版权局《关于规范网络转载版权秩序的通知》进一步明确:"报刊单位之间相互转载已经刊登的作品,适用《著作权法》第三十五条第二款的规定,即作品刊登后,除著作权人声明不得转载、摘编的外,其他报刊可以转载或者作为文摘、资料刊登,但应当按照规定向著作权人支付报酬。报刊单位与互联网媒体、互联网媒体之间相互转载已经发表的作品,不适用前款规定,应当经过著作权人许可并支付报酬。"

与自媒体转载行为相关的合理使用规定主要涉及"适当引用"与"对时事性文章的使用"。第一,《信息网络传播权保护条例》第六条第七项规定"向公众提供在信息网络上已经发表的关于政治、经济问题的时事性文章"构成合理使用。所谓时事性文章,是指通过报纸、期刊、广播电台、电视台等媒体报道的单纯客观事实。若文章能够表达作者对相关事实、问题的选择和思考,在结构和言辞上体现作者的独特构思和表达,而并非对某一客观事实的简单陈述,则一般不属于时事性文章。自媒体所转载的内容若非单纯客观事实,则可能构成对他人作品的侵权。

第二,所谓"适当引用"的合理使用,指的是为介绍、评论某一作品或者说明某一问题,在作品中适当引用他人已经发表的作品。适当引用对于引用长度、比例并无绝对性规定。讽刺性模仿(parody)就是一种大量引用原作的评论形式,它是构成合理使用的。判断是否构成适

---

① 《关于审理涉及计算机网络著作权纠纷案件适用法律若干问题的解释》第三条规定:"已在报刊上刊登或者网络上传播的作品,除著作权人声明或者上载该作品的网络服务提供者受著作权人的委托声明不得转载、摘编的以外,网站予以转载、摘编并按有关规定支付报酬、注明出处的,不构成侵权。但网站转载、摘编作品超过有关报刊转载作品范围的,应当认定为侵权。"

当引用,应特别注意引用行为是否构成转换性使用,以及转换性程度。所谓转换性使用,即对原作品的使用并非为了单纯再现作品本身的文学、艺术价值,而是通过增加新的美学内容、视角、理念,使原作品有了新的价值、功能或性质,从而改变了其原先的功能或目的。对作品使用的转换性越强,则越能构成合理使用,讽刺性模仿便是具有较高转换性的使用方式之一。

在微博类产品中,评论的字数往往受到限制,如新浪微博将字数限制在 140 字以内,因此自媒体在转载时添加评论能否构成"适当引用"往往引起争议。在张某诉于某案中,张某在司法考试培训课中发表的言论受到网友的转载并引起热议。张某后以侵犯著作权为由将微博用户于某诉至法院。该案焦点为被告于某的转载、评论行为是否构成"适当引用"。二审法院认为,于某转发微博行为的目的是评论网友"巴黎观察"的微博及张某的观点,为使评论更具针对性,而对他人包含涉案作品的微博进行了转发,该行为符合微博这一社交方式的管理。而且,正是基于转发微博的上述特点,网民更关注各方的观点,而非涉案作品中与各方观点无关的司法考试内容。因此于某的转发行为不会与张某对其涉案作品所行使的权利展开经济竞争,并未影响该作品的正常使用,也不会不合理地损害张某的合法权益。[①]

法院的判决秉持了"适当引用"规则的基本精神,即从价值、功能或性质等角度评价微博转载行为对原作品使用的转化性程度。该案表明,即使在非常有限的表达空间中,微博转载行为依然可以实现作品的转换性使用,从而满足"适当引用"的基本要求。这是网络环境下平衡著作权人利益与公众言论自由的一种结果。

[①] 北京市高级人民法院(2012)高民终字第 3452 号民事判决书。

三、直接侵权与间接侵权

根据行为是否直接侵犯著作权专有权利,可将著作权侵权行为分为直接侵权与间接侵权。直接侵权行为指行为人直接侵犯了著作权人的专有权利,其构成要件是,行为人未经著作权人许可,又缺乏"合理使用""法定许可"等抗辩理由,而实施受专有权利控制的行为,即构成直接侵权。著作权直接侵权采用无过错责任原则,即直接侵权的构成不要求行为人具有主观故意或过失。但若侵权者确无主观过错,则无须承担损害赔偿责任。

间接侵权行为是相对直接侵权行为而言的,它指的是行为人的行为与他人的直接侵权行为之间存在特定关系,且行为人具有主观过错,也可基于公共政策原因被法律认定为侵权行为。

在著作权制度实施早期,间接侵权行为因对著作权人的影响较为有限而不受重视。随着数字与互联网技术的发展,间接侵权行为严重威胁了著作权人的利益,同时网络服务提供者等主体的行为是否构成侵权需要法律的进一步明确。因此,间接侵权规则的重要性日益提升。

著作权间接侵权采用过错责任原则,需考虑行为人是否具有主观过错。行为人教唆、引诱他人侵权,或明知他人的行为构成侵权,但仍然给予实质性帮助的,构成间接侵权,应当对侵权后果承担连带责任。间接侵权中的帮助侵权主要包括两类:一是身体力行地参与侵权,包括不享有版权的人擅自许可他人行使版权,以及以其他方式与直接侵权者协同行事(在 Screen Gems 案①中,帮助直接侵权人制作、播出广

---

① Screen Gems-Columbia Music, Inc. v. Mark-Fi Records, Inc., 256 F. Supp. 399 (S. D. N. Y. 1966).

告和提供包装的行为被认定为帮助侵权）；二是提供为侵权所需的工具、设备和材料（在 Abdallah 案[①]中，为直接侵权人提供空白磁带的行为被认定为帮助侵权）。[②]

四、技术中立原则与"避风港"原则

网络环境中发生的直接侵权行为不可能离开网络服务商的硬件和软件系统的"帮助"，因此网络服务商提供服务的行为是否构成间接侵权并承担相应侵权责任关系重大。鉴于间接侵权的构成要求行为人具有主观过错，网络服务提供者是否构成间接侵权的关键便在于其是否知晓或应知直接侵权行为的存在。而法院对于行为人是否存在主观过错的判定，很大程度上取决于法律设定的注意义务的标准。

在 21 世纪以前，多数国家相关立法中缺乏针对网络服务商注意义务标准的规定，法院享有较大自由裁量权，著作权法适用的确定性较低，使得各类网络服务提供者均存在构成著作权间接侵权的可能，威胁到了互联网产业的健康发展。例如，在 Frena 案中，用户在被告 Frena 公司经营的 BBS 中上传了 170 张《花花公子》杂志的照片。尽管 Frena 公司发现后立即删除，但仍被法院判定构成侵权。[③] 该案法院显然对网络服务提供者设定了较高的注意义务标准，要求其能够时刻、全面地监视服务器上是否存在侵权内容。如果其未能在权利人发现侵权、固定证据之前，及时删除侵权内容，便是存在主观过错，构成间接侵权。

为保障自身合法利益，网络服务提供者逐步开始使用索尼案[④]提

---

① A & M Records, Inc. v. Abdallah, 948 F. Supp. 1449 (C. D. Cal. 1996).

② 王迁. 著作权法[M]. 北京：中国人民大学出版社，2019：408-409.

③ Playboy Enterprises, Inc. v. Frena, 839 F. Supp. 1552 (M. D. Fla. , 1993).

④ Universal City Studios, Inc. v. Sony Corporation of America, 480 F. Supp. 429, 435-436(CD Cal. 1977).

出的技术中立原则作为抗辩理由。著作权法上的技术中立原则也称作"实质性非侵权用途原则"或"普通商品原则"。其含义为：销售一种同时具有合法和非法用途的商品，可免负侵权法律责任。在索尼案中，法院以 5∶4 微弱多数作出判决：具有复制功能的设备就像别的商品一样，如果能被广泛用于合法的、无争议的用途，即使其制造商和销售商知道其设备可能被用于侵权，也不能推定其构成共同侵权。部分案件的法官接受了技术中立原则，并将其作为认定侵权责任的关键因素，此时当一种产品（技术）能够具有实质性非侵权用途，就不能让产品的提供者对侵权行为承担责任。① 这一裁判逻辑又存在滥用技术中立原则的嫌疑，使得行为人几乎不需对自己的服务承担注意义务，因而也难以因存在主观过错而构成间接侵权。这显然十分不利于著作权人正当权益的保障。

索尼案 20 年后，美国最高法院通过 Grokster 案②纠正了技术中立原则的滥用。法院指出，索尼案从不意味着排除源自普通法的以过错为基础的责任规则。当证据不仅能证明被告知晓产品可被用于侵权用途，还能证明被告有指示、鼓动侵权的言论时，普通商品原则不能阻止责任。将责任建立在故意的、有过错的表述和行为基础上的规则，并没有损害合法的贸易或打击具有合法前景的创新。普通商品原则的适用是有前提条件的：其一，无主观过错。行为人并不知晓自己所销售物品专用于侵权。其二，所销售物品能够用于非侵权用途。③ Grokster 案的判决意味着在适用技术中立原则判断间接侵权之时，仍旧需要判断行为人是否具有主观过错，这便使得技术中立原则失去了本身最为重要的功能。

---

① 张今. 版权法上"技术中立"的反思与评析[J]. 知识产权,2008(1):72-76.
② MGM Studios, Inc. v. Grokster Ltd., 545 U. S. (2005).
③ 张今. 版权法上"技术中立"的反思与评析[J]. 知识产权,2008(1):72-76.

有鉴于此,通过立法明确网络服务提供者注意义务的标准是极为必要的。美国1998年出台的DMCA所建立的"避风港"原则是具有里程碑意义的。该法案在美国版权法中新增了第512节,将网络服务提供者的行为分为四类:网络传输行为、系统缓存行为、用户方的信息储存行为以及信息定位行为。DMCA在明确网络服务提供者总体上没有监控网络活动义务的基础上,为其设立了免责的三要件:一是网络服务提供者实际不知晓侵权行为的存在;二是网络服务提供者未从侵权行为中获得直接经济利益;三是网络服务提供者在接到合格通知后及时删除侵权内容或链接。

"避风港"原则设定了一个较为有利于网络服务提供者的注意义务标准,网络服务提供商在不知晓或没有合理的理由知晓侵权行为发生,或者知晓后采取措施制止侵权行为的情况下,便不具有主观过错,从而得以避免构成间接侵权。该制度的建立在当时的技术背景下具有较高合理性。一方面,在网络传输、系统缓存行为中,服务提供商难以从中发现、知晓侵权信息,因此对损害结果基本不承担责任;另一方面,信息储存行为与信息定位行为一般适用"通知与删除"规则:网络服务提供商发现网络系统中存储有用户上传的侵权内容或链接,以及在收到著作权人发出的合法书面通知后,立即移除侵权内容或断开侵权链接,通常就不再对损害结果承担责任。

"避风港"原则极大促进了互联网产业的发展,但也使著作权人陷于不利境地,其必须独自监控侵权行为,并频繁提交通知后方可保障自身权益。为更好平衡各方利益,法律适用中需注意"红旗"原则的应用,即侵权内容已像红旗一样明显地出现在网络服务提供者的服务中时,便不能认定其"实际不知晓侵权行为的存在",因此其不再符合"避风港"原则的免责条件。

我国2006年出台的《信息网络传播权保护条例》较为全面地移植

了著作权保护的"避风港"原则，为我国互联网产业的发展奠定了良好基础。而后，考虑到网络环境中的各类民事侵权均可能出现网络服务提供者的责任判定问题，我国立法者又将该制度从著作权领域逐步扩张到整个民事权利领域，以明确网络服务提供者的相关责任。《民法典》第一千一百九十五条至第一千一百九十七条较为完整地规定了"避风港"原则以及其中的"红旗"原则。

第一千一百九十五条：网络用户利用网络服务实施侵权行为的，权利人有权通知网络服务提供者采取删除、屏蔽、断开链接等必要措施。通知应当包括构成侵权的初步证据及权利人的真实身份信息。

网络服务提供者接到通知后，应当及时将该通知转送相关网络用户，并根据构成侵权的初步证据和服务类型采取必要措施；未及时采取必要措施的，对损害的扩大部分与该网络用户承担连带责任。

权利人因错误通知造成网络用户或者网络服务提供者损害的，应当承担侵权责任。法律另有规定的，依照其规定。

第一千一百九十六条：网络用户接到转送的通知后，可以向网络服务提供者提交不存在侵权行为的声明。声明应当包括不存在侵权行为的初步证据及网络用户的真实身份信息。

网络服务提供者接到声明后，应当将该声明转送发出通知的权利人，并告知其可以向有关部门投诉或者向人民法院提起诉讼。网络服务提供者在转送声明到达权利人后的合理期限内，未收到权利人已经投诉或者提起诉讼通知的，应当及时终止所采取的措施。

第一千一百九十七条：网络服务提供者知道或者应当知道网络用户利用其网络服务侵害他人民事权益，未采取必要措施的，与该网络用户承担连带责任。

【习题】

1.著作权体系之中设立权利限制制度的理由是什么？

2.当前技术环境下，"避风港"原则是否依旧合理？

3.我国将"避风港"原则扩张移植到所有民事权利领域是否合理？

4.在著作权法上如何评价短视频制作行为？

第五章　网络环境下的商标法

第一节　传统商标权概述

【案例导入】

2008年爆发的"三鹿奶粉事件"是一起重大的食品安全事故。事故起因是多名食用三鹿奶粉的婴儿被发现患有肾结石,随后在其奶粉中检测出化工原料三聚氰胺。此次事故发生前,"三鹿"商标曾获驰名商标等众多荣誉,其商标获得了超100亿元的估值。事故发生后,其品牌价值一落千丈,被网友称为"毒奶粉"。2009年5月,"三鹿"品牌及相关保护性商标以整体打包的方式售出,成交价为730万元人民币。

值得思考的是"三鹿"商标为什么能在鼎盛期有超100亿元的价值,以及经历三聚氰胺事件,网友称"三鹿"奶粉为"毒奶粉",为何仍能以730万元价格成交。

一、商标和商标权的起源

(一)商标的起源

现代商标的起源可追溯到古代人们所使用的两种标记:所有权标记和生产标记。前者多用于海上货物运输,在发生事故后货物所有者得以凭借货物上的标记确认其所有权。后者则来自中世纪手工业者行会,出于对产品质量的追求,行会要求手工业者在自己生产的产品上做标记,以便于追踪有质量问题的产品,督促手工业者提高产品质量。[①] 严格意义上讲,这两种标记与现代意义上的"商标"有很大不同:对于消费者而言,其凭借商标来购物;对于商标使用人而言,其凭借商标积累商誉,打开销路。根据我国学者的考证,诸如酒楼食肆等商品或服务的提供者,消费者主要凭借其经营位置或者具体的经营者来购买产品或服务,古代人们几乎不需要现代意义上的商标,正所谓"重招幌,轻商标"[②]。现存有文字记载且有实物的人类历史上最早出现的现代意义上的商标,可追溯到我国北宋年间山东济南"刘家功夫针铺"的"白兔儿"铜版。其实物现存放于中国国家博物馆。铜版的上方标明"济南刘家功夫针铺",中间是白兔捣药的图案,于图案左右标注"认门前白兔儿为记",下方则刻有说明商品质地和销售办法的广告文字"收买上等钢条,造功夫细针,不误宅院使用,转卖兴贩,别有加饶,请记白"(见图5-1)。文字皆为反刻,可见这是用于印刷广告的铜版。

布料、针、刀剪等产品,由于其便于长久保存和远途运输,其中优秀的产品具备行销远方的基础条件。随着人类交通运输业的发展,尤

---

① Schechter F I. The Historical Foundations of the Law Relating to Trade-marks[M]. New York:Columbia University Press,1925:21.

② 郑成思. 商标与商标保护的历史——商标制度的起源及发展(一)[J]. 中华商标,1997(5):39.

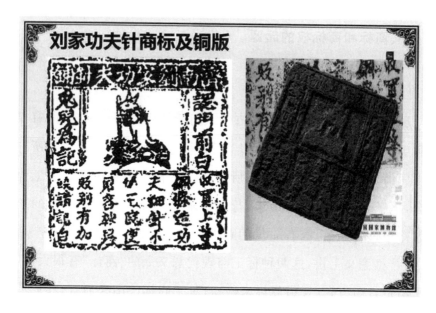

图 5-1 刘家功夫针商标及铜版

其是近代工业革命之后,这类产品行销远方成为常态,于是早期的生产标记开始异化为代表个人商誉的重要标记,逐渐演变为资产性的标记,即现代意义上的商标。

(二)商标权的产生

在英国,最早开始保护商标使用的判例为 J. G. 诉山姆福德案。①原告为布商,其生产的羊毛布料品质优良,原告在其产品上印有字母"J. G."和打褶机手柄的标记。凭借良好的品质,原告产品获得了良好的声誉,产品在英格兰地区畅销。被告为获利,故意在其生产的品质低劣的羊毛布料上标注原告的上述标记,部分消费者误以为系原告产品而购买。原告认为此举伤害了其商誉,诉至法院。值得注意的是,本案发生时(1584 年)英国并不存在现代意义上的商标法,即法律并

---

① 该案并无原始材料记载,涉案当事人及案情信息系出自学者的考证。本书关于该案的信息转引自:余俊.商标法律进化论[M].武汉:华中科技大学出版社,2011:76.

不直接保护基于标记的任何权利,因此审理过程中有法官认为被告有选择其经营标记的自由。但主审法官哈德威克勋爵支持了原告的诉讼请求,发布了禁令救济。理由是原告通过在其产品上长期使用特定标记,已建立起该标记与其产品的联系,消费者得以认牌购物,原告商誉得以建立;被告恶意模仿原告的标记,使得消费者误以为原告提供了质量低劣的产品,对原告商誉造成了损害。此后英国出现了大量有关商标保护的判例。这些规则、惯例、法令和判例都是现代商标法的重要渊源,对于我们正确认识现代商标和商标法具有举足轻重的意义。

法国早在大革命时期就出现了关于商标保护的成文立法。真正意义上的现代商标权保护始于法国 1857 年的立法,后法国于 1964 年 12 月 31 日正式公布了新商标法。英国、意大利、美国、德国及罗马尼亚等国亦相继于 1862 年、1868 年、1870 年、1874 年以及 1879 年制定了商标法。

二、我国商标法的历史沿革

新中国成立初期,我国商品交易并不活跃,缺乏商标法诞生的土壤。中美建交后,为促进两国贸易以及争取加入世界贸易组织,中国和美国率先签署了《中美政府关于保护知识产权的谅解备忘录》,并于 1982 年第五届全国人民代表大会常务委员会第二十四次会议通过了新中国第一部《商标法》。首部《商标法》通过后,分别于 1993 年、2001 年、2013 年、2019 年进行了四次修订。

三、商标权的确立

(一)商标权的确权模式

与著作权、专利权不同的是,商标权的客体并非狭义的智力成果,尽管商标标识的选择、设计也会耗费一定的智力劳动,但商标的价值并非源自标识本身,而是标识经过使用所具备的区别能力,即显著性。通过商标的使用,消费者得以区分不同提供者的商品从而实现认牌购物,商标使用者也可以凭借其商标建立起稳定的商誉并努力维持和提高商品的质量。通过降低信息成本产生一定的社会价值,这是商标权受到法律保护的根本原因。

但立法及商标管理机构却无法做到对所有商标的使用情况进行个案审查,不同的法官对个案的判断也可能产生差异。因此当今世界上绝大多数国家的商标法律制度都采用了注册制。我国商标法也采用注册制,并确立了自愿注册原则、分类注册原则、申请在先原则、诚实信用原则。但注册制亦有其弊端,即容易引发商标抢注、囤积等行为。商标法对未注册商标的保护、对驰名商标抢注的规制,以及对注册后三年内不使用商标进行撤销的规定,都是从商标权经使用产生的机理出发,对注册制的补充,以制止商标抢注现象。

(二)商标注册的条件

1. 显著性

显著性是商标所具有的标示产品出处并使之区别于其他同类产品的属性。正如前文所述,任何显著性都需要经过使用方能产生。商标之于产品就好比姓名之于个人:一个人是否为人所知,并不取决于其姓名多么独特;父母给新生儿取名之初,他人亦无法将该名与婴儿相对应。同样地,商标的显著性也并不取决于商标本身设计是否独特;商标使用之初,也无法起到标示产品出处的作用。人之姓名、商品之商标,都需要经过长期大量的使用、增加曝光率,才能够获得显著性。因此从原理上讲,商标的显著性只能通过使用方能产生,具备显著性是商标确权的前提。

理论上,将显著性划分为固有显著性和获得显著性。美国法官在

Abercrombie & Fitch Co.,v. Hunting World,Inc 一案中,将可能用作商标的标识划分为五类,并按照其固有显著性程度的高低进行频谱式排列:臆造商标、随意商标、暗示商标、描述商标、通用名称。[①] 臆造商标是指人为创造出来的标识,如 SONY、NIKE,这类标识在使用之初没有任何意义,是使用者通过使用赋予其意义。随意商标是使用了既有的标识,该既有标识原本有一定含义,但该含义与其所附着的产品并无任何联系,如白象牌方便面、狼爪牌服装。暗示商标所使用的标记不仅原本具备一定含义,且该含义与拟附着的商品有一定联系,但该联系需要通过联想方能产生,如宝马牌汽车、固特异牌轮胎。描述商标则不需要联想,直接能够表明产品某个方面的特征,如质地、产地等。描述性标记通常需要满足一定的条件方可作为商标注册,如甜薄脆牌饼干。通用名称一般不允许作为商标注册,因为标记本身和产品本身或其所属门类重合,如微机牌个人电脑,"微机"本身就是电脑一类产品的通用名称。

就上述五类商标而言,臆造商标、随意商标和暗示商标被认为是"固有显著性"商标,其可以直接获准注册;而描述性商标需要证明其经过使用已经产生了"第二含义",方可获准注册;通用名称一般不允许注册,除非有证据表明该标识已不再是通用名称。

正如上文所说,即便是臆造商标,使用之初也不可能具备任何程度的显著性,只有经过一定时间和地域范围的使用,方能产生(或获得)显著性。换言之,没有天生的商标,所有显著性都需要通过使用方能获得。但传统的"固有显著性"和"获得显著性"之划分仍然具有一定意义,目前各国仍大致按照上述频谱来指导商标评审工作。原因在于,就臆造商标而言,其原本不具有任何含义,如同一张白纸,商标使

---

①　Abercrombie & Fitch Co. v. Hunting World, Inc. , 537 F. 2d 4 (2d Cir. 1976).

用者很容易在其上建立起"指示来源"的意义,不会遭遇任何阻碍;而随意商标和暗示商标尽管有一定固有含义,但该固有含义和商品并无直接关联,商标使用者若要建立起指示来源的含义即显著性,阻碍很小。因此,注册制之下的商标制度,通常允许上述商标直接获准注册。描述性标记之原本含义与商品存在既有关联,在其上产生指示性含义有一定难度,但该难度并非无法克服,生活中存在大量我们耳熟能详的通过使用"战胜"其本来含义成为首要含义的描述性商标,如两面针牌牙膏、小肥羊牌涮羊肉。任何标记的含义都是可能变化的,通用名称在某些情况下亦可能丧失其作为通用名称的含义,从而满足注册的条件。

【典型案例】

2001 年 10 月 27 日,第九届全国人民代表大会常务委员会第二十四次会议通过了《关于修改〈中华人民共和国商标法〉的决定》,《商标法》关于描述性标记的使用和注册规则发生了巨大改变。在 1993 年《商标法》中,描述性标记不仅无法作为商标注册,甚至不能作为商标使用。2001 年的修订,改为描述性标记可以作为商标使用,且通过使用获得显著性之后,可以注册为商标。

这一修法活动直接引发了全国数十家企业对"小肥羊"商标的争夺战。"小肥羊"由于其对涮羊肉类餐饮服务的描述性以及"肥羊"对财富的寓意,在神州大地广为使用。过去由于商标法的限制,"小肥羊"无法作为商标使用,却可以作为企业字号存在,大量的餐饮店铺以此为名。2001 年《商标法》修订后,大量企业开始将"小肥羊"作为商标使用,并尝试向商标局申请注册该商标,大都被商标局以"直接表示了服务内容及特点"为由拒绝注册。

在众多申请中,2003年商标局初步审定,将"小肥羊"商标予以注册,拟将商标权授予内蒙古小肥羊餐饮连锁有限公司。此举引起了全国众多小肥羊相关企业的反对,纷纷向商标局提出异议,均被商标评审委员会驳回。因此这些小肥羊相关企业又向法院提起行政诉讼,要求法院撤销商标局的裁定,一审二审法院均判决维持商标局的裁定。北京市高级人民法院认为:"'小肥羊'表明了'涮羊肉'这一餐饮服务行业的内容和特点,构成描述性标记。通过内蒙古小肥羊公司的大规模使用、宣传,'小肥羊'已成为消费者区分不同'涮羊肉'餐饮服务的依据,实际上已起到了区分商品或服务来源的作用,故其已经获得了'第二含义',具备商标应有的显著性,应准予作为商标注册。"①

2.合法性

商标注册的第二个条件是合法性。所谓合法性是指商标标识不属于法律规定禁止作为商标使用的标识。根据《商标法》第十条规定,下列标志不得作为商标使用:

同中华人民共和国的国家名称、国旗、国徽、国歌、军旗、军徽、军歌、勋章等相同或者近似的,以及同中央国家机关的名称、标志、所在地特定地点的名称或者标志性建筑物的名称、图形相同的;

同外国的国家名称、国旗、国徽、军旗等相同或者近似的,但经该国政府同意的除外;

同政府间国际组织的名称、旗帜、徽记等相同或者近似的,但经该组织同意或者不易误导公众的除外;

与表明实施控制、予以保证的官方标志、检验印记相同或者近似

①　北京市高级人民法院(2006)高行终字第92号行政判决书。

的,但经授权的除外;

同"红十字""红新月"的名称、标志相同或者近似的;

带有民族歧视性的;

带有欺骗性,容易使公众对商品的质量等特点或者产地产生误认的;

有害于社会主义道德风尚或者有其他不良影响的。

县级以上行政区划的地名或者公众知晓的外国地名,不得作为商标。但是,地名具有其他含义或者作为集体商标、证明商标组成部分的除外;已经注册的使用地名的商标继续有效。

如前文所述,商标通过其识别功能即显著性的发挥,来降低信息成本以产生效率,这也是商标权受法律保护的根本原因。而国家、国家机关、政府及国际组织等并不从事商业活动,因此其标志不应当被作为商标。商标是信誉的载体,既可能由于诚信经营产生良好的声誉,也可能由于不良经营损害该标志的声誉,从而影响到这些组织的声誉,因此立法对此类标识使用是绝对禁止的。此外,商标法是民法的特别法,也要贯彻民法的公序良俗原则。带有民族歧视性、欺骗性或有害公共秩序和善良风俗的标识使用行为也是被绝对禁止的。

【典型案例】

2011年,上海俊客贸易有限公司获准注册第8954893号"MLGB"商标,核定使用在第25类服装等商品上。2015年,姚某军针对该商标提起无效宣告申请,理由是属于《商标法》第十条"有害于社会主义道德风尚或有其他不良影响"。上海俊客公司辩称争议商标是指"My life's getting better"的首字母缩写,意为"我的生活会越来越好",并非污言秽语。国家工商行政管理总局商标评审委员会裁定该商标无效。上海俊客贸易有限公司不服该裁定,向法院起诉。

　　上海俊客贸易有限公司认为,虽然争议商标"MLGB"在网络环境下被有些人用于指代骂人脏话,但是,使用人限于少数素质较低者,远没有在社会公众中达到普遍流传、使用的程度。并且,网络用语通常含义并不固定,不能证明它们之间有固定的对应关系。汉语中并没有将首字母首先理解为汉语拼音缩写的思维习惯,司法机关应从善良的角度理解当事人和社会公众认知,不应当指引公众进行这种"低俗"的联想。

　　法院认为,《商标法》第十条第一款第八项的立法目的在于维护社会生活中的伦理道德,属于商标禁用的绝对条款。从立法目的出发,在适用该条时关注的是裁判作出时的社会公共利益和道德秩序的维护。依据该条款去审查注册商标是否需要宣告无效时,应该充分考虑裁判作出时争议商标标志的含义,确保商标的持续存续不与社会伦理道德相违背,而不仅仅限于商标标志在申请日或者核准注册日的含义。因此,对于产生于核准注册日之后,用于证明争议商标标志现有含义的证据可以作为认定的根据。[1]

　　现有证据表明,"MLGB"最早出现即是用来指代骂人脏话的,在争议商标核准使用日之前这种用法已经存在,并在一定的群体范围,特别是部分年轻的网络用户中使用并具有一定的影响。在争议商标核准注册后,这种指代使用和认知的范围随着网络的发展逐渐扩展,甚至扩大出现在日常生活中。关于上海俊客公司"MLGB"为英文短语"My life's getting better"缩写的主张,法院认为并无证据表明该缩写系英文常见表达,即便存在这种用法也并无证据表明此缩写的存在能够打消"MLGB"与骂人脏话之间的对应关系给人带来

---

[1]　北京市高级人民法院(2018)京行终 137 号行政判决书。

的厌恶感。此外,该商标在品牌定位上与熟悉网络用语的青年群体高度重合,诉争商标对青少年群体而言含义低俗,若维持注册,易对青少年群体产生不良引导,进而有害于整体社会的道德风尚。①

3.非冲突性

我国《商标法》第八条规定:"任何能够将自然人、法人或者其他组织的商品与他人的商品区别开的标志,包括文字、图形、字母、数字、三维标志、颜色组合和声音等,以及上述要素的组合,均可以作为商标申请注册。"构成商标的元素是多样的,因此组成商标的元素可能同时落入其他部门法的保护范围,与商标权形成冲突。为此《商标法》第三十二条确立了非冲突性原则:"申请商标注册不得损害他人现有的在先权利,也不得以不正当手段抢先注册他人已经使用并有一定影响的商标。"

总体来讲,可能构成在先权利的有以下几种。

在先商标权。申请注册的商标,同他人在同一种商品或者类似商品上已经注册的,或者初步审定的商标相同、近似的,由商标局驳回申请,不予公告。这是给予商标显著性的基本法理:商标显著性是其发挥社会价值的核心所在,因此商标审查机构应当努力阻止此类冲突发生,避免造成消费者混淆。此外,商标法对驰名商标提供特别保护:就相同或者类似商品申请注册的商标是复制、摹仿、翻译他人未在中国注册的驰名商标,容易导致混淆的,不予注册并禁止使用。就不相同或者不相类似商品申请注册的商标是复制、摹仿或者翻译他人已经在中国注册的驰名商标,误导公众,致使该驰名商标注册人的利益可能受到损害的,不予注册并禁止使用。

---

① 北京市高级人民法院(2018)京行终 137 号行政判决书.

在先著作权。使用文字、图形、声音等元素组成商标标识的,该标识有可能同时构成著作权法意义上的作品。如著作权取得在先,系争商标应不予核准注册或被宣告无效。对系争商标的使用,则构成著作权侵权。

【典型案例】

刘继卣于 1954 年创作了绘画作品《武松打虎》组画。刘继卣死亡后,其妻女即原告继承取得著作财产权。原告发现被告景阳冈酒厂未经著作权人许可,将该组画中的一幅用作商品包装装潢,并申请注册了商标。北京市海淀区人民法院经审理认为,被告景阳冈酒厂擅自修改使用他人的作品,破坏了作者的创作意图,属于歪曲、篡改他人的作品,破坏了作品的完整性。同时,也侵害了刘继卣对其作品依法享有的使用权和获得报酬权。另,景阳冈酒厂在使用刘继卣的作品时,未为刘继卣署名,侵害了刘继卣的署名权。刘继卣去世后,其著作权中的使用权和获得报酬权应由其继承人继承。因此,刘继卣的法定继承人,为保护被继承人刘继卣对其作品享有的署名权、修改权、保护作品完整权和维护其依法继承被继承人的著作权中的使用权和获得报酬权,要求景阳冈酒厂停止侵害,消除影响,赔偿损失,理由正当,应予支持。①

在先肖像权。作为人格权的肖像权,与作为财产权的商标权同属民事权利,商标注册及使用不得侵犯他人在先肖像权。未经许可使用与他人肖像相同或类似的图形作为商标,构成对他人肖像权的侵犯。

在先姓名权。使用创始人或祖先的姓名作为商标是常见的品牌

---

① 北京市第一中级人民法院(1997)一中知终字第 14 号民事判决书。

命名方式,如"张小泉""Air Jordan"等。商标使用不得侵犯他人在先姓名权。

【典型案例】

乔丹体育股份有限公司(现名中乔体育股份有限公司)在"体育活动器械"等类别注册了"乔丹"商标。美国篮球巨星迈克尔·乔丹(英文全名 Michael Jeffrey Jordan,中文译名全名为迈克尔·杰弗里·乔丹)在争议期内提出申请,要求确认该商标无效,理由是该商标注册侵犯了其在先姓名权。乔丹体育否认该在先权利的主要理由有四点。

第一,"乔丹"仅为姓氏,并非全名,原告全名为"迈克尔·杰弗里·乔丹"。

第二,"乔丹"为常见英文姓氏,与篮球明星乔丹并未形成"唯一"对应关系。

第三,乔丹本人并未主动使用"乔丹"称呼自己,而是使用"迈克尔"或"迈克尔·乔丹"。

第四,乔丹体育对其企业名称及有关商标投入大量时间、资金进行使用,其产品已经产生了影响力,也有大量获奖、被媒体报道等事实,相关公众能够认识到"乔丹"商标和乔丹体育公司的联系。

对此,最高人民法院于再审判决书中指出:包括姓名权在内的依法应予保护,并且在争议商标申请日之前已由民事主体依法享有的民事权利或权益,属于商标法规定的"在先权利"。将姓名权纳入"在先权利",不仅是为了维持自然人的人格尊严,保护自然人姓名,尤其是知名人物姓名所蕴含的经济利益,也是为了防止相关公众误认为标记有该商标的商品或者服务与该自然人存在代言、许可等特定联系,从而损害消费者的合法权益。[①]

最高人民法院认为,特定名称受姓名权保护,不应以"唯一"对应关系为前提,否则重名者或除本名外还有其他名称者均无法获得姓名权保护。[②] 最高人民法院进一步指出,相应名称只需要和被指称对象达到稳定的联系即可获得姓名权的保护。考虑到语言文化差异,我国相关公众习惯以外国人姓名的部分来指称,因此当判断在先权利中的姓名权时对此亦应有所考量,外国人姓名的部分(名或姓)可以获得姓名权的保护,被认定为在先权利。结合该案已有证据,我国相关公众一直习惯于使用"乔丹"指称篮球明星迈克尔·乔丹,经过多年大量的使用和宣传,"乔丹"和迈克尔·乔丹本人已形成稳定的联系,迈克尔·乔丹对"乔丹"享有姓名权。乔丹体育公司明知这一事实,在提交该商标注册时具有明显的主观恶意,该商标的注册和使用容易导致消费者误以为该公司所提供的商品与美国篮球明星迈克尔·乔丹具有某种联系,损害了迈克尔·乔丹的在先姓名权。

最高人民法院特别强调:"维护(乔丹公司主张的)此种市场秩序或者商业成功,不仅不利于保护姓名权人的合法权益,而且不利于保障消费者的利益,更不利于净化商标注册和使用环境。"[③]最高人民法院最终认定,涉案"乔丹"商标的注册违反商标法有关"申请商标注册不得损害他人享有的在先权利"的规定,依法应予撤销(现行商标法中的"宣告无效")。

---

① 最高人民法院(2016)最高法行再第 27 号行政判决书。
② 最高人民法院(2016)最高法行再第 27 号行政判决书。
③ 最高人民法院(2016)最高法行再第 27 号行政判决书。

在先外观设计专利权。如果系争商标与外观设计相同或近似，且外观设计专利的授权公告日早于系争商标的申请注册日，该外观设计就构成在先权利。

在先字号权。《商标审查审理指南》规定：将与他人在先登记、使用并具有一定知名度的字号相同或者基本相同的文字申请注册为商标，容易导致中国相关公众混淆，致使在先字号权人的利益可能受到损害的，应当认定为对他人在先字号权的损害，系争商标应当不予核准注册或者予以无效宣告。该规定乃是基于显著性理论和制止混淆的理由，要求字号必须具有一定的知名度才能作为在先权利对抗商标注册。设计基本相同，视觉效果差异不大，不具有显著性。

四、商标权的性质和内容

（一）注册商标专用权的性质

所谓注册商标专用权，是指商标权人对其注册商标享有独占性使用的权利。值得注意的是，注册商标专用权的核心在于"独占"，即商标权人有权阻止他人对其注册商标的使用。商标权和其他知识产权以及物权一样，属于绝对权、对世权。具体表现为权利主体特定，义务主体不特定。在绝对权法律关系中，商标权人是权利主体，权利人之外的人均为义务主体。义务主体的义务为消极、不作为义务，即负有不主动侵犯他人商标权的义务。

（二）注册商标专用权的范围

《商标法》第五十六条规定："注册商标的专用权，以核准注册的商标和核定使用的商品为限。"商标权人的权利并不是基于商标标识，而是基于商标标识和其所附着商品之间的联系。换言之，商标权人获得注册商标权并不意味着对该标识的绝对垄断（这与著作权、专利权不同)。如果他人对标识的使用不涉及对这种联系的破坏,即所谓非"商标性"使用,则商标法无适用的空间。因此,所谓商标权和表达自由、言论自由的关系是一个伪命题,因为商标法不可能插入上述领域。TRIPS 协定第 16 条第 1 款规定:"注册商标的所有人应享有专有权,以制止所有第三方未得所有人同意而在贸易中将与注册商标相同或近似的标记使用于与该商标所注册的商品或服务相同或类似的商品或服务,而这种使用大概有造成混淆的可能。在使用相同的标记于相同的商品或服务的情形,应即推定有混淆的可能。"从该条规定可以看出,商标权的范围限于制止混淆,这与商标权的产生机理——显著性原理保持一致。

(三)商标权的移转

商标权的移转包括商标权的转让、商标权的许可。此外,根据《民法典》第四百四十条的规定,商标权可以出质。当权利人通过拍卖变卖等方式实现质权时,商标权同样会发生移转。我国《商标法》第四章规定了商标权的转让及许可的规则。

【典型案例】

广州医药集团有限公司(简称广药集团)是"王老吉"系列注册商标(注册号分别为第 626155 号、第 3980709 号、第 9095940 号)的商标权人。上述商标核定使用的商品种类均为第 32 类:包括无酒精饮料、果汁、植物饮料等。1995 年 3 月 28 日、9 月 14 日,鸿道集团有限公司与广药集团旗下王老吉食品饮料分公司签订《商标使用许可合同》和《商标使用许可合同补充协议》,取得对第 626155 号商标(见图 5-2)的独家使用权,以生产销售带有"王老吉"商标的红色纸盒包装及易拉罐装凉茶饮料。根据双方约定,该授权许可的性质为独占许可,许可期限为 2000 年 5 月 2 日至 2010 年 5 月 2 日。后双方又陆续签订了多份补充协议,约定将"王老吉"商标使用许可期限延长至 2020 年。但广药集团认为,所有补充协议系原副董事长李益民收取香港加多宝集团董事长陈鸿道贿赂而签订,主张补充协议无效。后经中国国际经济贸易仲裁委员会裁决及北京市第一中级人民法院裁定,确认所有补充协议无效。因此 2010 年 5 月 2 日之后加多宝中国公司对"王老吉"商标的使用系未经许可的商标侵权行为。

图 5-2 第 626155 号"王老吉"商标

【习题】

1.商标注册实践中应如何把握"第二含义"的标准?

2.论述《商标法》第十条第一款第(八)项的"不良影响"适用范围。

3."微信"商标被拒绝注册和"微软"商标成功注册的原因对比分析。

4.商标权为什么会发生移转?

5.是否应当允许商标权移转,商标权的移转会不会损害消费者的利益?

第二节　网络环境下商标权的确立

【案例导入】

某电影公司拍摄了电影《非诚勿扰》,讲述了一对通过征婚相识的男女的爱情故事,后某电视台制作了真人秀电视节目《非诚勿扰》。还有某游戏公司制作了同名网游,被告上法庭方才得知,早已有人将"非诚勿扰"注册为商标,用于其经营的婚介所。

请思考:在网络环境下商标权的确立有何不同?

商标权产生本质就源自商品、服务与经营者的分离。过去,我们不需要依赖商标而是重招幌、轻商标,其原因就在于商标与经营者并未分离。通过考察商标诞生的历史我们发现,最早产生商业价值的商标都出现自剪刀、马匹等易于行销远方的商品类别。在网络环境下这一点愈发凸显:更多行业和商品实现了商品和经营者的分离,因此其商标的价值也更加显著。而网络环境也为商标评审和商标权的确权带来了新的问题。就商标权的保护而言,网络环境下的商标权价值更加凸显,侵权形态更加多样,并且有各种隐蔽的、新型的方式,其中有些还引起了关于商标基础理论的争议。

一、网络环境下显著性的认定

如前所述,商标确权的基础是显著性。尤其是在涉及描述性商标时,申请人是否因为使用而已经使其描述性商标产生了"第二含义"即所谓"获得显著性",是其能否获得注册的关键。在网络环境下,商标使用的方式发生了改变,由此而来的显著性认定也有了新的特点。

【典型案例】

2004 年 2 月 12 日,佳选公司向商标局申请在第 35 类推销、进出口代理等服务项目上注册第 3909917 号商标。该商标主要由两个英文单词"BEST""BUY"及一黄色标签方框组成。商标局认为该商标图形部分构造简单,文字部分更易为消费者关注,因此该商标主要部分为英文单词"BEST""BUY"。"BEST""BUY"系普通、常见、简单的英文单词,未形成其他新的含义。中国消费者习惯以单词的含义来识别和记忆英文文字商标。该商标含义为"最好的买卖"或"最好的交易"。该含义属于对服务特点的直接描述,系描述性标识,缺乏商标应有的显著性,商标局决定驳回注册申请。佳选公司向商标评审委员会提出复审申请,被其以同样理由驳回。佳选公司不服裁定,向北京市第一中级人民法院提起行政诉讼,并提交了申请商标实际使用的大量证据,以证明其商标已因使用获得显著性。一审二审法院均判决佳选公司败诉,维持商标局商标评审委员会的裁定。[①] 佳选公司不服,向最高人民法院申请再审。最高人民法院撤销商标局商标评审委员会决定和一审、二审判决,责令商标评审委员会重新作出决定。

---

① 北京市高级人民法院(2010)高行终字第 861 号行政判决书。

在该案中,佳选公司的"BEST BUY 及图"商标尽管从构成上看属于描述性商标,但与上文"小肥羊案"类似,描述性商标仍可能经过使用获得显著性,从而满足注册条件。佳选公司提交了其在网络上对该商标进行宣传的证据,以及其网站的访问数据用于反映中国地区有大量用户访问其网站,以此证明其商标在中国地区的知名度。上述证据表明佳选公司的"BEST BUY 及图"商标(见图 5-3)在互联网上大量使用和出现,已经产生了第二含义,这是最高人民法院作出该复审决定的主要原因。①

图 5-3 第 3909917 号"BEST BUY 及图"商标

二、网络环境下的商标使用

商标使用概念十分重要。从商标确权到商标不使用撤销,再到商标侵权判定,都涉及对商标使用行为的考察。网络环境下的商标使用形式多样,包括:其一,通过电子商务平台经营,在经营网站、广告中使用商标;其二,开发并发布应用程序,在应用程序图标及软件界面对商标的使用;其三,在网站的元标签中嵌入商标,或者通过向搜索引擎服

_____

① 最高人民法院(2011)行提字第 9 号行政判决书。

务商购买搜索广告服务的方式使用商标。《商标法》第四十八条规定："商标的使用,是指将商标用于商品、商品包装、容器以及商品交易文书上,或者将商标用于广告宣传、展览以及其他商业活动中,用于识别商品来源的行为。"

【典型案例】

李叶飞、韩燕明作为商标共有人于 2007 年 9 月 7 日获得了国家商标局批准注册的第 9 类"拍客"商标专用权,商标专有权内容包括计算机软件等相关类别。

从 2012 年底开始,新浪公司推出"拍客"产品,并上架拍客客户端、拍客小助手等程序。李韩二人认为新浪此举侵犯其商标权,协商未果后诉至法院,一审法院驳回二人全部诉讼请求,二审维持原判。

表面上看,新浪公司的程序名称完全覆盖了原告的文字商标,属于《商标法》第五十七条规定的"在同一种商品上使用与其注册商标相同的商标"。但适用该条仍应以构成商标使用为前提。法院指出,该款程序系为提供"拍客"用途的专用软件,其针对的目标消费者为"拍客"。实现的功能亦是拍摄照片或视频上传至网络,被告使用"拍客"一词的意图并不在于区别服务来源,"拍客"在此所发挥的作用仅在于描述该款 App 的实际用途。其目的是直接告知消费者该款 App 软件的用途及适用人群,该种使用方式属于对"拍客"一词第一含义的使用,而并非发挥表彰和区分其服务来源作用的商标性使用,不属于商标意义上的使用,并无故意误导公众的主观意图,客观上也不会产生使得消费者混淆和误认的情况,因此不构成侵权。①

---

① 北京知识产权法院(2015)京知民终字第 114 号民事判决书。

【典型案例】

美国邓白氏国际有限公司(简称美国邓白氏)是一家商业信息服务机构,在我国注册了第 1185850 号"邓白氏"、第 26031783 号"邓白氏编码"、第 25252382 号"DUNS"等多件商标,核定服务包括第 35 类和第 36 类中的商业信息代理、提供市场信息、提供信用评估、提供金融信息等,其授权上海华夏邓白氏商业信息咨询有限公司在中国境内使用"邓白氏"注册商标开展相关业务。

被投诉人上海章元信息技术有限公司(简称章元公司)为美国邓白氏前加盟服务商。章元公司明知"邓白氏"为他人注册商标,仍与百度公司签订关键词推广服务合同,对含有"邓白氏"等关键词的搜索靠前呈现特定推广链接,当用户执行搜索时,呈现的推广链接由章元公司运营,其标题描述为"【官】邓百氏编码—国际认可的全球通用企业编码系统"。有 8 家企业通过百度搜索,受描述中"【官】"等信息误导,认为该链接系美国邓白氏提供,或二者有关联,通过该链接委托章元公司代理其办理邓白氏编码申请,至案发时,章元公司累计收取上述 8 家企业代理服务费 17.991 万元人民币。[①]

将他人注册商标作为搜索广告关键词的行为是否属于商标的使用,是该案处理的关键。上海市崇明区市场监督管理局认为,通过关键词广告和有误导性的链接标题简介,搜索者可能认为该关键词与特定服务存在联系。章元公司通过关键词、网站和所提供服务的指称关系,构成商标法意义上的商标使用,使相关公众误认为其与商标权人美国邓白氏存在授权许可关系,对服务的来源产生混淆和误认。其行为属于《商标法》第四十八条规定的商标的使用行为,

---

[①]　上海市崇明区市场监督管理局沪监管崇处字〔2019〕302019000347 号行政处罚决定书。

进而属于《商标法》第五十七条第二项规定的商标侵权行为。上海市崇明区市场监管局依据《商标法》第六十条的规定,对章元公司作出行政处罚,责令其停止侵权,并处罚款53.973万元。[1]

【习题】

1.搜索引擎服务商如何提供搜索广告服务? 其服务模式如何影响责任承担?

2.邓白氏案中提供搜索广告服务公司的百度公司是否需要承担商标侵权责任?

第三节　网络环境下商标侵权行为认定

【案例导入】

小王想买一块手表,使用搜索引擎搜索"劳力士手表"。点击搜索按钮后,首先映入眼帘的是几行大字"本店经营劳力士手表,欢迎点击标题下方链接进入网站购买"。小王点击链接却发现该网站"挂羊头卖狗肉",其销售的手表品牌名不见经传。但购买条款深深吸引了小王:"下单无需付款,使用一个月若满意再付款,若不满意可退回。"小王遂下单购买了品牌名为"丁记"的手表,一个月后小王对手表满意,遂向网站支付货款500元。请思考:"丁记"牌手表向搜索引擎服务商定制关键词广告的行为如何评价? 搜索引擎服务商提供关键词广告的行为如何定性?

---

[1]　上海市崇明区市场监督管理局沪监管崇处字〔2019〕302019000347号行政处罚决定书。

一、元标签滥用与商标侵权

在互联网时代,搜索引擎发挥着不可替代的核心功能。互联网的一大特征是信息丰富,因此对于网站经营者而言,增加其网站的曝光率至关重要。搜索引擎的工作原理是通过网络爬虫抓取互联网上的信息,形成数据库,再利用算法,结合用户的搜索关键词呈现出搜索结果。为了提高爬虫的工作效率,网站使用元标签来描述其网站基本信息。元标签就是网站信息的概括介绍,类似于论文中的关键词。通过元标签的指引,网络爬虫不再需要抓取网站全部数据,而是根据元标签提供的信息更高效地抓取数据。在互联网发展早期,元标签技术对搜索引擎结果算法产生很大影响,造成的结果就是大量网站通过元标签滥用的方式不当提高其网站曝光率。例如,"NIKE"是运动装备领域的驰名商标。在互联网时代,大量消费者将"NIKE"作为关键词在搜索引擎搜索,以寻找该品牌运动装备的促销信息。售卖某品牌运动装备的企业,其自身经营的并非"NIKE"牌运动装备,鲜有网友以该网站的商标作为关键词进行检索。但其网站有可能通过滥用元标签的方式,在其网站元标签中加入"NIKE"。搜索引擎的网络爬虫在爬取数据时就会被该元标签信息误导,在界面处理"NIKE"关键词的搜索结果时,将该网站作为结果呈现给用户。这样一来,本来希望购买"NIKE"牌运动装备的用户就被吸引到了其他网站。进入网站之后,消费者很可能迅速发现该网站是"挂羊头卖狗肉",并不售卖"NIKE"牌商品。但可能抱着"既来之则安之"的心态继续浏览,并有可能在该网站消费。对于"NIKE"的品牌方而言,该网站的行为不当攫取其客户,希望通过法律手段予以制止。如何对这种行为定性,是一个商标法上很有意义的问题,甚至可以说是所有网络商标侵权的原型。

法律并不直接干涉网站通过元标签对自身的描述,搜索引擎服务商也不必因为其算法不能应对这些"搜索引擎作弊"的行为而承担法律责任。因此,若要追究他人责任,前提应是该行为侵犯了绝对权,即商标权。商标法制止商标侵权主要是依靠混淆理论,如果被告使用商标的行为造成相关公众很有可能就商品的来源产生混淆,则构成商标侵权。就元标签滥用行为而言,消费者在被引入其他网站之后,尤其是其点击订单进行确认时,很可能并未发生混淆,即消费者很清楚其购买的是某品牌而非"NIKE"牌的商品。在这种情况下还能认定有混淆可能性存在吗?

【典型案例】

在 Brookfield Communication v. West Coast Entertainment 案中,原告 Brookfield 公司建立于 1987 年,制造和销售有关专业娱乐信息的软件和服务。1993 年 12 月,Brookfield 开始在其网站上提供可搜索的娱乐信息数据库服务,使用"MovieBuff"的商标。被告 West Coast 公司是一家从事影碟租售业务的连锁店,拥有 "MovieBuff"的域名。1996 年,被告在该网站上提供类似于原告 Brookfield 公司的数据库服务,该网站的元标签中嵌有 "MovieBuff",与原告的文字商标相同。该案涉及两个问题:West Coast 的网站域名与 Brookfield 的商标相同;West Coast 网站的元标签中有 Brookfield 的商标。对此,法院给予两种理论指导下的分析,在对域名问题进行分析的时候,使用传统的混淆可能性八要素进行考察分析,最终认定 West Coast 的网站使用"MovieBuff"域名的行为导致了混淆产生的可能性,侵犯了 Brookfield 的商标权;而在 West Coast 的网站元标签的问题上则使用了初始兴趣混淆理论进行分析,同样得出了商标侵权的结论。

搜索引擎爬虫在对网站进行抓取和索引时需要参考元标签的描述。消费者通过原告商标"MovieBuff"进行搜索时，由于被告网站元标签中含有该关键词，故返回的搜索结果中会靠前展示该网站。该案中，当搜索者因此进入被告的网站时，由于网站本身并未进行刻意误导，故消费者很容易发现该网站并非原告 Brookfield 所有，通常也不会认为二者有什么关联。但法院认为被告此举仍然不当地吸引了本应属于原告的网页浏览者（潜在消费者），分散了对原告产品的注意力，占据了对原告网站的访问时间，间接侵犯了原告积累起来的商誉，造成了初始兴趣混淆。[①]

法院认为，只要被告使用原告商标的行为是为了将潜在消费者从竞争对手那里吸引到自己的网站上来，造成消费者在初始阶段对产品的来源产生混淆，即便他们后来消除了误解，知道了产品的来源，被告的行为也构成对原告商标权的侵犯。法院基于初始兴趣混淆而产生的混淆可能性对被告签发了临时禁止令，禁止其在网站元标签上继续使用"MovieBuff"一词。[②]

初始兴趣混淆即售前混淆，是美国法官运用法解释学对此类侵权行为的定性。尽管在实际购买时，消费者对于商品来源并不存在混淆可能性，但美国《兰哈姆法》并未限定混淆的时间和对象。因此混淆从时间上可以扩张到售前和售后，混淆的对象也不限于消费者，甚至可以是买卖关系之外的旁观者，即所谓"旁观者混淆"（售后混淆）。

初始兴趣混淆理论不仅可以解决上述网络商标侵权出现的问题，在线下商品交易中同样可以适用。例如，某餐厅在高速公路匝道口悬

---

① Brookfield Communications v. West Coast Entertainment，174 F. 3d 1036 (9th Cir. 1999).
② Brookfield Communications v. West Coast Entertainment，174 F. 3d 1036 (9th Cir. 1999).

挂巨幅"麦当劳"广告牌,而实际上附近并无麦当劳餐厅。当顾客看到该广告牌,出于购买麦当劳产品的目的驶入服务区就餐时,却发现此处并无麦当劳餐厅,无奈只好在一家不知名的快餐店就餐。尽管顾客在下单时不存在混淆可能性,但餐厅的行为仍然构成商标侵权,因为其悬挂麦当劳广告牌的意图很明显,就是希望造成消费者的初始兴趣混淆,继而利用沉没成本的效应达成交易。

二、网络广告纠纷与商标侵权

根据侵权方式的不同,网络广告可分为两类:链接广告和弹窗广告。

(一)链接广告与商标侵权

在上述元标签滥用的商标侵权行为出现后,搜索引擎服务商随后进行了技术更新和升级,通过搜索结果算法的改进,搜索引擎可以自动识别出这类元标签滥用行为,从而向用户提供更好的搜索体验。一方面,搜索结果的准确性及抗干扰性是搜索引擎产品的核心竞争力;另一方面,网站经营者希望通过元标签滥用等搜索引擎作弊行为,欺骗搜索引擎来获取更高的搜索结果排位和曝光率,二者构成一对基本矛盾。搜索引擎的算法是一直保持更新的,目的就是尽可能规避这类作弊行为对搜索结果产生的干扰,以提高搜索质量。同时,搜索引擎也提供人工辅助干预等方式,在算法未及时更新的情况下对搜索结果进行手动调整,进一步提高搜索结果的准确性。由于搜索引擎服务商强大的资金实力和算法技术的发展,这类侵权行为已经较为少见。

但商家希望通过搜索引擎来提高曝光率的诉求仍然继续存在,而网络爬虫、服务器等巨额支出也使得搜索引擎商业模式变现愈加紧迫。在这种情况下,雅虎、谷歌等搜索引擎巨头率先开发了搜索广告的商业模式:一方面,搜索引擎服务商仍然致力于提高搜索结果的准确性，以确保其产品的核心竞争力；另一方面，搜索引擎服务商主动向经营者提供推广服务。其中之一就是关键词广告，关键词广告属于链接式广告的一种。

链接式广告一般是指提供链接服务的商家（主要是搜索引擎）为他人提供的广告链接服务。消费者在该商家的网页上能够看到广告链接，通过链接可以进入广告提供商的网页。不同于普通的在网站上设链方式，搜索引擎提供的搜索广告是基于搜索关键词等条件触发的。这就在效果上很类似于上文提及的元标签滥用行为，不同之处在于，元标签滥用是搜索引擎服务商反对的作弊行为，而搜索广告是搜索引擎服务商主动提供的服务。最为人所熟知的就是竞价排名。

【典型案例】

在"xtools 及图"商标侵权案中，原告北京沃力森信息技术有限公司（简称沃力森公司）是第 4372228 号商标"xtools 及图"（见图 5-4）的注册商标专用权人，被告八百客（北京）软件技术有限公司（简称八百客公司）在第三人北京百度网讯科技有限公司经营的百度网站上购买了与原告商标文字部分基本相同的"xtools"作为关键词进行推广活动。用户通过百度搜索引擎搜索该关键词时，搜索结果标题为"八百客国内最专业的 xtools"。该标题之下显示地址和描述信息"www.800app.com""八百客国内最专业服务提供商""5000 成功案例提供一对一免费视频培训"等。用户点击该链接进入被告网站后，该网站本身却并未使用涉案商标，也未展示任何与原告沃力森公司及其产品的信息。

北京市海淀区人民法院经审理认为，被告八百客公司作为沃力森公司的主要同业竞争者之一，故意将原告商标选作关键词，并通过购买关键词广告的方式，不当地将搜索用户引导至自己经营的网

图 5-4　第 4372228 号"xtools 及图"商标

站，以推销自己的产品和服务。消费者在点击链接前存在混淆和误认，误以为该链接由原告提供，"并致使本拟通过'xtools'关键词搜索沃力森公司网站和 crm 软件服务的网络用户误入八百客公司网站，从而提升八百客公司网站和 crm 软件服务的曝光率，吸引网络用户对八百客公司网站和 crm 软件服务的注意力，为八百客公司创造提供更多的商业机会和交易可能性。八百客公司此举已构成给沃力森公司的注册商标专用权造成其他损害的行为，侵犯沃力森公司对第 4372228 号'xtools'注册商标所享有的专用权"①。

　　北京市第一中级人民法院二审认为，被告的使用已具有指示商品或服务提供者的作用，属于商标意义上的使用。《商标法》第五十二条第一项中所称的"使用"行为并不仅指实际的商品销售或服务提供行为，亦包括使用商标进行广告宣传等行为。此类行为虽未造成在商品销售或服务提供过程中的混淆误认，但鉴于其一方面不当利用了注册商标的商誉，另一方面可能会削弱注册商标与注册商标专用权人之间的唯一对应关系，故基于此类行为而产生的混淆误认，亦同样会损害注册商标专用权人对该商标所合法享有的利益，此类行为亦属于《商标法》第五十二条第一项所调整的范围，属于侵犯注册商标专用权的行为。②

①　北京市海淀区人民法院(2009)海民初字第 26988 号民事判决书。
②　北京市第一中级人民法院(2010)一中民终字第 2779 号民事判决书。

（二）弹出广告与商标侵权

弹出式广告是指由于用户使用某项服务（如搜索或点击），安装在用户电脑上的软件自动弹出的广告窗口。这种广告会中断当前用户的网络浏览，用户被迫选择继续浏览还是查看广告。

【典型案例】

在"1－800CONTACTS"商标侵权案中，原告经营网站"1－800CONTACTS"，被告 WhenU 是一家网络广告公司，开发了Savenow 软件。Savenow 软件通常和其他一些免费软件捆绑在一起，用户在安装其他软件的时候，与之捆绑在一起的 Savenow 软件会提示用户是否安装，在经过用户允许之后，Savenow 软件会安装在用户的电脑上。当电脑上装有 Savenow 软件的用户浏览网页时，Savenow 软件会扫描用户的浏览器，将 URL（统一资源定位符）网址、搜索词和网页内容与 Savenow 软件内置的信息进行比对，使用自己特有的算法进行分析。Savenow 软件的目录内容是自动更新的，当用户的电脑接入互联网，Savenow 软件就会自动接收信息，进行自动升级（更新过程不需要经过用户的再次许可）。该软件不存储任何用户的信息，也不跟踪用户对电脑的使用。一旦安装，其运行不需要用户的主动作为，而是自动触发。用户在浏览器键入URL 时，会自动触发 Savenow 软件的"pop-up"广告。当用户在浏览器输入一个搜索词或者其网址，Savenow 软件会分析这个地址对应的是其目录中的哪一类产品或服务。一般来说，如果用户使用的网站和 Savenow 软件内置的目录能够配对、吻合，Savenow 软件会弹出对应的广告，这些广告将会出现在一个弹出的新窗口。

具体到该案中,当用户键入"1-800contacts. com",即原告的网址时,Savenow 软件识别出用户对眼睛保健这个目录感兴趣,就会弹出这个领域的广告。通常用户在输入网址之后进入网站之前有几秒钟的延迟,Savenow 的"pop-up"广告就在这时候出现。如果用户的窗口弹出了被告所提供的广告,用户不想看广告或者广告提供者的网站,他可以点击窗口上的按钮,使得含有其本打算访问的原告的网站的窗口移到前面来,"pop-up"广告的窗口则会移到后面。也可以直接点击"pop-up"广告的关闭按钮来关闭该广告。如果用户点击了"pop-up"广告,主网站(包含有 1-800contacts 的网站)会被转到广告提供者的网站。Savenow 软件根据点击量或者实际购买量收取广告费用。

审理该案的美国第二巡回法院认为,这种情况属于比较广告,商标法不应禁止比较广告。在弹出式广告中,原被告网页均被显示,未形成替代;用户自始至终明知弹出窗口系广告,而非其所要访问的目标网站的信息,信息并未暗示二者存在某种关联。并且被告软件在用户电脑上安装时已获得了用户的授权,同意通过该软件接收被告的广告,因此不构成商标侵权。①

三、域名抢注与商标侵权

在互联网上,网络设备由 IP 地址来分配地址。由于 IP 地址具有不方便记忆并且不能显示地址组织的名称和性质等缺点,因此人们设计出了域名,并通过网域名称系统(domain name system,简称 DNS)来将域名和 IP 地址相互映射,省去用户记忆冗长难记的纯数字 IP 地

---

① 1-800 Contacts,Inc. v. WhenU. com,Inc.,414 F. 3d 400 (2d Cir. 2005).

址,以更方便地访问互联网。

域名在事实上发挥着一定的识别功能,和商标类似。因此有人利用域名的识别性特点制造混淆,引发了商标侵权问题。严格意义上讲,域名的注册和使用仅为一种秩序和行业规范,域名注册和使用并不能产生法律意义上的"权利",因此不能称之为"冲突"。换言之,任何对域名的使用如果落入商标权的保护范围,则应当依据商标法对侵权行为进行认定。然而,若域名使用在先,商标权产生在后,域名使用者的利益应当得到尊重,可类推适用商标法及反不正当竞争法中未注册商标的规定。

目前调整域名有关问题的主要是《最高人民法院关于审理涉及计算机网络域名民事纠纷案件适用法律若干问题的解释》以及《中国互联网络信息中心域名争议解决办法》。《最高人民法院关于审理涉及计算机网络域名民事纠纷案件适用法律若干问题的解释》第四条规定:"人民法院审理域名纠纷案件,对符合以下各项条件的,应当认定被告注册、使用域名等行为构成侵权或者不正当竞争:(一)原告请求保护的民事权益合法有效;(二)被告域名或其主要部分构成对原告驰名商标的复制、模仿、翻译或音译;或者与原告的注册商标、域名等相同或近似,足以造成相关公众的误认;(三)被告对该域名或其主要部分不享有权益,也无注册、使用该域名的正当理由;(四)被告对该域名的注册、使用具有恶意。"

对于域名使用侵犯商标权的认定,该条所规定的构成要件较为苛刻:被告对域名的注册和使用主观上具有恶意。根据该解释第五条的规定,被告的行为被证明具有下列情形之一的,人民法院应当认定其具有恶意:为商业目的将他人驰名商标注册为域名的;为商业目的注册、使用与原告的注册商标、域名等相同或近似的域名,故意造成与原告提供的产品、服务或者原告网站的混淆,误导网络用户访问其网站或其他在线站点的;曾要约高价出售、出租或者以其他方式转让该域名获取不正当利益的;注册域名后自己并不使用也未准备使用,而有意阻止权利人注册该域名的;具有其他恶意情形的。

被告举证证明在纠纷发生前其所持有的域名已经获得一定的知名度,且能与原告的注册商标、域名等相区别,或者具有其他情形足以证明其不具有恶意的,人民法院可以不认定被告具有恶意。

【典型案例】

原告凯摩高公司注册有"www. camoga. com"和"www. camoga. it"域名,并通过国际注册使其商标"CAMOGA"在中国获得保护。被告注册涉案域名"www. chinacamoga. com"和"www. camoga. net"。原告诉至法院,要求被告承担商标侵权及不正当竞争的民事责任。

盐城市中级人民法院认为,原告是具有国际影响力的著名皮革片皮机制造企业,被告盐城凯摩高作为生产鞋机的企业,理应知晓"CAMOGA"为注册商标且具有一定的品牌知名度。被告在向商标局提出注册"CAMOGA"商标的申请未获批准的情况下,注册的域名包含了原告商标的域名"www. camoga. com"和"www. camoga. it"。"涉案两域名的主要部分构成对原告凯摩高公司注册商标和企业名称的复制和模仿,并且通过该域名在网站上发布相同产品的宣传、推广信息,以吸引客户,牟取商业利益,具有明显的主观过错……被告盐城凯摩高对其在公司域名中使用'camoga'字样并无正当理由,客观上也会使相关公众在看到这一域名时产生被告盐城凯摩高和原告凯摩高公司之间有某种特定联系的错误认识,从而对商品的来源发生混淆……被告的域名注册行为侵犯了原告的商标专用权,同时构成不正当竞争,依法应当承担相应的民事责任。"[①]

【习题】

"1-800CONTACTS"商标侵权案被告行为有无可能构成不正当竞争?

---

① 江苏省盐城市中级人民法院(2007)盐民三初字第 36 号民事判决书。

第六章　网络环境下的专利法

第一节　传统的专利权客体与内容

【案例导入】

  Bilski 案是讨论专利权客体时的重要案件。Bilski 案于 2010 年 6 月 28 日由美国联邦最高法院作出判决,其判决结果与联邦巡回上诉法院(CAFC)的结果相同,仍维持 Bilski 败诉的判决,九位法官一致认定该公司所申请的商业方法案件(08/833892,简称 892 申请案)是一个抽象概念(abstract idea)而非专利适格标的,不准授予专利权。然而,最高法院所持的判决理由迥异于 CAFC 作出的判决理由,而且最高法院对机器或转换测试法 (machine or transformation test)的合法性、商业方法(business method)之类型化排除(categorical exclusion)的合法性与 892 申请案是否只是抽象概念分别提出见解。此外，最高法院对该案作出判决之后，USPTO也推出过渡审查标准来回应，以下就该案判决内容与USPTO的过渡审查标准加以简介。

892申请案针对能源市场的商品买家与卖家如何能免于遭受或防备价格改变风险的发明寻求专利保护，主要的请求项次是第1项与第4项，第1项是一连串描述指导如何避险的步骤，第4项是在第1项的概念中放入一个简单的数学方程式。USPTO审查委员认为892申请案没有具体的装置执行，并且只是解决单纯的数学问题而没有任何实际应用的限制条件，892申请案没有涉及技术手段，因此加以驳回。专利请求与冲突委员会也确认了892申请案仅是涉及没有物质转换的心智步骤，并且只是抽象概念的结论。

之后，申请人上诉至CAFC。CAFC针对892申请案召开全院联席会议并确认以上结论。该案产生五个不同且值得审慎学习的观点。首席法官保罗·米歇尔（Paul Michel）写出CAFC的意见。CAFC摒弃先前在State Street案中用于决定所请求之发明是否符合美国《专利法》第101条具有可专利性之过程（process）的测试标准，即"测试所请求发明是否产生有用、具体和有形的结果"。

CAFC指出所请求的过程如果它是与特定的机器或装置结合在一起或者它将某一特定的物品转换成不同的状态或事物，则该过程符合美国《专利法》第101条的专利适格规定。CAFC认为"机器或转换测试法"是测试过程能否成为符合美国《专利法》第101条所规定的专利适格唯一标准。故CAFC以该机器或转换测试法认定892申请案的申请不是专利适格客体。

892申请案进入最高法院审理时，由九位法官共同审理。九位法官一致认为，该案的所有请求项所主张的发明依美国《专利法》第

101条的规定不得授予专利,其中,对于892申请案是否已超出专利法保护范围的论点,有三个争论点被提出:其一,其并没有与机器结合,也没有物质转换;其二,其涉及经营商业方法;其三,其仅是一个抽象的概念。

一、专利法概述

自从威尼斯颁布世界上第一部专利法以来,专利制度存在约500年了。专利制度在促进发明创造、鼓励创新、促进信息公开等方面发挥了积极的作用。进入21世纪,互联网深刻改变着世界。计算机技术与现代通信技术交互融通,形成网络技术,对人类的生产生活、经济政治、法律文化都产生了深远的影响。计算机技术、网络技术不断更新迭代,该领域的发明创造也在源源不断地产生,与之相关的专利申请、专利侵权问题也层出不穷。处在与技术紧密联系地带的专利法也因而面临前所未有的挑战。

国际层面的知识产权保护大致经历了三个阶段。第一阶段是国内阶段,以缺乏国际保护为特征。第二阶段是国际化阶段,在这个阶段制定了《巴黎公约》《伯尔尼公约》,各国相继建立了保护知识产权的国际合作,逐渐形成了保护工业产权联盟和保护文学艺术作品联盟。第三阶段是全球化阶段。美国在这一阶段将知识产权保护和贸易关联起来,最终形成了TRIPS协定。这些变革塑造了如今的知识产权保护格局。专利权在这次变革中,毫无疑问,兼具全球性和地域性。全球范围内形成了统一的国际专利制度,但是发明创造或者方法是否受到保护,如何保护都由各国国内法来考虑。专利法的统一乃至世界专利局的建立,就像全球化进程一样,几乎是不可避免的。专利法的统一在一定程度上符合各国的共同利益。尽管程度不尽相同,但统一能够给各国的申请人带来好处。①

我国专利制度最早萌发于太平天国运动时期。中国学者普遍认为第一个将西方专利制度思想介绍到我国来的是洪仁玕。洪仁玕在《资政新篇》中提出了我国最早的专利立法思想。②但这种思想仅仅停留在理论阶段,最终并没有转化为法律实践。我国《专利法》历经1992年第一次修正、2000年第二次修正、2008年第三次修正类型和2020年第四次修正,形成了较完备的专利保护制度。我国的专利类型包括发明、实用新型和外观设计。外观设计专利作为较为特殊的专利类型之一,以形状、颜色和图案设计作为评审核心内容。使用权利要求界定专利发明,已经成为现代专利法的一个特点,也是现在各国专利法通行的做法。③

二、专利权客体

网络的技术融通性与多元性影响创新的方向,拓展了专利权可专利主题的范围。《民法总则》明确界定知识产权"客体"之后,权利的"客体"与"对象"属同一范畴的观点成为主流。本书采此观点,用客体一词。简言之,本书之客体系指与物权之物、著作权之作品等地位相当者。④专利权的保护客体是专利制度中的首要问题,是具体专利制度构建的基础。唯有确定了专利权的保护客体,申请专利的权利归属制度、专利审查程序制度、专利权保护制度、专利权限制制度等其他专利法的制度才可能建立、运行。专利权客体的界定方法可以廓清专利权的保护范围。国际上通行的界定专利权客体的方法主要有正面定

① 崔国斌. 中国知识产权热点评论[J]. 清华法治论衡,2005(2):96-116.
② 汤宗舜. 专利法教程[M]. 北京:法律出版社,1996:18.
③ 闫文军. 专利权的保护范围[M]. 北京:法律出版社,2018:17.
④ 易继明,李春晖. 知识产权的边界:以客体可控性为线索[J]. 中国社会科学,2022(4):120-139+207.

义法和反面排除法,采用正面定义法的国家有德国、日本;而美国[①]、加拿大等普通法国家采用列举式从正面界定专利权的保护范围。

(一)中国专利法的专利权客体

我国《专利法》第二条规定了专利权的保护客体,"本法所称的发明创造是指发明、实用新型和外观设计"。其中,分别确定了发明、实用新型和外观设计的概念,要求一项发明利用"自然规律""自然力",进行"改进"能够获得的"技术方案"。《专利法实施细则》第二十条规定说明书中的发明内容应写明发明或者实用新型所要解决的技术问题,以及解决其技术问题采用的技术方案,并对照现有技术写明发明或者实用新型的有益效果。《专利审查指南》将技术方案定义为"对要解决的技术问题所采取的利用了自然规律的技术手段的集合。技术手段通常是由技术特征来体现的"。从我国的法律规范中可以知道我国的发明和实用新型授予的对象是技术方案,技术方案由技术特征构成。使用权利要求界定专利发明,已经成为现今各国的通行做法,我国亦是如此。

我国《专利法》第五条反向规定不授予专利权的客体:"对违反法律、社会公德或者妨害公共利益的发明创造,不授予专利权。对违反法律、行政法规的规定获取或者利用遗传资源,并依赖该遗传资源完成的发明创造,不授予专利权。"第二十五条规定:"对下列各项,不授予专利权:(一)科学发现;(二)智力活动的规则和方法;(三)疾病的诊断和治疗方法;(四)动物和植物品种;(五)原子核变换方法以及用原子核变换方法获得的物质;(六)对平面印刷品的图案、色彩或者二者的结合作出的主要起标识作用的设计。对前款第四项所列产品的生

---

① 美国《专利法》第 101 条规定"将专利法的保护客体分为方法(process)、机器(machine)、制造物(manufacture)或组合物(composition of matter)"等类别。

产方法,可以依照本法规定授予专利权。"

（二）域外的专利法客体

专利客体是各国专利法不能绕开的话题,国际条约中也规定了专利法客体。TRIPS 协定第 21 条第 1 款要求成员国为所有技术领域内的每一种发明提供保护。在缺少法典化或者成为习惯的国际共识的情况下,成员国拥有决定相关术语的自主权。他们并不需要为那些被归为发现而非发明的主题提供保护,例如（有争议）:生物材料,如基因,原生植物性状或者某些微生物,包括它们的成分与衍生物;生物方法;已有发明的新形式、新特征和新用途。

同样的,成员国对于那些他们认为非技术本质的发明也可以不予以专利保护,例如（有争议）:商业方法或计算机程序。

TRIPS 协定第 27 条第 1 款要求成员国向未被排除在可专利性客体之外的每一种发明提供专利保护,只要它们是新颖的、含有创造性步骤并且能够进行工业应用的。成员国享有很大的自由裁量权来实施 TRIPS 协定对专利权客体的要求,如成员国可以拒绝对生物材料的产品、衍生物或方法授予专利权。

如何定义专利法客体所述的"发明",各国做法存在差异。美国《专利法》第 100 条第（a）款规定,"发明"是指"发明或者发现",第 101 条规定"任何人发明或者发现任何新的、有用的方法、设备或者物质成分,以及对上述发明或者发现的新的、有用的改进,符合本法规定的条件和要求,可以获得专利权"。这些规定距今已有约 200 年的历史,受到了生物技术和互联网技术的冲击,但是该条始终未作修改。日本对"发明"的定义受到德国的影响。日本《专利法》第 2 条规定"发明"指利用自然规律进行的具有高度技术性思想的创造。对发明的"实施"行为进行界定,在产品（包括计算机程序等）发明的情况下,指产品的制造、使用、移转（转让、出租和在产品为计算机程序等的情况下包括通过电子通信线路提供程序)、出口、进口或许诺转让等(包括为转让等目的进行展示);在方法发明的情况下,指方法的使用;在产品生产方法发明的情况下,除前项规定的行为外,指通过该方法生产的产品的使用、转让、出口、进口或许诺转让等。[1] 日本《专利法》规定了计算机程序的定义。日本《专利法》试图对"发明"进行界定,涉及"自然法则""技术""技术思想"等概念,但是在界定的过程中却始终没有摆脱在抽象定义中往返的窠臼。

对"发明"作出反面定义的代表性法律规定是《欧洲专利公约》。《欧洲专利公约》第 52 条第(2)款规定:"以下不属于本条第(1)款规定意义上的发明:(a)发现、科学理论和数学方法,(b)美学创造,(c)进行智力活动、游戏或者商业经营的方案、规则和方法,以及计算机程序本身,(d)信息的表述。"

《欧洲专利公约》相较于日本《专利法》更加具体,更加易于操作。欧洲的专利法客体的规定为很多国家开辟了新的路径。

(三)专利法客体的发展

如今人们已经习惯将不同专利依据保护客体分为产品专利和方法专利两种,但回溯专利法客体的发展历史,就会发现专利法客体保护经历了从具体技术效果的装置、产品向抽象方法发展的过程,这个过程使得专利法的保护范围也逐渐扩大。梳理和总结这段历史会让我们清晰地感受到专利法保护与科学技术发展之间的互动关系,方法专利的保护历史能够使我们深入剖析网络通信领域的专利侵权行为。云计算技术实施具有虚拟化、多用户参与、互联网的非本地化等特点,数字信息传输、电子数据处理、图像通信等技术领域内方法专利使用

---

[1] 中国人民大学知识产权教学与研究中心,中国人民大学知识产权学院.十二国专利法[M].北京:清华大学出版社,2013:229.

居多,因此梳理方法专利的保护历程十分必要。

　　WIPO 于 2001 年启动了制定《实体专利法条约》(Substantive Patent Law Treaty)的工作,各国专利法关于专利保护客体的规定是协调的重点问题之一。当时,美国国内掀起了对商业方法授予专利权的热潮,对其他国家也产生了很大的冲击和影响。从维护美国做法的角度出发,美国代表团极力主张通过制定《实体专利法条约》在国际范围内推广其做法。然而,这一努力受到了 TRIPS 协定第 27 条第 1 款规定的"技术领域"的制约,许多国家认为商业方法不属于技术领域,不具有技术属性,因而不能授予专利权。2002 年 5 月,在美国的推动下,WIPO 专利法常设委员会秘书组在专利法常设委员会第 7 次会议上提出的《实体专利法条约》草案第 12 条第 1 款(a)规定:"要求保护的发明应当属于能够获得专利保护的主题范围。能够获得专利保护的主题应当包括任何活动领域中作出或者使用的产品和方法。"①该条文最引人注目之处,就是将 TRIPS 协定第 27 条第 1 款所述的"任何技术领域"扩大为"任何活动领域"。美国代表团在讨论中强调删除"技术"一词的必要性,甚至表示不排除为此提议修改 TRIPS 协定有关规定的可能。然而,美国的提议受到了中国和欧盟国家的强烈反对。中国和欧盟国家强调能够被授予专利权的主题必须属于技术领域并具有技术属性。后来,由于一些发展中国家主张《实体专利法条约》的制定应当反映这些国家的利益和需求的呼声不断高涨,该条约的制定处于停顿状态,至今未能恢复。《欧洲专利公约》规定单纯的商业方法不是可专利主题。依据其判例和审查实践,商业方法需要与

---

　　①　WIPO Standing Committee on the Law of Patents, Seventh Session Geneva, May 6 to 10, 2002, Draft Substantive Patent Law Treaty, SCP/7/3. [A/OL] (2002-05-06) [2023-06-14]. https://www.wipo.int/meetings/en/details.jsp? meeting_id=4556.

"技术特征"相结合才可成为适格主题。① 相应地,欧洲多国都有类似的严格规定,如英国专利法明确规定商业方法不可专利。一般认为《欧洲专利公约》和欧洲多国的专利制度基本秉承了专利法的"技术"维度,这与美国专利商标局和联邦法院强调不以"技术领域"为要素判断可专利主题形成鲜明对照。

提到对商业方法进行专利保护就不得不提到美国。美国对商业方法的专利保护经历了拒绝、扩张、模糊回归、严格限缩,以及适度修正和再平衡五个阶段。② 1952 年美国专利法全面修订选择使用"方法"(process)代替原来的"技术",从此美国专利法下的可专利主题范畴即定型为"方法、机器、制品、物质组成"或它们的改进。这些含义广泛的概念经联邦最高法院做扩展性解释,已延伸至包括很多新型发明主题如生物技术发明③和计算机软件发明等领域④。

1998 年,在 State Street Bank & Trust Co.(道富银行)v. Signature Financial Group,Inc.(签记金融集团)案(简称道富银行案)中,美国联邦巡回上诉法院指出,金融服务业所使用的软件虽然属于商业方法,仍应与其他方法采用相同标准进行审查,只要其能产生"实用的、具体的及有形的结果",便具有可专利性。⑤ 道富银行案推翻了之前一直坚持的"商业方法排除原则"(business methods exception),为商业方法进行专利保护拉开序幕。道富银行案遭受了持久且激烈的批评。进入 21 世纪,美国联邦巡回上诉法院试图调整商业方法的

---

① European Patent Office. Guidelines for Examination in the European Patent Office[M]. European Patent Office,Directorate Patent Law 5. 2. 1,2010;314.

② 汪涛,唐田田,智月. 美国商业方法专利保护制度研究[J]. 情报工程,2021(5);75-86.

③ Diamond v. Chakrabarty, 447U. S. 303(1980);J. E. M. AgSupply Inc. v. Pioneer Hi -Bred Int Inc. 534 U. S. 124(2001).

④ 刘银良. 美国商业方法专利的十年扩张与轮回:从道富案到 Bilski 案的历史考察[J]. 知识产权,2010(6);89-100.

⑤ 吕磊. 美国商业方法专利保护的发展与现状及其对我国的启示[J]. 法学杂志,2019(3);96-104.

保护规则,其中最有代表性的案例就是 Bilski 案。Bilski 案中牵涉到商品提供者对以固定价格销售的商品的消费风险进行管理的方法。该案中联邦巡回上诉法院确认了"机器或转化检验法"(machine-or-transformation test)。① 根据该方法,一项方法专利能否成为专利保护的客体,首先判断该方法发明是否与特定的机器或设备相连接,如果是,则具有专利性;如果否,则继续判断该方法发明是否可以将特定物品转换为某种形态和物质,如果是,则能成为专利保护的客体。② 随后,联邦最高法院对该案进行了审理,最终结果认为该方法发明不具有可专利性,不符合美国《专利法》第 101 条规定的专利法客体。近年来不断增加的专利诉讼中,计算机软件类和商业方法类专利纠纷占据了主要部分。模糊的权利要求、不甚明确的审查标准,都是商业方法专利成为近年来最具争议,也是最容易产生专利纠纷的专利类型。③

　　Alice Corp. v. CLS Bank 案(简称 Alice 案)的出现确立了"两步测试法"。Alice 公司拥有金融交易系统专利,该专利可以减少"结算风险",从而避免交易中的一方承担风险,而另外一方不用承担风险。CLS 银行提起诉讼,要求判定 Alice 公司的专利无效。联邦巡回法院认为 Alice 公司的专利具有非显而易见性,能够被授予专利权。在联邦巡回法院审理期间,CLS 银行获得了谷歌、推特、领英、英国航空公司的支持,这些知名公司都向联邦巡回法院提交了法庭之友意见书。为了最终统一方法发明的专利判断标准,联邦最高法院对该案作出判决,认为案涉权利要求不具有可专利性,属于抽象概念,但是明确了方法专利的审查标准。美国最高法院重申了美国《专利法》隐含的自然

---

　　① 该标准是在此前的 Benson 案、Flook 案和 Diehr 案中确立下来的。

　　② Abraham E. Bilski v. Kappos: Sideline Analysis from the First Inning of Play[J]. Berkeley Technology Law Journal, 2011(1):15-66.

　　③ 吕磊. 美国商业方法专利保护的发展与现状及其对我国的启示[J]. 法学杂志,2019(3): 96-104.

规律、自然现象和抽象思想不具有可专利性。判断方法遵循两步走，第一步判断权利要求是否属于抽象概念，但是美国最高法院并没有对"抽象概念"进行解释；第二步判断权利要求是否可以转化为可专利发明。Alice案对此前涉及适格性判断的一系列案件进行全面总结，确立了对含有抽象概念的发明进行适格性判断的基本原则和方法——"两步测试法"。Alice案对此后的判决产生了深远的影响。据统计，Alice案后截至2015年6月19日，美国专利审判和上诉委员会（PTAB）的判决援引了198次Alice案，美国地区法院的判决援引了63次Alice案，美国联邦巡回法院援引了11次Alice案。[①]

Alice案后，美国专利商标局发布了《根据Alice案判决的审查指南备忘录》和《2014专利客体适格性审查临时审查指南》。美国专利商标局还会根据巡回法院和最高法院的判决，及时发布备忘录，来解释最新的法律适用，用于指导专利审查和司法适用。此后的很多年间，美国专利商标局不断发布审查指南和备忘录，保证专利审查的一致性。最终在2019年形成了《美国专利客体适格性指南》（Patent Subject Matter Eligibility Guidance），这个指南明确了专利客体的确定标准，对抽象概念作出分类，对专利的适格性问题给出了明确的参考，减少了对专利适格性判断的不一致性，增加了专利审查行为的可预测性。

日本《专利法》和相关审查指南原本并未开放对商业方法专利的保护，但随着美国道富银行案的判决，日本特许厅发布了《与商业有关发明的审查》。[②]就商业方法的专利性问题，政策向可专利化方向倾斜。其后颁布的《商业方法专利政策》增列了商业方法专利的审查标准。

欧洲专利局在授权过程中逐渐意识到授予计算机相关的发明专

---

① 汪涛,唐田田,智月. 美国商业方法专利保护制度研究[J]. 情报工程,2021(5):75-86.

② 郎贵梅. 专利客体的确定与商业方法的专利保护[M]. 北京:知识产权出版社,2008:23.

利的可能性,同时在修改《欧洲专利公约》时,将"用计算机来实现的发明"(computer-implemented inventions)确认为能够获得授权的专利客体,从而使商业方法获得专利变得更加容易。在此后的实践中,实现计算机与其他装置的商业方法具有可专利性得到认可,纯粹的商业方法将会被驳回,不予授予专利。至此,商业方法成为专利客体中很重要的一类,获得专利法的保护。

科技成果的日新月异,会推动与之相关的产业迅速崛起。作为科技与产业交互最为密切的地带——专利法也会因技术的革新作出调整,商业方法的专利保护过程就是最好的例证。计算机软件与商业方法遭遇较多的技术性特征不足问题的挑战,在很长一段时间里,美国的司法实践与审查标准都严格把握技术性特征。但是,随着计算机软件的迅速发展、互联网技术的突飞猛进,这种技术性特征的要求逐渐降低,在司法判决和审查标准中都可见端倪,具有实用性就可以被授予专利权。[①] 可见,专利法客体范围正不断扩大,尽管会出现短暂的缩小和反复,但是整体上仍然呈扩大的趋势。

三、专利权内容

(一)为生产经营目的

判断专利侵权的主观目的时,要考虑是否"为生产经营目的"。"为生产经营目的"的含义极其广泛,需要对其进行讨论。"为生产经营目的"背后的立法目的在于促进知识共享和公众创新,对专利权的边界进行限定,平衡专利权人与社会公众之间的利益。正如 TRIPS 协定所说的"知识产权的保护和执法应当有助于技术创新以及技术转

---

① 易继明,王芳琴. 世界专利体系中专利客体的演进[J]. 西北大学学报(哲学社会科学版),2020(1):79-93.

让和传播,有助于技术知识的创作者和使用者相互受益,并且增进社会和经济福利,有助于权利和义务的平衡"。如果他人擅自实施了专利,但主观上并非"以生产经营为目的",这时候实际上不会影响专利权人的专利市场,未给专利权人造成实质性的损害。因而,法律认为这样不带恶意、未造成实质损害的行为应当得到公允而不受到法律的苛责。

但在专利侵权案件中,何为"为生产经营目的"呢?"为生产经营目的"几个字看似浅显,实则极具争议,因为它的内涵非常宽泛、模糊,无明确的区分标准,亦无法就具体的情形进行一一列举,目前司法实践和理论对其有不同的认识。如果一般的商事主体为获利而擅自实施制造、销售专利产品等行为,则毫无疑义属于该种情形;但如果是个人在私人生活中使用专利产品,或者是本身不具有营利性质的行政机关、事业单位擅自实施专利呢?首先应当明确,"为生产经营目的"不等于"以营利为目的",更不等于"已经实际获利"。"为生产经营目的"应当采取广义的理解,既包括"以营利为目的",也包括"不以营利为目的"。司法实践表明,以"非生产经营目的"抗辩的多属于作为被告的行政机关、事业单位。因为他们的主体性质在法律上是不以营利为目的,而是提供公共服务或发展公益事业。那是否等于行政机关和事业单位可以有侵犯专利的豁免权?答案当然是否定的,需要具体案情具体分析。

关于专利侵权判断中"为生产经营目的"的认定,最高人民法院在焦某某与中国农业科学院饲料研究所等专利侵权纠纷上诉案①判决中作出了有指导意义的阐述。该判决认为:在专利侵权判定时,对"为生产经营目的"的理解,应着眼于具体的被诉侵权行为,综合考虑该行为

---

① 最高人民法院(2020)最高法知民终第831号民事判决书。

是否属于参与市场活动,是否影响专利权人市场利益等因素,既不能将"为生产经营目的"简单等同于从事营利性活动也不能仅仅根据实施主体的机构性质认定其是否具有生产经营目的。即使政府机关、事业单位等主体具有公共服务、公益事业等属性,其自身不以生产经营为目的,但其实施了市场活动,损害了专利权人市场利益的,仍可认定具备"为生产经营目的"之要件。

由此可见,认定是否"为生产经营目的",重点在于是否属于参与市场活动、是否影响专利权人市场利益等因素,而不是简单地将"为生产经营目的"等同于从事营利性活动,亦不以侵权主体性质区分。

(二)制造

实施专利的行为共有五种具体的方式,即制造、许诺销售、销售、使用和进口。专利法律规范使用了列举实施专利的方式,只有上述这五种。如果没有得到专利权人的许可,进行上述五种方式的任何一种或者几种行为都将构成直接侵权。但是若进行了五种之外的其他行为就不会被认定为专利侵权。制造的字面意思是生产一个产品,是从无到有的过程。就发明专利而言,制造专利产品是做出或形成具有权利要求所记载的全部技术特征的产品。北京市高级人民法院《专利侵权判定指南(2017)》第99条规定:"制造发明或者实用新型专利产品,是指权利要求中所记载的产品技术方案被实现,产品的数量、质量不影响对制造行为的认定。以下行为应当认定为制造发明或者实用新型专利产品行为:(1)以不同制造方法制造产品的行为,但以方法限定的产品权利要求除外;(2)将部件组装成专利产品的行为。"

由于社会分工的细化,制造行为可能被分割成图纸设计、原材料提供、实际加工、包装贴牌等。[①] 多个主体参与这些环节,究竟谁才是

---

① 崔国斌. 专利法原理与案例[M]. 北京:北京大学出版社,2016:547.

制造者,谁能够承担侵权责任,就变成了复杂的问题。认定专利法意义上的制造者,核心要件在于判断委托方是否具有实施专利技术的主观意思表示,以及其在被诉侵权产品生产过程中是否体现了决定性的主导作用。在委托加工的情形下,委托方并非物理意义上的生产者,但若其通过提供、修改、选定产品的外观或技术方案等方式,对加工方实施被诉专利起了决定性的主导作用,则其应当被认定为专利法意义上的制造者。反之,若委托方对于被诉侵权技术的实施没有起到任何决定性或主导性的作用,则不能仅凭其在被诉侵权产品上标注相关信息的行为,认定其为专利法意义上的制造者。

就发明或实用新型而言,在专利法的意义上,制造专利产品指的是做出或者完成具备专利权利要求中所有技术特征的产品。在涉及委托加工的产品侵权案件中,如果委托方要求加工方按照其提供的技术方案制造产品,或者被诉侵权产品中包含了委托方提供的技术要求并涉及专利权保护范围,则可以认定双方共同实施了制造侵权产品的行为。

（三）使用

从字面含义看,《专利法》第十一条中"使用"方法的行为,应是指直接执行专利方法的每个步骤,而不包含为执行专利方法步骤创造条件或提供帮助的辅助行为。但须注意到,正如深圳市吉祥腾达科技有限公司（简称腾达公司）与深圳敦骏科技有限公司（简称敦骏公司）及原审被告济南历下弘康电子产品经营部、济南历下昊威电子产品经营部侵害发明专利权纠纷案的二审判决书所指出的,"终端用户在使用终端设备时再现的专利方法过程,仅仅是此前固化在被诉侵权产品内的专利方法的机械重演",也就是说,对于终端用户而言,其既没有执行专利方法的动机,也对专利方法所有步骤被执行没有感知,在网页浏览器内输入其想要浏览网站的网址（该步骤是涉案专利权利要求2所限定的步骤）的行为,仅仅是触发了专利方法所有步骤被软件自动执行。

（四）销售和许诺销售

作为专利产品流入市场的源头,制造商对于产品是否侵权应尽到比交易链条末端的销售商更高的注意义务。为了追本溯源、制止侵权行为,我国专利法对"制造"行为实行"绝对保护",凡是未经专利权人许可生产制造专利产品,若不存在法定免责事由,就须承担停止侵权及赔偿损失的民事责任。而销售行为属于交易链条末端,若销售商能举证证明侵权产品具有合法来源(合法来源抗辩的成立既要求侵权产品客观上来源于他人,又要求销售者主观上已尽到合理的注意义务),且主观上为善意(不明知或应知被诉产品侵权),则在停止侵权的前提下,无需进行损害赔偿。

值得注意的是,对于销售商的合法来源抗辩,应结合制造商与销售商的联系(属于交易链条的上下游关系,还是存在委托加工等合同关系),双方公开的信息是否真实准确、唯一可靠等综合认定。销售者在收到权利人发送的侵权警告函或在权利人起诉后仍然销售或许诺销售侵权产品的,不应一概认定其主观上存在过错,人民法院应根据个案具体情况进行分析判断。在侵害外观设计专利权案件中,如果侵权产品的制造者系依照其享有的有效外观设计专利进行生产,并向销售者提供了引用有涉案专利的评价报告,且评价报告对侵权产品制造者享有的该外观设计专利稳定性等作出肯定性结论,则销售者在收到权利人通知或起诉状副本后未停止销售的,不应认定其存在过错。

"许诺销售"一词来源于 TRIPS 协定第 28 条所述的"offering for sale"。其中,"offer"在英语中是一个含义广泛的词语,日常含义有"提供""贡献""开价"等,在西方国家的合同法中一般用于表示订立合同的"要约",因此从合同法的角度来看"offering for sale",可以理解为"作出销售要约"的行为。在专利法中应当如何表达这一措辞,才能适合专利制度正常运作的需要,这是中国 2000 年修改《专利法》时反复进行讨论研究的一个问题。① 许诺销售针对的是对专利产品的销售发出的要约,销售要约有极大的可能性变成销售合同,对专利权人利益的威胁迫在眉睫,应该予以约束。许诺销售行为构成对专利权的侵犯,无需以实际销售行为作为前提条件,专利权的保护应当限制对专利产品进行销售的意愿。申言之,许诺销售并不需要有实实在在的销售行为,只要具有销售意愿就已经构成对专利权的侵犯了。许诺销售针对的是专利产品,而方法不存在许诺销售的问题。

(五)进口

进口这项专利权能主要体现在跨越边境的行为上,进口行为通常是国内销售行为的前奏。限制进口行为将会减少专利行为国内销售或使用行为的不确定性,减少专利权侵权风险,对专利提供有力的保护。如果进口行为不是"为生产经营目的",仅仅是自用的进口行为,则排除在边境保护措施之外。

【习题】

1. 接受第三方委托,制造贴有第三方标志的专利产品,究竟是哪一方在制造专利产品? 受托方是否获得专利许可,会影响制造专利产品的主体吗?

2. 侵权的专利产品是由谁设计的事实会影响法院在侵权认定时判断谁是制造者吗?

3. 产品责任法中制造者的认定,与专利法意义上的制造者认定是否存在差别?

4. 请区分"修理""制造""再造"的区别。

---

① 尹新天. 中国专利法详解(缩编版)[M]. 北京:知识产权出版社,2012:438-439.

第二节　网络环境下专利权客体与内容

【案例导入】

2015年10月和11月,北京搜狗科技发展有限公司(以下简称搜狗公司)基于其所拥有的输入法领域专利向北京知识产权法院、上海知识产权法院和上海高级人民法院,发起了专利侵权之诉,指控百度旗下的"百度输入法"产品侵犯了其17项专利权,诉讼总标的额高达2.6亿元。由于该系列案件引起行业和公众的广泛关注,被媒体冠之以"中国互联网专利第一案"。搜狗公司诉称:百度在线网络技术(北京)有限公司和北京百度网讯科技有限公司(以下简称两百度公司)未经搜狗公司许可,为生产经营目的共同制作的百度输入法实施了搜狗公司涉案专利的技术方案。故诉至法院,请求判令:两百度公司、上海天熙贸易有限公司(以下简称天熙公司)立即停止侵害发明专利"一种用户词参与智能组词输入的方法及一种输入法系统"(专利号为ZL200810113984.9)专利权的行为;两百度公司赔偿搜狗公司包括为制止侵权所支付的合理开支在内的经济损失人民币1000万元,其中人民币5万元由天熙公司连带赔偿。两百度公司辩称:百度输入法不包括用户二元库或者用户多元库,百度输入法用户词库记录了词的存储位置、词的类型、词的长度、词的频次和根据输入先后顺序录入的字,不记录词与词之间的关联关系,未统计用户输入自造词的总次数以及任一自造词出现的概率。百度输入法系免费软件,不存在搜狗公司的损失或者两百度公司的获利,搜狗公司的索赔没有事实依据。被告天熙公司辩称:搜狗公司在本案出示的发票为假发票,无法证明被控侵权的"OnePlus 2"手机来自天熙公司。

法院审理查明的事实如下。其一,关于涉案专利的有关事实。涉案专利为"一种用户词参与智能组词输入的方法及一种输入法系统",专利号为 ZL200810113984.9,搜狗公司为专利权利人,该专利至今维持有效。涉案专利共包括 28 项权利要求。其二,关于搜狗公司指控三被告实施侵权行为的相关事实。2015 年 11 月 9 日,上海市卢湾区公证处公证员随同搜狗公司代理人前往位于上海市漕溪北路 339 号百脑汇二期 2F14B 店铺。搜狗公司代理人购买了一部"OnePlus 2"手机(型号为 ONE A2001,IMEI 为867271029684718),现场取得发票号码为 00154150 的发票一张,开票日期为 2015 年 11 月 9 日,发票金额为 2750 元,发票开具单位显示为天熙公司。上海市卢湾区公证处就上述购买过程出具了编号为(2015)沪卢证经字第 4579 号公证书。天熙公司提供编号为00154150 的发票存根,显示开票日期为 2015 年 5 月 12 日,金额为70 元,发票项目为办公用品。经比对搜狗公司通过公证取得发票与天熙公司提供的发票存根,二者的发票号码、发票代码、税务登记号相同,但开票日期、开票科目、发票金额、税控码、发票专用章印鉴式样均不同。2016 年 3 月 16 日,上海市闵行区国家税务局出具鉴定证明认为,搜狗公司经过公证保全程序取得的发票系伪造,天熙公司提供的发票存根为真票。天熙公司否认销售了被控侵权的手机。法院赴上海市闵行区国家与地方税务局调查,该局工作人员向法院确认,搜狗公司购买涉案手机所取得的发票系伪造。经勘验,搜狗公司公证保全的"OnePlus 2"手机,型号为 ONE A2001,IMEI

为 867271029684718，操作系统为 Android 版本 5.1.1，其中已安装 v5.2.10.67 版本百度输入法软件。庭审中，搜狗公司当庭将安卓版百度输入法 v5.8.2.0 装入"OnePlus 2"手机，并以此为版本进行相关试验操作。搜狗公司与两百度公司确认，v5.2.10.67 版本与 v5.8.2.0 版本的实现原理、实现方式一致，对任何一版本指控的结果适用于在此之前所有对外发布的各种版本的百度输入法软件，包括手机版、电脑版。两百度公司承认在被控侵权的"OnePlus 2"手机上预装了被控侵权的百度输入法软件。其三，关于被控侵权的百度输入法软件进行的相关测试该案搜狗公司、两百度公司、鉴定人均对百度输入法进行了测试，对测试结果的真实性各方均予以确认。

该案的其中一个争议焦点为：涉案专利权利要求 1 的解释及相关技术特征的比对。对此，可从以下几个方面考虑。第一，主题名称的限定作用。独立权利要求应当包括前序部分和特征部分，前序部分应写明要求保护的技术方案的主题名称。在一定程度上对权利要求的保护起到限定作用，但实际上，其限定作用取决于其对所保护的产品或方法产生的影响。如果主题名称仅是对全部技术特征所构成的技术方案的概括，并未对技术特征进行限定，则其对权利要求的限定作用一般限于确定专利技术方案所适用的技术领域。技术领域由本领域普通技术人员通过阅读权利要求和说明书即可明确。涉案专利权利要求 1 前序部分为"一种建立用户多元库的方法"，其系涉案专利权利要求 1 的主题名称。涉案专利权利要求 1 特征部分描述了完整的建立用户多元库的技术方案，"建立用户多元库"的表述亦出现在权利要求 1 的特征部分，故主题名称"一种建立用户多元库的方法"仅系对权利要求 1 全部技术特征所构成技术方案的概括,限定了涉案专利技术方案所适用的技术领域。百度输入法软件用户词库与涉案专利用户多元库均是用以存储用户自造词及其相关信息的词库,二者存储的用户自造词均需参与到智能组词过程中。本领域普通技术人员通过阅读权利要求和说明书即可明确,二者的技术领域相同。第二,"具有相邻关系的用户字词对"技术特征范围的界定。从涉案专利说明书相关记载可知,涉案专利区分了自造词中的二元关系,并在此基础上实现了发明效果。故"具有相邻关系的用户字词对"包含两层含义:一是字或词的组合;二是字或词之间具有相邻关系,即谁与谁相邻。而百度输入法采用整词的存储方式,并没有获取相邻关系的用户字词对,百度输入法采用了与涉案专利不同的"××××词"的技术手段。第三,"所述用户字词对在所述用户输入时相邻出现的概率"的理解。结合涉案专利说明书、相关权利要求和相关专利审查档案,"所述用户字词对在所述用户输入时相邻出现的概率"应作如下理解:以二元对为例,二元概率是指二元信息的使用概率,即该用户字词对在用户所有可能输入的相邻字词对中出现的可能性,计算公式为 $T(A,B)/SUMBI$,其与词频的含义不同。涉案专利权利要求和说明书均将词频和概率采用了不同的表述,故该案中概率和词频不应解释为具有相同含义。因此"词频"和"概率"属于不同的技术手段,不构成等同的技术特征。

一、网络环境下的专利权客体

(一)网络环境下专利权客体的范围

网络环境下的专利权客体通常指的是在网络技术领域中可以被

授予专利权保护的对象。专利权客体主要包括以下三类。

第一,发明,是指对产品、方法或者其改进所提出的新的技术方案。技术方案是对要解决的技术问题所采取的利用了自然规律的技术手段的集合。技术手段通常是由技术特征来体现的,未采用技术手段解决技术问题获得符合自然规律的技术效果的方案,不属于专利法第二条第二款规定的客体。网络环境下的应用技术包括新型的网络通信协议、数据加密技术、网络架构设计、云计算技术、大数据处理技术等。

第二,实用新型,是指对产品的形状、构造或者其结合所提出的适于实用的新的技术方案。在网络技术中,这可能是一种新的网络设备设计或者改进,提高网络传输效率的设备或方法等。

第三,外观设计,是指对产品的整体或者局部的形状、图案或者其结合以及色彩与形状、图案的结合所作出的富有美感并适于工业应用的新设计。虽然设计专利更多地与物理产品相关,但在网络环境下,也可能涉及用户界面(UI)的创新设计,如网页布局、软件界面的独特设计等。

如果一项权利要求仅仅涉及一种算法或数学计算规则,或者计算机程序本身或仅仅记录在载体(例如磁带、磁盘、光盘、磁光盘、ROM、PROM、VCD、DVD或者其他的计算机可读介质)上的计算机程序本身,或者游戏的规则和方法等,则该权利要求属于智力活动的规则和方法,不属于我国专利法保护的客体。

专利权保护旨在鼓励技术创新和发展,通过给予发明人或创造者一定期限的垄断权,以促进技术解决方案的应用和传播。对科技公司、研发机构以及个人发明家来说,专利制度是保护其创新成果,享有技术优势的重要法律工具。

（二）网络环境对专利权客体的影响

网络环境对专利权客体带来了冲击，使得有关专利权客体的问题变得更加复杂，对专利权客体的影响主要有以下几个方面。

第一，技术创新的加速。网络环境促进了信息的快速传播和技术知识的共享，导致技术创新速度加快。这意味着更多的发明和创造可能符合专利法客体的要求，因此，专利申请的数量和领域也随之增加。同时，这也对专利审查机构的速度和质量提出了更高要求。

第二，新型发明的出现。随着互联网技术和数字技术的发展，出现了许多新型的发明，如云计算、大数据处理、AI、区块链技术等。这些技术领域的发明往往涉及复杂的技术问题和解决方案，对专利法客体的界定提出了新的挑战。

第三，跨界融合的增多。网络环境下，技术之间的界限变得模糊，不同领域的技术可以相互结合产生新的发明，如生物技术与信息技术的结合、新材料技术与网络技术的融合等。这种跨界融合对专利法客体的定义和分类提出了新的要求，需要专利法适应这种技术发展的趋势。

第四，权利保护的新挑战。网络环境使得技术创新和知识产权的传播更加迅速，但同时也增加了知识产权侵权的风险。对于专利权客体而言，这要求专利保护机制更加高效、透明，同时也需要加强国际合作，以应对专利权的跨界保护问题。

第五，法律适应性的需求。网络环境的发展对现有的专利法律制度提出了更新的要求。例如，如何处理软件和算法的专利性、如何界定电子商务模式的专利资格等问题，都需要法律面对技术发展的新情况，利用法律的解释与应用去解决新问题。

综上所述，网络环境对专利法客体的影响是深远的，它不仅扩大了专利法保护的范围和内容，也对专利制度带来了新的挑战，需要对新技术下的专利法的基础问题进行新的探索。

二、网络环境下的专利权内容

发明具有新颖性时才有可能被授予专利权,如果技术发明不是现有技术的一部分将具有新颖性。判断一项发明是否具有新颖性,第一步是确定现有技术、该现有技术的相关部分以及该相关技术的内容。第二步是对本发明与确定的现有技术进行比较,判断二者是否具有不同之处。如果是,则本发明具有新颖性。

在网络环境下,专利权内容——新颖性、创造性、实用性未发生变化,但网络环境对专利的应用场景和技术特征提出了新的挑战,特别是在职务发明创造、保密协议以及专利权属的界定方面,网络环境加剧了这些问题的复杂性。例如,网络环境下的技术发明会涉及职务发明的问题,如实习生、退休返聘人员或公司股东等在完成发明创造过程中的角色和贡献,这直接影响到专利权的归属。专利法以及实践中的案例表明,判断一个发明是否为职务发明需要考虑发明人是否在执行本单位的任务或主要利用本单位的物质技术条件完成的发明创造。但是网络的发展使这种情况变得复杂,因为网络技术的使用可能模糊了物质技术条件的界限和工作地点,增加了职务作品的认定难度。

此外,网络环境中的技术发明,如与互联网汽车相关的安全问题、系统结构等,也会对现有的法律框架产生冲击。目前,我国《专利审查指南》中没有关于软件相关发明的创造性评判的特殊规定。因此,一般技术领域的创造性判断标准适用于软件相关发明的创造性审查。创造性是指与现有技术相比,该发明有突出的实质性特点和显著的进步。发明有突出的实质性特点,是指对所属技术领域的技术人员来说,发明相对于现有技术是非显而易见的。发明有显著的进步,是指发明与现有技术相比能够产生有益的技术效果。权利要求的创造性评判方法在《专利审查指南》第二部分第四章有记载。判断要求保护的发明相对于现有技术是否显而易见,通常可按照以下三个步骤进行:一是确定最接近的现有技术,二是确定发明的区别特征和发明实际解决的技术问题,三是判断要求保护的发明对本领域的技术人员来说是否显而易见。

总的来说,虽然网络环境未直接改变专利权内容的核心要素,但它确实影响了专利申请、审查、权属争议解决等方面的实践,为专利法的应用带来了前所未有的调整。

【习题】

1. 尽管软件在产业和技术上都具有专业性,美国联邦最高法院以及专利商标局在实践中还是不愿意放弃物理形态转换的方法。美国 20 世纪 90 年代中期以来的判例都集中体现了这点。为什么对计算机软件的硬件方面有如此强的依恋?与专利的"传统客体"——如机器——保持协调一致,是否更容易获得授权?

2. 美国联邦法院确立下来的两步测试法在判断是否为专利法保护的客体时,对程序算法特殊对待,将其完全排除在专利性的审查之外,然后考虑剩余物理要素是否具备专利法上的客体属性。你觉得合理吗?

3. 结合《欧洲专利公约》第 52 条可享专利的发明,谈谈欧盟对技术性方法的判断。

第三节 网络环境下专利侵权行为认定

【案例导入】

在敦骏公司诉腾达公司等侵害发明专利权纠纷案中,敦骏公司称,涉案专利号为 ZL02123502.3,一种简易访问网络运营商门户网站的涉及方法。敦骏公司认为腾达公司、弘康经营部、昊威经营部未经许可制造、销售了被诉侵权产品,侵犯了敦骏公司享有的涉案专利的专利权保护范围。敦骏公司请求法院判令被告停止侵权、赔偿损失及制止侵权的合理开支共计 500 万元。腾达公司辩称其制造的产品未使用敦骏公司专利保护的技术方案,因此不存在专利侵权。弘康经营部、昊威经营部则称其所销售的产品是从代理商处合法进货的,不应承担责任。

经审理查明,敦骏公司明确以涉案专利的权利要求 1 和要求 2 为依据主张权利,其内容如下。一种简易访问网络运营商门户网站的方法,其特征在于包括以下处理步骤:一是接入服务器底层硬件对门户业务用户设备未通过认证前的第一个上行 HTTP 报文,直接提交给"虚拟 Web 服务器",该"虚拟 Web 服务器"功能由接入服务器高层软件的"虚拟 Web 服务器"模块实现;二是由该"虚拟 Web 服务器"虚拟成用户要访问的网站与门户业务用户设备建立 TCP 连接,"虚拟 Web 服务器"向接入服务器底层硬件返回含有重定向信息的报文,再由接入服务器底层硬件按正常的转发流程向门户业务用户设备发一个重定向到真正门户网站 Portal_Server 的报文;

三是收到重定向报文后的门户业务用户设备的浏览器自动发起对真正门户网站 Portal_Server 的访问。根据权利要求 1 所述的一种简易访问网络运营商门户网站的方法，其特征在于：所述的步骤一，由门户业务用户在浏览器上输入任何正确的域名、IP 地址或任何的数字，形成上行 IP 报文；所述的步骤二，由"虚拟 Web 服务器"虚拟成该 IP 报文的 IP 地址的网站。

敦骏公司通过公证，演示结果表明使用"Tenda 路由器 W15E"过程中具有与涉案专利权利要求 1 和要求 2 相对应的方法步骤。一审法院依法发出通知书，要求腾达公司十日内向法院提供涉案"路由器"产品生产、销售情况的完整资料和完整财务账簿。但直至二审判决作出时，腾达公司并未提交相关证据。

山东省济南市中级人民法院作出判决：腾达公司立即停止制造、许诺销售、销售涉案的路由器产品；弘康经营部、昊威经营部立即停止销售涉案的路由器产品；腾达公司于判决生效之日起十日内赔偿敦骏公司经济损失及合理费用共计 500 万元；驳回敦骏公司的其他诉讼请求。一审案件受理费 46800 元，由腾达公司负担。① 宣判后，腾达公司向最高人民法院提起上诉。最高人民法院作出判决，驳回上诉，维持原判。②

一、多数人专利侵权

21 世纪以来，计算机技术迅猛发展，全球范围内以通信、计算机

---

① 济南市中级人民法院(2018)鲁 01 民初第 1481 号民事判决书。
② 最高人民法院(2019)最高法知民终第 147 号民事判决书。

软件为代表的发明专利申请量和授权量大幅度增长,计算机软件被授予专利权,属于方法专利,其中以使用方法专利为主。方法专利相较传统专利而言,并不改变产品的结构、形状或者某些特征,这些使用方法专利更多的是产生或者获得某种非物质性结果,方法专利包含某些技术特征,更多地侧重技术方案的步骤与次序。云计算技术实施具有虚拟化、多用户参与、互联网的非本地化等特点,在数字信息传输、电子数据处理、图像通信技术等技术领域会出现"多主体实施"的方法专利,这些方法专利需要多个主体参与,这给专利侵权的认定增加了困难。①

"多数人实施专利侵权行为"的表述国内存在差异,学者使用的术语包括"拆分式侵权""分离式侵权""多主体实施侵权""多数人实施侵权"等,国外学者将此类侵权称之为"divided infringement",最高人民法院在腾达案中采用了"多主体实施方法专利侵权行为"的表述。美国在 Akamai 案②中使用多数人实施(undertaken by multiple parties)的术语。为了与侵权法中的"多数人侵权"保持一致,本书使用多数人专利侵权。

一般来说,传统的方法专利实施只需要单个主体参与,此类方法专利的权利要求书都通过单侧撰写方式就能完成,换言之,权利要求书只描述一个实施主体所需要的步骤。但是,涉及互联网技术相关的通信、软件等方法专利,这些步骤的实施需要多个主体参与,因此权利要求书包含了多个实施主体的步骤描述。以专利号为 ZL02139508. X 的专利为例,该专利涉及的是一种有关无线局域网移动设备安全接入及数据保密通信的方法,要想完成终端接入点通信成功,必须依靠用户终端、接入点、认证点三个主体完成各自的步骤,权利要求书记载的

① 王鑫. 云计算的知识产权侵权风险与应对[J]. 科技管理研究,2014(9):148-151.
② Limelight Networks, Inc. v. Akamai Techs, Inc. , 134 S. Ct. 2111 (2014).

全部技术特征并不由任何单个实施主体完成,而是由这三个主体协同完成。这些主体各自完成了其中的某些步骤,这些步骤共同构成了专利权的保护范围。任意一个主体实施其行为可以避免全面覆盖原则的指控,也就能避开专利侵权责任。如果完全依照传统的专利侵权认定规则,则专利侵权的认定难免有所疏漏。

多数人专利侵权对传统专利侵权认定原则的突破表现在以下两个方面。

第一,突破全面覆盖原则。2009年最高人民法院发布的《关于审理侵犯专利权纠纷案件应用法律若干问题的解释》第七条已明确规定全面覆盖原则。判断专利侵权时最先适用的是全面覆盖原则,专利权的保护范围以专利的权利要求内容为准,说明书与附图仅具备解释和说明权利要求的作用。说明书及附图、权利要求书的相关权利要求都是专利授权文件的组成部分,其与权利要求的关系最为密切,通常是澄清争议用语或者用来确定专利权保护范围的最佳指南。此外,专利审查档案虽不是专利授权文件的组成部分,但专利审查档案对于解释权利要求也具有重要的作用。如果被控产品或者方法侵权成立,那么该产品或者方法应该具备专利权利要求的全部技术特征,缺一不可。法院在判定被诉侵权技术方案是否落入专利权的保护范围,会审查权利人主张的权利要求记载的全部技术特征。如果被诉侵权技术方案包含专利权人的权利要求记载的全部技术特征,法院将会认定其落入专利权的保护范围。如果缺少一个技术特征或者有一个或以上的技术特征不相同,则没有专利侵权。多数人专利侵权中,专利侵权实施者可能并没有完全实施专利的全部步骤。例如西电捷通诉索尼侵犯WAPI标准必要专利侵权案(简称西电捷通诉索尼案)中,索尼公司并未直接参与涉案方法专利步骤的实施,仅仅向最终用户提供了实质性有效的侵权设备。

第二,冲击单一主体实施原则。互联网技术时代日新月异和电子产品的小型化,软件具有"互联互通、信息共享、多方协作、自动更新"等技术特征。但就西电捷通诉索尼案而言,消费者、"AP"供应者、"AS"认证者三方主体共同实施了方法专利的直接侵害行为,虽然消费者控制着"AP"供应者、"AS"认证者的进一步实施行为,但消费者并不知晓西电捷通公司完整的技术方案,也没有从中获取直接的经济利益。多主体专利侵权的认定,不再局限于单一主体实施专利侵权行为。

多数人专利侵权并不适用专利直接侵权。2016 年公布和施行的《最高人民法院关于审理侵犯专利权纠纷案件应用法律若干问题的解释(二)》第二十一条第一款、第二款①以侵权责任法为依据,将帮助侵权和引诱侵权引入专利法领域。这些规定会无形中扩大专利权人的专利保护范围,也会解决产业发展和分工细化带来的专利司法保护中的侵权认定困难的问题。专利间接侵权制度的设立毫无疑问是专利全面保护的重要里程碑,将会完善我国的专利侵权认定制度。

从美国、日本、韩国、德国的专利侵权相关理论和判决来看,对多数人实施软件专利侵权行为如何判定,除美国的 Akamai 案之外,其他国家案例均为地方下级法院的判决。② Akamai 案是美国最经典的方法专利分离式侵权案例之一,耗时八年,历经四次审判。该案确立了"指示、控制"规则,对解决方法专利分离式侵权的判定问题起到了积

---

① 《最高人民法院关于审理侵犯专利权纠纷案件应用法律若干问题的解释(二)》第二十一条规定:"明知有关产品系专门用于实施专利的材料、设备、零部件、中间物等,未经专利权人许可,为生产经营目的将该产品提供给他人实施了侵犯专利权的行为,权利人主张该提供者的行为属于民法典第一千一百六十九条规定的帮助他人实施侵权行为的,人民法院应予支持。明知有关产品、方法被授予专利权,未经专利权人许可,为生产经营目的积极诱导他人实施了侵犯专利权的行为,权利人主张该诱导者的行为属于民法典第一千一百六十九条规定的教唆他人实施侵权行为的,人民法院应予支持。"

② Kim D. Divided Patent Infringement[J]. Chungnam Law Review,2018(1):301-352.

极作用,充分保护了专利权人的利益,起到了促进创新的作用。Akamai案二审法院回避了原判决关于直接侵权的认定问题,另辟蹊径对美国现有的引诱侵权构成要件作出了创造性解读:如果行为人具有引起侵权发生的主观意图,并对其他主体实施了客观的引诱行为,便需要承担侵权责任,而最终是否有"直接侵权成立"这一客观结果,并不影响引诱侵权责任的认定。①

二、专利间接侵权

《最高人民法院关于审理侵犯专利权纠纷案件应用法律若干问题的解释(二)》第二十一条规定了帮助侵权、引诱侵权的情形。这两种情形是我国专利间接侵权的主要形式。专利间接侵权构成要件包括:其一,以专利直接侵权的存在为前提;其二,间接侵权人必须有主观过错,即间接侵权人明知或应知其专利侵权行为;其三,间接侵权与直接侵权之间存在因果关系,即除了要满足第二主观过错的构成要件外,还强调直接侵权行为与间接侵权行为之间的因果关系。针对专利直接侵权是否作为专利间接侵权的前提,理论界有三种学说的立场:第一种"从属说"认为,间接侵权与直接侵权两者之间存在从属关系,意思就是间接侵权行为的认定以直接侵权行为为前提,两种行为并不能够独立存在②;第二种"独立说"认为,间接侵权行为是一种独立行为,不以直接侵权行为作为前提,就是两种行为互相独立构成专利侵权行为的立场③;第三种"折中说"认为,在一些特定的情况下,不以直接侵权作为间接侵权的前提,而由单一间接侵权人承担专利侵权责任④。

---

① Akamai Technologies,Inc . v . Limelight Networks,Inc. 692F. 3d 1301,(Fed Cir 2012).
② 杨立新. 类型侵权行为法研究[M]. 北京:人民法院出版社,2006:304.
③ 张玲. 我国专利间接侵权的困境及立法建议[J]. 政法论丛,2009(2):41-45.
④ 吴汉东. 专利间接侵权的国际立法动向与中国制度选择[J]. 现代法学,2022(2):30-45.

　　美国专利法中没有"间接侵权"概念,习惯上将专利法上面的引诱侵权和帮助侵权统称为间接侵权。北京市高级人民法院在 2001 年发布的《专利侵权判定若干问题的意见(试行)》第 73 条至第 80 条制定了专利间接侵权制度。其中,第 73 条对专利间接侵权的概念作出了解释,第 74 条至第 80 条分别从行为对象、行为方式、主观方面、是否以直接侵权成立为前提要件四个方面,对构成要件作出了较为详细的规定。在该文件颁布后,不少权利人在专利侵权诉讼中援引主张侵权人构成间接侵权。但是由于其并不是规范性法律文件,法院在判决时往往只是将其作为一种参考。北京市高级人民法院在 2017 年发布的《专利侵权判定指南(2017)》(简称《指南(2017)》)将间接侵权纳入共同侵权进行规制,第 116 条至第 122 条对此作出了相关的规定。《指南(2017)》在行为对象方面将其限定为专用产品,并规定了专用产品的判断标准,专用产品应为实现专利不可或缺且无"实质性非侵权用途"的产品,即相关的原料、产品等是实现涉案专利必不可少的且该原料、产品等除了用于实施涉案专利外没有其他的用途;专用产品的举证责任由权利人承担。在行为方式方面规定了共谋协作侵权、委托侵权、教唆侵权、帮助侵权。在主观方面,规定行为人明知有关产品是专门用于实施涉案专利专用产品,为生产经营目的而将其提供给第三人实施侵权行为,可以被视为侵权责任的承担者。同时,该指南明确指出间接侵权的成立须以直接侵权存在为前提,即需"他人实施了侵犯专利权行为"。

　　美国联邦巡回上诉法院在 Akamai 案的联席判决中,扩张了引诱侵权理论。专利权人可以在没有直接侵权(单一主体执行了方法请求项的所有步骤)的情况下以引诱侵权起诉他人。由于不需要证明直接侵权的存在,只需要证明引诱侵权,这一标准使专利权人可以更容易起诉。在 Akamai 案中,美国联邦巡回上诉法院允许 Akamai 只需要证明 Limelight 的引诱侵权行为。美国联邦最高法院在 Limelight v. Akamai 案中驳斥了美国联邦巡回上诉法院的观点。美国联邦最高法院指出,过往判例中已认定,即使在与个案事实不同的情境中相同行为会成为直接侵权,这并不能成为辅助侵权责任成立的前提基础。在该案中,若所有方法步骤是由单一行为人实施,直接侵权行为便会成立,不能成为认定引诱侵权责任成立的前提基础。该案被上诉人的方法发明专利权利便未受直接侵害,因为所有步骤的实施无法被归责于任何单一行为人,而在直接侵权行为并未被认定发生的情况下,便不可能成立引诱侵权责任;美国联邦巡回上诉法院的相反见解让引诱侵权责任认定标准变得不明确。根据美国联邦最高法院的判决,如果专利权人无法证明直接侵权,就同样无法证明引诱侵权。如果由一人运营网站并提供数据,而另一人从网站上下载数据,专利权人在没有证明方法请求项的直接侵权情况下,便无法主张引诱侵权。如果商业方法步骤的系统请求项需要由多台计算机传输数据,在没有证明系统的直接侵权情况下,专利权人无法主张系统请求项的引诱侵权。

在 2018 年 7 月召开的第四次全国知识产权审判工作会议上,最高人民法院副院长陶凯元指出:"专利领域中的帮助侵权以被帮助者利用侵权专用品实施了覆盖专利权利要求全部技术特征的行为为条件,既不要求被帮助者的行为必须构成法律意义上的直接侵权行为,也不要求必须将帮助者和被帮助者作为共同被告。"故在某种程度上,2018 年的司法政策是在《最高人民法院关于审理侵犯专利权纠纷案件应用法律若干问题的解释(二)》确定的间接侵权判定规则的基础上又向前迈进了一步,即间接侵权不以直接侵权的成立为要件,而以专利技术方案的所有技术特征最终被全面覆盖为成立要件。[①] 由此可以

---

① 张晓阳. 多主体实施方法专利侵权案件的裁判思路与规则——以敦骏公司诉腾达公司案为例[J]. 人民司法,2020(7):35-40.

得出,专利间接侵权的立法本意在于规制间接侵权行为人实质性侵害专利权的行为,达到保护专利权的目的,独立于专利直接侵权。专利间接侵权需要考虑的是专利所有技术特征是否被全面覆盖,行为人是否需要承担专利侵权责任等。

【习题】

1. 西电捷通诉索尼案和 Akamai 案是通信领域里的里程碑案件,西电捷通诉索尼案被称为"中国版的 Akamai 案",这两个案件的相似之处有哪些? 带给我们什么启示?

2. Akamai 案确立了:多个实施行为人之间缺少"代理关系",即使各方为了避免侵权的特定目的,安排"分离"他们的侵权行为,没能实施侵权所有必需步骤的任何一方,仍然不必为此承担侵权责任。这样的结论对多数人侵权的判定有何借鉴意义?

3. 美国联邦最高法院在 Akamai 案中认为专利权人的权利未受到侵害。你觉得有道理吗? 如何界定专利权人的权利保护范围? 如何确立专利权人的合法利益? 数个主体完整地实施了专利权利要求的步骤,算不算损害了专利权人的利益?

第七章　法律责任

近年来,与短视频、网络直播、网络游戏、区块链等有关的新型知识产权纠纷案件频频出现。在著作权领域,信息网络传播权侵权认定问题、"互联网＋"环境下网络聚合类 App 侵权问题、云时代的著作权司法保护问题等频发;在商标领域,电商平台商标侵权案频发。此外,与互联网企业相关的纠纷频发,如 3Q 大战、今日头条案等都给"互联网＋"时代知识产权的司法保护带来了许多新问题。[①]

依据《最高人民法院关于审理侵害信息网络传播权民事纠纷案件适用法律若干问题的规定》第七条,从《云南虫谷》案看网络平台侵害知识产权的责任规则。权利人在反复进行事先预警、事中投诉、提起诉讼、申请行为保全的情况下,维权仍存在重重困难。微播视界在其具有对平台侵权内容进行有效治理的能力的情况下,并未在合理时间内采取适当措施对平台侵权内容进行管控治理,放任甚至便利了大量侵害权利人涉案作品信息网络传播权短视频通过抖音平台和抖音平台内的诸多创作工具发布和传播。微播视界对于抖音平台支配管理的地位,使其具有对抖音平台侵权内容承担相应的管理义务,而抖音

---

① 孙昊亮,张俊发. 创新经济时代知识产权司法保护的完善[J]. 青年记者,2017(16):76-77.

侵权视频的大量发布传播,与微播视界消极应对权利人预警投诉与侵权告知对侵权行为未采取及时有效的管理措施有一定的因果关系,故可以认定微播视界符合对权利人涉案作品信息网络传播侵权行为之帮助侵权行为的构成要件,存在帮助侵权的行为。

第一节　民事法律责任

一、网络知识产权侵权行为

依照我国民法理论和侵权责任法体系,侵权行为是指行为人不法侵害他人人身、财产和其他合法权益的不法行为。知识产权侵权行为也称作侵犯知识产权的行为,它是侵权行为的一种,具有其一般特征,是指行为人未经授权也没有法律依据而擅自行使知识产权的违法行为。[①]

（一）网络知识产权侵权的行为方式

网络知识产权的侵权行为方式按照传统的知识产权分类方式,可以分为以下几种。

著作权网络侵权行为。根据我国相关法律的规定,凡未经著作权人许可,没有法律依据,擅自利用受著作权法保护的作品的行为,即为侵犯著作权的行为。大众使用网络,主要目的就是获取、发布和传播信息,而这些信息,很多都构成著作权法意义上的作品,因此,在网络环境中使用作品的行为,比如上传、下载、搜索、链接等,就不可避免地涉及对著作权与相关权的保护问题。在互联网上侵犯著作权的行为

---

① 梅术文. 网络知识产权法:制度体系与原理规范[M]. 北京:知识产权出版社,2016:331.

大致可以划分为三种类型：直接拷贝他人的网站内容；虽然对其他页面的内容进行了轻微的改动，但是已经对被剽窃的站点造成了很大的破坏；侵权者利用技术方法窃取其他站点的资料，并以此为基础建立一个与之相似的站点，造成了对他人站点的严重侵害。

商标网络侵权行为。伴随着信息科技的飞速发展，网络销售也变成了一种贸易方式。在网上的交易过程中，购买者只能通过浏览页面，点击照片来了解网络商品。但是，在网络的宣传中，购买者往往很难分辨出哪些商品是真实的，哪些是虚假的。而那些知道这些商品是仿造的，却还在出售，或者将他人商标用于商品、商品的包装、广告宣传、展示商品，也就是通过使用他人商标来提高自己的营业收入，这些都是在网络上侵犯商标权的典型形式。在网络上，未经许可使用他人的商标标识，引人误认的，有可能构成商标侵权，尤其是在使用他人驰名商标的情况下。一般情况是，行为人可能是在注册、使用域名的过程中侵犯了他人商标权，也可能是在网络内容中使用了他人商标而构成侵权。

专利网络侵权行为。网络环境下，专利侵权的具体形式有以下四种：在没有得到允许的情况下，在生产和销售的产品和产品的包装上，标明了别人的专利号码。在未获授权的情况下，于广告或其他推广资料上将该技术视为已获授权技术。在订立合约时，未获授权而擅自采用另一方专利权编号，造成其与该合约技术混淆。伪造或者编造别人的专利证书、专利文件、专利申请文件。

商业秘密网络侵权行为。在网络环境下，商业秘密侵权通常表现为：利用管理网站的技术优势和职务便利，非法披露、使用或允许他人使用以盗窃、胁迫或其他不正当手段获取的商业秘密。通过网络侵犯他人商业机密，以及使用网络技术手段实施网络攻击，采取不正当的技术措施影响对方软件的正常下载、安装和运行等。

(二)直接侵权与间接侵权

著作权"直接侵权""间接侵权"这两个概念在我国立法中尚未明确,但是著作权理论界和司法实务界都十分重视这两个概念,并在有关法律条文中予以肯定,在司法实务中也有所体现。《民法典》第一千一百九十五条规定:"网络用户利用网络服务实施侵权行为的,权利人有权通知网络服务提供者采取删除、屏蔽、断开链接等必要措施。通知应当包括构成侵权的初步证据及权利人的真实身份信息。网络服务提供者接到通知后,应当及时将该通知转送相关网络用户,并根据构成侵权的初步证据和服务类型采取必要措施;未及时采取必要措施的,对损害的扩大部分与该网络用户承担连带责任。"第一千一百九十七条规定:"网络服务提供者知道或者应当知道网络用户利用其网络服务侵害他人民事权益,未采取必要措施的,与该网络用户承担连带责任。"因此,我们可以将网络使用者的直接侵权作为网络服务商的间接侵权的先决条件。

为什么在网络著作权中要对这两者进行区别呢?站在社会公众与著作权人的立场上来说,这是为了维护著作权人与传播者和社会公众之间的利益平衡。维护著作权人与传播者和社会公众之间的利益平衡,是著作权法制度安排的基本出发点。在网络时代,著作权法的这种精神是不变的。对于网络环境中出现的使用、传播作品以及技术措施保护行为,在处理著作权保护与信息传播的关系时,其基本的适用原则依然是利益平衡。但是,这一利益的平衡不是自然形成的,而是由法律来界定的。此外,是为了侵权判断中的纠错公正。《著作权法》第十条规定了著作权人享有的发表权、署名权等16项权能。这类似于为著作权人划定了一块专属领地,未经许可实施受专有权利控制的行为就如同闯入了被篱笆围起的他人专属领地。在缺乏法律上的免责理由(例如"合理使用"

或"法定许可")的情况下,这构成对著作权"直接侵权"。在"直接侵权"的认定中,只要侵犯了专有权这个"专属领域",不管行为人的主观心态如何,都会被认为是一种侵犯。

至于"间接侵权",综观世界各国的立法和司法实践,我们可以归纳出:著作权法上的"间接侵权"是指虽未实施被著作权人所支配的行为(未实施"直接侵权"),但有意诱导他人进行"直接侵权",或在知道或应当知道别人正在或将要进行"直接侵权"的时候,为别人提供实质性协助,并在某些情形下,为"直接侵权"做好准备,并使侵权结果扩大。与"直接侵权"相比,"间接侵权"具有两个明显的特点:一是它不属于著作权"专有权利"所限定的行为;二是属于直接侵权的辅助性或者预助性侵权行为。

在自媒体时代,网络互动直播侵权频发,相关诉讼增多,用户作为直接侵权人侵犯作者的表演权,网络直播平台默许,帮助甚至传播侵权作品。网络短视频及其周边文化产品交易行业的快速发展,引发了诸多法律问题。当前互联网互动直播平台的著作权侵权责任纠纷案件频频发生。在互联网互动直播平台著作权侵权案件中,涉及"避风港"原则的适用存在一些理论和实践上的难题。现行法律体系中的侵权责任基本要素"通知与删除"无法全面、系统地治理和维权互联网短视频平台,更无法有效解决网络直播平台间接侵权的认定问题。对此,学界早已形成理论,网络互动直播平台作为一种新型的网络服务提供者,应当承担间接责任。

(三)法律责任归责原则

无过错责任原则是民法归责原则中的一项特殊原则。该原则是指不以侵权人的主观过错作为确定责任的依据,只要有具体的侵害事实,就应当承担相应的责任。无过错责任原则的构成要件:一是有客观的损害事实。二是有特殊的法律侵权行为。无过错责任实际上是增加侵权人承担责任的可能性,加重侵权行为的严重性。三是侵权行为与客观损害事实之间存在因果关系。四是被侵权人无需提供侵权人的相关证据,即侵权事实一旦成立,无论在何种情况下,行为人都应当承担侵权损害赔偿责任。

作为网络服务提供者侵权责任的一种模式,无过错责任原则被美国版权法理论采纳。在美国版权法理论中,侵权人对实际损失的责任归因于无过错责任。侵权人的主观过错仅作为损害赔偿数额的自由裁量因素而存在。知识产权法中的无过错责任具体是指,无论网络服务提供者在提供中间服务过程中是否存在过错,对使用系统或网络的侵权行为均应承担责任。在该归责原则中,网络服务提供者作为信息的传输者、存储者或缓存者,被认为具有对信息进行审计和监督的义务。对于著作权领域的侵权责任纠纷,一般的民事归责原则应当是无过错责任原则,无需考虑侵权人的主观心理。但需要注意的是,只有在法律有特殊规定的情况下才能适用无过错责任(详见《民法典》侵权责任部分)。不过,目前我国在著作权法中并没有确立无过错责任原则,也没有在《民法典》的侵权责任系列中明确规定侵犯著作权。因此,基于现行法律制度,互联网短视频直播平台侵权行为原则上仍应适用过错责任原则。

但是,基于案例分析,一些法院已经开始在司法实践中探索适用无过错责任原则或类似的基本原则去处理相关案件。例如,广州知识产权法院虽然认为在现行相关制度下不适用无过错责任原则,但从公平原则出发,应对直播相关主体给予衡平救济。法院认为,无过错责任原则仅适用于少数例外情况,大部分适用于民事侵权行为。公平原则适用的前提之一是双方均无过错,因此,可作为无过错责任原则补充适用的相关规范。① 本书认为,对于网络直播平台的侵权责任,直播平台的法定审查监督义务应当是该原则适用的重点和难点。网络服务提供者之所以有审计和监督义务,是因为他们在提供中间服务的过程中发挥着重要作用。最高人民法院的指导性案例也明确指出了网络服务提供者的重要作用。网络服务提供者在收取相关使用费并从申请中获得直接经济利益时,对申请负有相应的注意义务。网络服务提供者明知或者应知网络用户利用网络服务系统实施了侵权行为,但是没有采取删除、屏蔽等必要措施,这种情况下就属于鼓励侵权行为,应该承担起相应的法律责任。当涉及网络直播平台著作权侵权案件时,如果明显可以认定某应用程序未经合法授权,但未采取合理措施,存在主观过错,那么该涉案主体应当承担相应的法律责任。②

二、网络环境下著作权侵权民事法律责任

侵犯著作权的法律责任,是指侵权行为人违反著作权法的规定,对他人著作权造成侵害时,依法应当承担相应法律责任。知识产权法是民法的一个组成部分,著作权是民事权利的一种。在侵害行为方面,法律规定,侵害行为应以赔偿损害为主要内容。有我国《著作权

---

① 广州知识产权法院(2017)粤 73 民终 909 号民事判决书。
② 最高人民法院(2016)最高法民申第 1803 号民事判决书。

法》第五十一条①、第五十二条②规定的侵权行为之一的,侵权人应当承担民事责任,主要方式为赔偿损失,即由侵权人以给付金钱或者实物的方式补偿被侵权人遭受的损失。赔偿损失的基本原则是由侵权人赔偿被侵权人的全部损失,包括所有的财产损失和精神损失。由于著作权是无形财产权,不仅有关的精神损失较难确定,其财产损失也往往很抽象,具体损失的大小(也就是赔偿损失的大小)计算通常是审判实践中的一大难题。《著作权法》第五十四条第一款规定:"侵犯著作权或者与著作权有关的权利的,侵权人应当按照权利人因此受到的实际损失或者侵权人的违法所得给予赔偿;权利人的实际损失或者侵权人的违法所得难以计算的,可以参照该权利使用费给予赔偿。对故意侵犯著作权或者与著作权有关的权利,情节严重的,可以在按照上述方法确定数额的一倍以上五倍以下给予赔偿。"《最高人民法院关于审理著作权民事纠纷案件适用法律若干问题的解释》第二十四条规定:"权利人的实际损失,可以根据权利人因侵权所造成复制品发行减少量或者侵权复制品销售量与权利人发行该复制品单位利润乘积计算。发行减少量难以确定的,按照侵权复制品市场销售量确定。"当事人也可以就具体的赔偿数额进行协商。《著作权法》第五十四条第二

----

① 《著作权法》第五十一条:"经权利人许可,不得进行下列行为:(一)故意删除或者改变作品、版式设计、表演、录音录像制品或者广播、电视上的权利管理信息,但由于技术上的原因无法避免的除外;(二)知道或者应当知道作品、版式设计、表演、录音录像制品或者广播、电视上的权利管理信息未经许可被删除或者改变,仍然向公众提供。"

② 第五十二条:"有下列侵权行为的,应当根据情况,承担停止侵害、消除影响、赔礼道歉、赔偿损失等民事责任:(一)未经著作权人许可,发表其作品的;(二)未经合作作者许可,将与他人合作创作的作品当作自己单独创作的作品发表的;(三)没有参加创作,为谋取个人名利,在他人作品上署名的;(四)歪曲、篡改他人作品的;(五)剽窃他人作品的;(六)未经著作权人许可,以展览、摄制视听作品的方法使用作品,或者以改编、翻译、注释等方式使用作品的,本法另有规定的除外;(七)使用他人作品,应当支付报酬而未支付的;(八)未经视听作品、计算机软件、录音录像制品的著作权人、表演者或者录音录像制作者许可,出租其作品或者录音录像制品的原件或者复制件的,本法另有规定的除外;(九)未经出版者许可,使用其出版的图书、期刊的版式设计的;(十)未经表演者许可,从现场直播或者公开传送其现场表演,或者录制其表演的;(十一)其他侵犯著作权以及与著作权有关的权利的行为。"

款规定:"权利人的实际损失、侵权人的违法所得、权利使用费难以计算的,由人民法院根据侵权行为的情节,判决给予五百元以上五百万元以下的赔偿。"这种赔偿方式称为定额赔偿,即由法官根据被侵权作品的类型、侵权行为性质、后果等情节综合确定。此外,还应该适当参考有关作品许可使用的合理费用标准。可见定额赔偿可以在一定程度上减轻被侵权人证明损失大小的负担,至于是否采用应当由当事人申请,并由法院依职权执行。《著作权法》第五十四条第三款规定:"赔偿数额还应当包括权利人为制止侵权行为所支付的合理开支。"所谓合理开支,即权利人对侵权行为进行调查、取证的适当费用以及律师费。

另外,《著作权法》第五十九条规定:"复制品的出版者、制作者不能证明其出版、制作有合法授权的,复制品的发行者或者视听作品、计算机软件、录音录像制品的复制品的出租者不能证明其发行、出租的复制品有合法来源的,应当承担法律责任。"对赔偿损失作了特殊的规定,那就是复制品的发行者如果能够证明这个复制品有合法来源的,无需支付赔偿金。"原产地保护"的主体仅限于帮助复制物流通的出版者和制作者,并不适用于复制物的传播者和制作者。著作权意义上的出版者,一般指将其原作或副本以销售或赠送的形式提供给公众的自然人或法人。因为销售行为本身就是著作权意义上发行作品的一种方式,也是最重要的一种方式,所以,本书暂且将发行作为狭义的销售来理解,并将发行者和销售者作为同一人来理解。所谓"来源正当",并不是指在其出售的商品中包含的作品必须具有正当的来源,也就是获得著作权人的授权,也不是指卖方要一环一环地去证实其复制人的身份,而是只要卖家出售的仿制品是通过合法的交易渠道从原卖家那里获得的,那么,这一交易关系就应受法律的保护。从维护市场交易秩序的角度来看,商品从生产者到消费者,中间的销售链条经常会牵扯到大量的经销商,如果要对商品的生产者进行调查,在实际操作中,不但不具备很高的可行性,而且还过分地加重了销售者的审查义务,几乎不会有销售者可以证明其有合法的来源,这也不利于市场交易的顺利进行。由于在多数情形下,卖方只能与其上家供应商联系,并且在发生争议时,仅能提供上家供应商的相关交易文件,因此,很难获得上家供应商及上级供应商的信息。所以,即便销售者出售的是没有得到版权持有者的合法许可的副本,他与上家供应商和下家买家之间的合法、正当的交易关系也受到法律的保护。

民事责任承担的主要方式除前述的赔偿损失外,还有以下几种。

停止侵害,即要求侵权人终止侵害他人著作权以及相关权的行为。例如,停止违法的播放、表演、出版行为,销毁侵权产品和专门用于生产、使用侵权产品的设备。

消除影响,即由侵权人发表声明或采取其他措施消除侵权行为给被侵权人带来的消极影响。消极的影响包括在公众中引起的有关作者形象、作者身份、作品品质等方面的不良印象。公布判决书是消除消极影响很好的办法。

赔礼道歉,即在著作人身权受到损害的案件中,由侵权人向被侵权人赔礼致歉。赔礼致歉的方式包括公开或者非公开的书面形式、当庭的口头道歉。

三、网络环境下商标权侵权民事法律责任

在法院下达判决时侵权行为仍在继续,那么停止侵权将是法院要求侵权人首先应当承担的民事责任,直接侵权不以主观过错为构成要件,无论侵权人的主观状态如何,都应承担立即停止侵权行为的民事责任。《商标法》第六十四条第二款规定,销售不知道是侵犯注册商标专用权的商品,能证明该商品是自己合法取得的并说明提供者的,不承担赔偿责任。这一规定是为了保护销售方的善意取得权益,避免其

因无过错而遭受损失。适用这一规定的条件是:第一,销售方在销售时不知道该商品是侵犯注册商标专用权的,即没有主观过错;第二,销售方能证明该商品是自己合法取得的,即有合理的来源证明,如进货凭证、付费证据等;第三,销售方能说明提供者的,即能提供供货方的真实姓名、地址等信息,以便权利人追究其责任。如果销售方满足上述条件,那么即使其销售了侵权商品,也不需要向权利人赔偿损失,但仍应当停止销售,并将库存的侵权商品交由权利人处理。从该款可以推定:没有主观过错的直接侵权人虽不负赔偿责任,但仍应承担停止侵权的法定责任。行为人具有主观过错,即明知或应当明知自己实施了侵权行为,在制止侵权的同时,还要承担赔偿责任。《商标法》第六十三条规定,侵犯商标专用权的赔偿数额,按照权利人因被侵权所受到的实际损失确定;实际损失难以确定的,可以按照侵权人因侵权所获得的利益确定;权利人的损失或者侵权人获得的利益难以确定的,参照该商标许可使用费的倍数合理确定。对恶意侵犯商标专用权,情节严重的,可以在按照上述方法确定数额的一倍以上五倍以下确定赔偿数额。赔偿数额应当包括权利人为制止侵权行为所支付的合理开支。人民法院为确定赔偿数额,在权利人已经尽力举证,而与侵权行为相关的账簿、资料主要由侵权人掌握的情况下,可以责令侵权人提供与侵权行为相关的账簿、资料;侵权人不提供或者提供虚假的账簿、资料的,人民法院可以参考权利人的主张和提供的证据判定赔偿数额。权利人因被侵权所受到的实际损失、侵权人因侵权所获得的利益、注册商标许可使用费难以确定的,由人民法院根据侵权行为的情节判决给予五百万元以下的赔偿。人民法院审理商标纠纷案件,应权利人请求,对属于假冒注册商标的商品,除特殊情况外,责令销毁;对主要用于制造假冒注册商标的商品的材料、工具,责令销毁,且不予补偿;或者在特殊情况下,责令禁止前述材料、工具进入商业渠道,且不予补偿。假冒注册商标的商品不得在仅去除假冒注册商标后进入商业渠道。《商标法》第六十三条主要规定了侵犯商标专用权的赔偿责任的确定方法、惩罚性赔偿的条件、制止侵权行为所支付的合理开支的包含、举证责任的调整以及假冒注册商标的商品的处理方式。这些规定在网络环境下的商标侵权案件的适用中，有以下几点需要注意。一是赔偿数额的确定方。网络环境下的商标侵权，往往涉及跨地域、跨国界的情况，导致权利人的实际损失和侵权人的侵权利益难以确定。因此，参照商标许可使用费的合理倍数确定赔偿数额的方法更为适用。但是，商标许可使用费也可能存在不确定性，如商标是否有许可使用的情况、许可使用费的计算方式等。因此，需要根据具体案件的情况，综合考虑商标的显著性、知名度、市场占有率、侵权行为的持续时间、侵权行为的恶意程度等因素，确定合理的倍数。如果商标许可使用费仍难以确定的，由人民法院根据侵权行为的情节判决给予五百万元以下的赔偿，这是一种法定的赔偿上限，也是对权利人的一种保护。二是惩罚性赔偿的条件。网络环境下的商标侵权，往往具有隐蔽性、扩散性、反复性等特点，导致侵权行为的恶意程度更高，侵权后果更严重。因此，对于恶意侵犯商标专用权，情节严重的侵权人，可以在按照上述方法确定的赔偿数额的基础上，增加一倍以上五倍以下的惩罚性赔偿。这样做的目的是惩戒恶意侵权行为，震慑潜在的侵权人，维护商标秩序和公平竞争。但是，惩罚性赔偿的适用应当有一定的限制，不能滥用，否则会损害网络平台的正常经营和创新活动，影响网络经济的发展。三是制止侵权行为所支付的合理开支的规定。该条规定了赔偿数额应当包括权利人为制止侵权行为所支付的合理开支，如调查费、律师费、诉讼费等。这样做的目的是减轻权利人的维权负担，鼓励权利人积极维权，保护自己的合法权益。四是举证责任的调整规定。该条规定了在权利人已经尽力举证，而与侵权行为相关的账簿、资料主要由侵权人掌握的情况下,人民法院可以责令侵权人提供与侵权行为相关的账簿、资料;侵权人不提供或者提供虚假的账簿、资料的,人民法院可以参考权利人的主张和提供的证据判定赔偿数额。这样做的目的是克服权利人举证困难,促使侵权人诚实履行举证义务,保障权利人的合法权益。

四、网络环境下专利权侵权民事法律责任

民事责任是侵害专利权行为要承担的最主要的法律责任类型,世界各国或地区专利立法中均规定有侵害专利权行为的民事责任。侵害专利权的民事责任主要有以下类型。

停止侵权。停止侵权是指责令侵害专利权的行为人立即停止正在实施的侵权行为,这种责任方式的目的在于防止侵权人继续进行侵权活动,避免给权利人造成更大的损失。《最高人民法院关于审理侵犯专利权纠纷案件应用法律若干问题的解释(二)》第二十六条作出了对停止侵害责任方式的适用限制:被告构成对专利权的侵犯,权利人请求判令其停止侵权行为的,人民法院应予支持,但基于国家利益、公共利益的考量,人民法院可以不判令被告停止被诉行为,而判令其支付相应的合理费用。

赔偿损失。《专利法》第七十一条规定:"侵犯专利权的赔偿数额按照权利人因被侵权所受到的实际损失或者侵权人因侵权所获得的利益确定;权利人的损失或者侵权人获得的利益难以确定的,参照该专利许可使用费的倍数合理确定。对故意侵犯专利权,情节严重的,可以在按照上述方法确定数额的一倍以上五倍以下确定赔偿数额。权利人的损失、侵权人获得的利益和专利许可使用费均难以确定的,人民法院可以根据专利权的类型、侵权行为的性质和情节等因素,确定给予三万元以上五百万元以下的赔偿。赔偿数额还应当包括权利

人为制止侵权行为所支付的合理开支。人民法院为确定赔偿数额,在权利人已经尽力举证,而与侵权行为相关的账簿、资料主要由侵权人掌握的情况下,可以责令侵权人提供与侵权行为相关的账簿、资料;侵权人不提供或者提供虚假账簿、资料的,人民法院可以参考权利人的主张和提供的证据判定赔偿数额。"

五、网络环境下商业秘密侵权民事法律责任

网络环境下商业秘密的构成要件包括四个方面,即在网上(或教唆与帮助他人在网上)实施的加害行为、损害后果、因果关系以及过错。《反不正当竞争法》第九条[①]规定了侵犯商业秘密的类型。网上侵害商业秘密的加害行为就是在网上或教唆与帮助他人在网上实施的这些类型的行为,但主要是披露他人的商业秘密。网上披露他人的商业秘密形式是多样的,如在网络上公布共享软件的注册码;将商业机密置放于网络上,使多数人得以任意下载、转载、读取;利用电子邮件向他人泄漏商业秘密,如仅利用电子邮件向一人或少数人泄漏,商业机密并不一定会因此而丧失其秘密性。[②]

从民事侵权的角度来看,侵犯商业秘密可以作为不正当竞争行为予以规制。近年来,实践中也有一些新的侵害商业秘密的表现形式,如行为人恶意提起民事诉讼,通过诉讼举证、质证等程序获取权利人

---

① 《反不正当竞争法》第九条:"经营者不得实施下列侵犯商业秘密的行为:(一)以盗窃、贿赂、欺诈、胁迫、电子侵入或者其他不正当手段获取权利人的商业秘密;(二)披露、使用或者允许他人使用以前项手段获取的权利人的商业秘密;(三)违反保密义务或者违反权利人有关保守商业秘密的要求,披露、使用或者允许他人使用其所掌握的商业秘密;(四)教唆、引诱、帮助他人违反保密义务或者违反权利人有关保守商业秘密的要求,获取、披露、使用或者允许他人使用权利人的商业秘密。经营者以外的其他自然人、法人和非法人组织实施前款所列违法行为的,视为侵犯商业秘密。第三人明知或者应知商业秘密权利人的员工、前员工或者其他单位、个人实施本条第一款所列违法行为,仍获取、披露、使用或者允许他人使用该商业秘密的,视为侵犯商业秘密。本法所称的商业秘密,是指不为公众所知悉、具有商业价值并经权利人采取相应保密措施的技术信息、经营信息等商业信息。"

② 杨立新. 电子商务侵权法[M]. 北京:知识产权出版社,2005:211.

的商业秘密。在一定条件下,该行为也可以纳入《反不正当竞争法》第九条第一款第一项的调整范围。实践中,在判断是否以"其他不正当手段"获取商业秘密时,首先应根据《反不正当竞争法》的一般规定,从行为是否违反诚实信用原则和公认的商业道德准则出发进行判断。如果能够认定被告所使用的信息确实是权利人的商业秘密,而且被告没有合理理由说明其通过正当手段获得这些商业秘密,也一般可以推定被告获得了该权利人的商业秘密,即通过"其他不正当手段"获取权利人的商业秘密。

根据《反不正当竞争法》第九条第一款第四项的规定,经营者不得"教唆、引诱、帮助他人违反保密义务或者违反权利人有关保守商业秘密的要求,获取、披露、使用或者允许他人使用权利人的商业秘密"。其中"教唆""引诱""帮助"等行为均属于共同侵权行为的表现,在侵权法理论中也称为共同侵权行为。结合该规定,在判断被诉侵权行为是否构成间接侵犯商业秘密时,应当注意以下要素:一是存在第九条第一款第三项的其他违法行为,这是构成侵权行为的前提。二是被控侵权人有教唆、引诱或者帮助他人的行为。例如,"高薪挖角",即被控侵权人教唆、引诱权利人的员工跳槽,以高薪获取商业秘密,通常不符合受贿罪的构成要件,不能受刑法规制,但可适用于民法规制。又如,为他人实施侵犯商业秘密的行为提供技术或经济条件,也可以构成提供"帮助"的共同侵权。值得一提的是,权利人可以选择以直接实施第九条第一款第三项的行为人与教唆、引诱、帮助的行为人为共同被告,也可以仅以教唆、引诱的行为人为共同被告人提起诉讼。当然,后者可能很少见。究其原因,一方面,商业秘密的高价值和双方在侵犯商业秘密纠纷中的竞争性,决定了权利人普遍更注重对作为竞争对手的直接侵权人的规制;另一方面,当直接侵权人不参加诉讼时,权利人更难证明直接侵权行为的存在。在司法实践中,侵犯商业秘密的民事责任主要包括停止侵权、赔偿损失、销毁侵权产品和工具、消除影响等。

（一）停止侵权

在侵犯商业秘密的案件中，只要侵权成立，法院是否应支持原告停止侵权的主张？本书认为，适用停止侵权责任应以原告主张的商业秘密尚未进入公有领域为前提。如果涉案商业秘密在法院判决时已经进入公有领域，成为公共信息，责令停止侵权已经没有现实意义。《反不正当竞争法》第十七条规定，因不正当竞争行为受到损害的经营者，可以向人民法院请求停止侵权、消除影响、恢复名誉、赔偿损失等。赔偿数额按照权利人因被侵权所受到的实际损失确定；实际损失难以计算的，按照侵权人因侵权所获得的利益确定。经营者恶意实施侵犯商业秘密行为，情节严重的，可以在按照上述方法确定数额的一倍以上五倍以下确定赔偿数额。赔偿数额还应当包括权利人为制止侵权行为所支付的合理开支。《最高人民法院关于审理侵犯商业秘密民事案件适用法律若干问题的规定》第十六条规定："经营者以外的其他自然人、法人和非法人组织侵犯商业秘密，权利人依据反不正当竞争法第十七条的规定主张侵权人应当承担的民事责任的，人民法院应予支持。"这一规定的主要目的是，根据《反不正当竞争法》第九条的规定，扩大商业秘密保护的主体范围，不仅包括经营者，还包括经营者以外的其他自然人、法人和非法人组织，从而增强商业秘密的司法保护力度，维护商业秘密权利人的合法权益，促进创新发展和公平竞争。这一规定的主要依据是，《反不正当竞争法》第九条规定的侵犯商业秘密的行为，不限于经营者之间的竞争行为，也包括经营者以外的其他自然人、法人和非法人组织的行为。例如，员工、前员工、供应商、客户、来访者等，如果以不正当手段获取、披露、使用或者允许他人使用商业秘密，都属于侵犯商业秘密的行为。这一规定的主要意义是，为商业秘密权利人提供了更广泛的救济途径，使其可以根据《反不正当竞争法》第十七条的规定,向人民法院请求停止侵权、消除影响、恢复名誉、赔偿损失等,而不必受限于经营者的身份。这样,可以有效地防止和制止商业秘密的侵害,保护商业秘密权利人的合法利益,维护市场秩序和社会公共利益。① 商业秘密的保密性不是一成不变的,从理论上讲,商业秘密只要不公开就一直处于秘密状态,但商业秘密何时会被公众知晓是无法预测的。因此,多数判决将停止侵权的期限定义为"至商业秘密已被公众知晓"。

（二）赔偿损失

赔偿损失主要适用法定赔偿。从历史演进来看,法定赔偿数额大幅增加,商业秘密保护力度不断加大。《反不正当竞争法》第十七条规定:"因不正当竞争行为受到损害的经营者的赔偿数额,按照其因被侵权所受到的实际损失确定;实际损失难以计算的,按照侵权人因侵权所获得的利益确定。赔偿数额还应当包括经营者为制止侵权行为所支付的合理开支。""权利人因被侵权所受到的实际损失、侵权人因侵权所获得的利益难以确定的,由人民法院根据侵权行为的情节判决给予权利人五百万元以下的赔偿。"在具体适用法定赔偿的案件分析中,构成侵犯网络环境下商业秘密的多数案件的法定赔偿数额只是在判决书上笼统地表述为法院根据案件的实际情况确定,而只有少数案件的判决书明确了法院酌情考虑的因素。对此,本书认为仍有必要细化法定赔偿的参考因素,具体包括:商业秘密的种类和创新程度;侵权的性质、持续时间、范围和后果;原告可能遭受的损失和被告可能获得的利益;合理的转让费、许可费等收入和报酬;被告的过错程度;是否有侵权历史;原告商誉是否因侵权受到损害;原告是否决定销毁涉案侵

---

① 林广海,李剑,杜微科. 系列解读之一《最高人民法院关于审理侵犯商业秘密民事案件适用法律若干问题的规定》的理解与适用[J]. 法律适用,2021（4）：13-18.

权产品;等等。当有证据证明原告遭受的损失明显超过法定赔偿上限时,可以酌情决定赔偿数额超出法定赔偿上限。在法定赔偿之外,2019修正的《反不正当竞争法》还增加了惩罚性赔偿条款,即"经营者恶意侵犯商业秘密,情节严重的,可以按照实际损失的一倍以上五倍以下确定赔偿数额"。

(三)销毁侵权产品或工具

是否应支持销毁侵权产品或工具的主张?一般来说,法院在审理商业秘密侵权案件中认定侵权成立的,可以应权利人的请求,责令侵权人向权利人返还包含该商业秘密的图纸和软件,并命令其将侵权的产品和工具予以销毁。但是,在实务中,法院一般都会对权利人提出的请求予以谨慎处理。如果责令被告停止侵权足以阻止侵权行为继续发生,法院将不再责令销毁侵权产品或工具。对此,本书认为法院在确定是否支持权利人销毁侵权商品的请求时,不应仅从避免侵权商品进一步对权利人造成二次损害的角度进行考虑,还要考虑处理侵权商品是否会给侵权人造成不必要的损失,或者损害社会公共利益,造成不必要的社会资源浪费。此外,在司法实践中,法院在支持权利人销毁侵权货物主张时,会综合考虑侵权工具是否属于生产侵权产品的专用模具、销毁侵权货物的实际可执行性、侵权货物是否可以转交权利人处理,是否有其他替代措施。

(四)消除影响

在网络商业秘密侵权案件中,被告的侵权行为如果对原告的商誉造成了负面影响,那么可以考虑采取一定措施来消除这种不利影响。在这种情况下,法院可以责令被告在一定期限内以一定方式消除侵权行为对原告造成的不利影响,通常是在相关报刊和网站上发表声明。

【实践探究】

（一）信息拓展

由于网络使用作品的方式、范围与传统的复制、发行有明显区别，在网络著作权的损害赔偿中，以加大知识产权保护力度为出发点，充分考虑网络作品的市场商业价值，灵活运用证据披露规则、优势证据规则、举证妨碍规则，积极引导当事人对实际损失或非法获利进行举证，强化权利人损失、侵权人获利、合理许可费等计算方式的适用，弱化法定赔偿方式的适用，提高判赔数额与著作权价值的匹配度。

对于法定赔偿标准的适用，司法实践创设了"三步评估法"，以提升法定判赔数额的精确度。三步评估法是法官在适用法定赔偿时确定赔偿金额的评价指引，将赔偿标准区分为"高""较高""适中""较低""低"五档，每个等级对应一定幅度的赔偿数额，有助于将个案情节量化，综合评价。具体方法如下：第一步，评价被侵权作品的市场价值，区分文字、美术、摄影作品等作品类型，细化各类作品市场价值评价的要素，在此基础上对各类侵权作品的市场价值进行评估，以此作为赔偿标准的基础，并根据五个等级的划分确定案件的最低赔偿金额；第二步，审查侵权行为是否直接获利，以被侵权人是否因侵权直接获利作为区分标准，再次对赔偿等级进行评估，并在第一步确定的赔偿金额基础上，根据直接获利情况调整赔偿金额；第三步，评价侵权人主观过错，综合考量侵权行为持续时间、点击率、网站的规模、侵权地域范围、被告的基本情况等因素，考法评价被告主观故意的过错程度，并在已经确定的赔偿金额基础上确定最终赔偿金额。

（二）交流讨论

随着网络链接、搜索引擎和数据分享、共享、P2P等技术的飞速发展，与此相关的新类型、技术性较强的隐形侵权方式不断出现，特别是"三网融合"技术以及与之相应的新型经营模式不断涌现，侵权手段更为复杂隐蔽，侵权定性更为困难，如何合理界定"侵权"和"技术中立"的边界，亟须形成明确的统一裁判标准，这也带来了诸多著作权保护的新问题。

（三）典型案例

近年来，随着网络技术的发展和普及，网络环境下的知识产权保护面临新的挑战。在此背景下，不乏一些侵犯知识产权行为的出现，如盗版、侵犯商标权、侵犯专利权等，这些侵权行为对于知识产权权利人的权益造成了不同程度的损害。因此，关于网络环境下知识产权民事法律责任典型案例的解读具有一定的现实意义。

1.盗版案例

案例：2019年，广州某公司出版了一本电子书，之后该电子书被盗版网站和App发布，在某知名App上，下载量超过10万次。随后，该公司起诉盗版网站和App侵犯著作权，并索赔500万元。

解析：盗版问题一直是网络环境下的知识产权保护的重点。该案例中的知名App和盗版网站明显侵犯了原著作权人的著作权，并造成了原著作权人巨大的经济损失。因此，通过起诉侵权者并要求赔偿的方式去维护自己的合法权益是很必要的。

2.侵犯商标权案例

案例：2020年，一家外资企业在中国注册了某知名品牌商标，但发现有多个在中国注册的商标与其商标高度相似，而且该公司的产品在中国市场上的销售受到了侵害。该公司随后起诉商标侵权,并要求侵权方赔偿经济损失和名誉损害赔偿,最终法院判决被告停止侵权并赔偿 150 万元。

解析:商标是企业的重要资产之一,其注册和保护可以有效地避免不同品牌之间的混淆,因此商标的侵权问题也是网络环境下知识产权保护的重点。该案例中,原告公司敏锐地察觉到侵权行为,并采取了必要且有效的法律行动,维护了自己的合法权益。

3.侵犯专利权案件

案例:2018 年,荣耀公司起诉小米公司侵犯其多项专利权。最终法院认定,小米公司的某些产品侵犯了荣耀公司的专利权,判决其停止侵权并赔偿损失 50 万元。

解析:该案例中,荣耀公司积极通过法律途径行使知识产权保护权利,维护了自己的专利权。在互联网和数字化环境下,随着科技的不断发展,专利保护越来越重要。侵犯专利权需要承担相应的法律责任。

(四)调查研究

请调查研究不同法院关于网络环境下知识产权民事案件的判赔认定标准。

【习题】

1.在网络环境下,侵权行为更加隐蔽,如何界定侵权行为,也成了网络知识产权保护的难点。请结合实际案例,谈谈你的认识。

2.网络环境下,维权途径更加多样化,如起诉、调解、仲裁等。企业和个人如何根据实际情况选择合适的维权途径?

3.网络环境下著作权侵权的法律责任主要有哪些？试以短视频侵权为例说明。

4.《民法典》对网络平台侵权责任的一般规定与特殊规定分别有哪些？

第二节 行政法律责任

侵犯知识产权的行政责任包括责令停止侵权、罚款、没收非法财物。有人认为，知识产权是私权，因此当其受到侵害时，应当由权利人自行寻求司法救济，无需国家行政机关介入干预。知识产权与经济、社会发展密切相关，对于知识产权来说，需要政府的适度干预，认为知识产权纯属私法关系，完全无需政府干预的观点是不符合实际的。从知识产权保护的历史发展来看，公权力已经直接介入知识产权的保护，并发挥着重要作用。[①] 行政权的公益性与知识产权承载的维护社会公益的职能是相辅相成的，那种认为知识产权领域纠纷只能走司法化的路子，知识产权行政保护应当弱化和退出知识产权保护领域的思路，则既不符合我国的司法实践，也不符合知识产权领域国际保护的现实和发展趋势。[②] 尽管世界上部分国家不采用行政责任的方式阻止和制裁侵犯知识产权行为，其普遍做法是仅依靠司法程序解决知识产权纠纷，追究当事人的民事责任。但是，有关知识产权的国际条约和相关组织并不禁止成员国通过行政手段保护知识产权。例如 TRIPS

[①] 莫于川. 知识产权行政保护制度亟待改革[J]. 改革,1998(6):89-95.

[②] 莫于川. 新技术革命与知识产权行政保护制度创新论要[J]. 中国人民大学学报,1999(4):62-67.

协定涵盖了行政、民事、刑事以及边境措施等在内的详细的知识产权法律实施程序。这种规定是对以往国际公约不对有关程序问题,甚至行政保护程序问题予以规定的突破。①

一、网络环境下著作权行政法律责任

侵犯著作权的行为因性质不同,其危害程度和范围也有区别。有些侵权行为只损害了著作权人的合法权益,如使用他人作品未按规定支付报酬,有的侵权行为不但侵犯了版权所有人的合法权益,而且还具有欺骗性,给社会带来了极大的损失,给国家的正常经济秩序带来了极大的危害。对于侵犯著作权的行为,不仅要按照著作权法的规定,还要按照法律的规定,对侵犯著作权的行为要负行政责任。对于《著作权法》第五十三条②规定的侵权行为,可以由主管著作权的部门责令停止侵权行为,予以警告,并没收违法所得,没收、无害化销毁处理侵权复制品,以及主要用于制作侵权复制品的材料、工具、设备等。

---

① 曹志平. TRIPS 与知识产权国际保护新体系[J]. 知识产权,1998(4):46-48.

② 《著作权法》第五十三条:"有下列侵权行为的,应当根据情况,承担本法第五十二条规定的民事责任;侵权行为同时损害公共利益的,由主管著作权的行政部门责令停止侵权行为,予以警告,没收违法所得,没收、无害化销毁处理侵权复制品以及主要用于制作侵权复制品的材料、工具、设备等,违法经营额五万元以上的,可以并处违法经营额一倍以上五倍以下的罚款;没有违法经营额、违法经营额难以计算或者不足五万元的,可以并处二十五万元以下的罚款;构成犯罪的,依法追究刑事责任:(一)未经著作权人许可,复制、发行、表演、放映、广播、汇编、通过信息网络向公众传播其作品的,本法另有规定的除外;(二)出版他人享有专有出版权的图书的;(三)未经表演者许可,复制、发行录有其表演的录音录像制品,或者通过信息网络向公众传播其表演的,本法另有规定的除外;(四)未经录音录像制作者许可,复制、发行、通过信息网络向公众传播其制作的录音录像制品的,本法另有规定的除外;(五)未经许可,播放、复制或者通过信息网络向公众传播广播、电视的,本法另有规定的除外;(六)未经著作权人或者与著作权有关的权利人许可,故意避开或者破坏技术措施的,故意制造、进口或者向他人提供主要用于避开、破坏技术措施的装置或者部件的,或者故意为他人避开或者破坏技术措施提供技术服务的,法律、行政法规另有规定的除外;(七)未经著作权人或者与著作权有关的权利人许可,故意删除或者改变作品、版式设计、表演、录音录像制品或者广播、电视上的权利管理信息的,知道或者应当知道作品、版式设计、表演、录音录像制品或者广播、电视上的权利管理信息未经许可被删除或者改变,仍然向公众提供的,法律、行政法规另有规定的除外;(八)制作、出售假冒他人署名的作品的。"

同时依据违法所得,处以相应的行政罚款。根据《著作权法》的规定,只有第五十三条列举的侵权行为,并且这些行为还要同时损害公共利益的才能适用行政处罚。这就意味着侵犯其他《著作权法》规定的专有权利的,虽然会导致民事责任,但是不会导致行政处罚。比如说侵犯改编权的行为,就只有民事责任,没有行政责任。由此可知,侵犯著作权的案件是否会导致行政处罚,关键在于该侵权行为是否损害了公共利益。关于损害公共利益的具体情形,法律并没有明确规定。何谓损害公共利益,浙江省版权局曾就此问题请示国家版权局,国家版权局在《关于查处著作权侵权案件如何理解适用损害公共利益有关问题的复函》中表示,就如何认定损害公共利益这一问题,依据《著作权法》规定,第四十七条所列侵权行为,均有可能侵犯公共利益。就一般原则而言,向公共传播侵权作品,构成不正当竞争,损害经济秩序就是损害公共利益的具体表现。如商业性质卡拉 OK 经营者,未经著作权人许可使用作品,特别是著作权人要求其履行合法义务的情况下,仍然置之不理。主观故意明显,应属情节严重的侵权行为。这种行为不仅侵犯了著作权人的合法利益,并且损害了市场经济秩序和公平竞争环境。该行为应属一种损害公共利益的侵权行为。[①] 一般而言,构成不正当竞争危害经济秩序的行为必须是基于故意或严重过失的主观心态而作出的,往往是以营利为目的公共实施的,它会严重地干扰权利人的许可市场,这就意味着一个自然人在自己的作品中,如果仅仅是抄袭了他人作品的部分内容,虽然可以构成民事侵权,但是由于不符合同时损害社会公共利益的构成要件,所以不会遭到行政处罚。

对于罚款的数额,《著作权法实施条例》第三十六条规定:"有著作权法第四十八条所列侵权行为,同时损害社会公共利益,非法经营额5

---

① 该复函发布时间为 2006 年,其中提到的《著作权法》第四十七条即 2020 修正版中的第五十三条。

万元以上的,著作权行政管理部门可处非法经营额 1 倍以上 5 倍以下的罚款;没有非法经营额或者非法经营额 5 万元以下的,著作权行政管理部门根据情节轻重,可处 25 万元以下的罚款。"值得注意的是,并非只有线下的侵权行为需要承担行政责任,在《信息网络传播权保护条例》第十八条中,通过信息网络擅自向公众提供他人作品、表演、录音录像制品等侵害信息网络传播权的行为,如果同时损害了公共利益,也同样可以由主管著作权的部门责令停止侵权行为,没收违法所得,并处罚金。例如,在直播过程中未经著作权人许可播放他人歌曲,同时没有采取技术手段而导致直播录像广为传播的,同样也属于需要承担行政责任的侵权行为,即便没有盈利,也很可能会被处以高额的行政罚款。

二、网络环境下侵犯商标的行政责任

商标侵权同时会使消费者上当受骗,损害公共利益,因此,侵权人除了向商标权利人承担民事责任外,还应承担行政责任。《商标法》第六十条规定:"工商行政管理部门处理时,认定侵权行为成立的,责令立即停止侵权行为,没收、销毁侵权商品和主要用于制造侵权商品、伪造注册商标标识的工具;违法经营额五万元以上的,可以处违法经营额五倍以下的罚款;没有违法经营额或者违法经营额不足五万元的,可以处二十五万元以下的罚款。对五年内实施两次以上商标侵权行为或者有其他严重情节的,应当从重处罚。销售不知道是侵犯注册商标专用权的商品,能证明该商品是自己合法取得并说明提供者的,由工商行政管理部门责令停止销售。"

(一)责令立即停止侵权行为

消费者在购买商品或服务时,往往依赖品牌美誉度和知名度。注

册商标具有确保品牌作为知识产权受到保护的内在价值。商标对于原始品牌制造商来说是最有价值的,因为它们可以被买卖,特别是在它们被客户很好地认可的情况下。近年来,全球商标申请量稳步增长,这导致侵权投诉增加,尤其是在线促销和电子商务销售方面,知识产权更难以监控、追踪和执行。商标是用于代表特定产品或服务身份的标志或标签。商标可以用文字、图像、颜色甚至声音和气味来表达。企业或个人在一国的知识产权登记机构成功注册商标后,商标所有权人将享有在规定年限内使用该商标的专有权,并有权续展。商标是一种无形资产,必须妥善管理才能创造利润。商标可以加强客户的品牌忠诚度,从而增加销售额,创造溢价和利润,帮助客户区分竞争品牌。商标侵权是指侵权人未经商标所有人许可或许可协议,在类似的商品和服务产品上使用相同或相似的名称或图像。TRIPS 协定第 16 条规定,商标注册人享有防止他人在类似商品或服务上使用相同或类似商标的专有权利,这种行为被称为"混淆的可能性"。为了防止商标侵权,必须对侵权人采取更多的法律行动,这从长远来看会增加用户的成本。尽管如此,侵权证据很难量化,尤其是在多个互联网站点被用于非法使用商标的情况下。商标侵权案件的处罚可能会导致责令立即停止侵权行为,考虑到对品牌资产造成巨额损害,这是一种轻微的处罚。

(二)责令立即停止销售

责令立即停止销售是指在互联网上销售侵犯注册商标专用权的商品的行为,被工商行政管理部门查处并要求停止侵权,没收、销毁侵权商品和工具,以及处以一定的罚款。这种行为依据《商标法》第五十七条和第六十条的规定进行处罚。责令立即停止销售旨在保护商标权利人的合法权益,维护市场秩序,打击假冒伪劣商品,保障消费者的知情权和选择权。网络环境下侵犯商标的行政责任责令立即停止销售,也有利于促进网络平台的规范经营,提高其社会责任感和法律意识,防止故意无视或纵容侵权行为的发生。责令立即停止销售需要工商行政管理部门根据具体情况,综合考虑侵权商品的数量、价值、影响范围、侵权人的主观故意、违法次数、社会危害程度等因素,依法作出相应的处罚决定。一般情况下,工商行政管理部门可以责令停止侵权行为,没收、销毁侵权商品和主要制作、销售侵权商品的工具,可以并处侵权商品价值一倍以上五倍以下的罚款;没有侵权商品或者侵权商品价值不足二万元的,可以并处二万元以下的罚款;情节严重的,吊销营业执照。如果销售者能证明自己是合法取得商品并说明提供者的,可以免除责任,但应当停止销售。

（三）没收、销毁侵权商品和专门用于制造侵权商品、伪造注册商标标识的工具

互联网已成为一个繁华的市场,在线商家提供几乎所有可以想象到的消费品,侵权人只需敲击几下键盘就可以将消费者与假冒产品联系起来。例如,在谷歌上快速搜索"仿制香奈儿包"关键词,会返回数十家销售"仿制"名牌手袋的商家链接。这些非法商家不仅多产,而且其生产的产品几乎无法识别真假。湖北省孝感市孝南区市场监督管理局查处侵犯"牛栏山"注册商标专用权案,依据《商标法》第六十条第二款规定,执法部门作出行政处罚,责令立即停止违法行为,没收侵权商品及制假工具,并处罚款 10 万元。该案的查处体现了行刑衔接的高效性,对严厉打击制售假冒伪劣商品,强化部门协作执法具有借鉴意义。

（四）收缴并销毁侵权商标标识

湖北省十堰市市场监督管理局查处侵犯"奔驰"等注册商标专用权案,依据《商标法》第六十条第二款规定,执法部门责令当事人立即停止侵权行为,没收侵权商品及包装物、标签,罚款十万元,同时将不属于该局管辖的违法线索移送相关执法机关。该案是一起典型的"傍

名牌"商标侵权网络销售案,当事人擅自制造、网络销售知名品牌侵权产品,欺骗消费者,牟取不正当利益。近年来,网络销售平台成为重要的商品集散地,其销售行为受众广、取证难、维权难,该案的查处对执法机关在维护良好电子商务环境中如何更加积极有力地发挥作用具有借鉴意义。[①]

　　根据当事人的请求,可以就侵权赔偿数额进行调解,调解不成,当事人可以向人民法院起诉。《商标法》第六十三条规定:"侵犯商标专用权的赔偿数额,按照权利人因被侵权所受到的实际损失确定;实际损失难以确定的,可以按照侵权人因侵权所获得的利益确定;权利人的损失或者侵权人获得的利益难以确定的,参照该商标许可使用费的倍数合理确定。对恶意侵犯商标专用权,情节严重的,可以在按照上述方法确定数额的一倍以上五倍以下确定赔偿数额。赔偿数额应当包括权利人为制止侵权行为所支付的合理开支。人民法院为确定赔偿数额,在权利人已经尽力举证,而与侵权行为相关的账簿、资料主要由侵权人掌握的情况下,可以责令侵权人提供与侵权行为相关的账簿、资料;侵权人不提供或者提供虚假的账簿、资料的,人民法院可以参考权利人的主张和提供的证据判定赔偿数额。权利人因被侵权所受到的实际损失、侵权人因侵权所获得的利益、注册商标许可使用费难以确定的,由人民法院根据侵权行为的情节判决给予五百万元以下的赔偿。人民法院审理商标纠纷案件,应权利人请求,对属于假冒注册商标的商品,除特殊情况外,责令销毁;对主要用于制造假冒注册商标的商品的材料、工具,责令销毁,且不予补偿;或者在特殊情况下,责令禁止前述材料、工具进入商业渠道,且不予补偿。假冒注册商标的商品不得在仅去除假冒注册商标后进入商业渠道。"

---

① 十堰市市场监督管理局行政处罚决定书(十市监处罚〔2022〕3号)[EB/OL].(2022-05-12)[2022-12-18].http://scjg.shiyan.gov.cn/scjg/cfaj/202206/t20220609_3514651.shtml.

四、网络环境下侵犯专利行政法律责任

根据专利法的规定,未经专利权人许可,实施其专利,即侵犯其专利权,引起纠纷的,专利权人或者利害关系人可以请求专利管理行政部门处理,认定侵权行为成立的,可以责令侵权人立即停止侵权行为;进行处理的管理专利工作部门应当事人的请求,可以就侵犯专利权的赔偿数额进行调解。

《专利法》第六十八条规定:"假冒专利的,除依法承担民事责任外,由负责专利执法的部门责令改正并予公告,没收违法所得,可以处违法所得五倍以下的罚款;没有违法所得或者违法所得在五万元以下的,可以处二十五万元以下的罚款;构成犯罪的,依法追究刑事责任。"

五、网络环境下侵犯商业秘密行政法律责任

《国家工商行政管理局①关于禁止侵犯商业秘密行为的若干规定》规定了与商业秘密保护有关的内容。其中第四条规定,侵犯商业秘密的行为由县级以上工商行政管理机关认定处理。第六条规定了工商行政管理机关可以采取的紧急措施,即在权利人提供书面保证的前提下,责令被申请人停止销售使用权利人商业秘密生产的产品,以防止权利人的商业秘密被进一步泄露或者造成不可挽回的损失。② 此外,该规定第七条规定了工商行政管理机关可以依法对侵犯商业秘密行

---

① 2018 年 3 月 21 日,撤销国家工商行政管理总局,成立国家市场监督管理总局。国家市场监督管理总局负责市场综合监督管理工作,组织开展市场监督管理综合执法工作,统一反垄断执法,规范和维护市场秩序。

② 《国家工商行政管理局关于禁止侵犯商业秘密行为的若干规定》第六条规定:"对被申请人违法披露、使用、允许他人使用商业秘密将给权利人造成不可挽回的损失的,应权利人请求并由权利人出具自愿对强制措施后果承担责任的书面保证,工商行政管理机关可以责令被申请人停止销售使用权利人商业秘密生产的产品。"

为的行政处罚,即责令停止违法行为,并可以根据情节处以罚款。工商行政管理机关在处罚时,对侵权物品可以作如下处理:责令并监督侵权人将载有商业秘密的图纸、软件及其有关资料返还权利人;监督侵权人销毁使用权利人商业秘密生产的、流入市场将会造成商业秘密公开的产品。该规定的适用范围包括网络环境下的侵犯商业秘密行为,即通过网络手段或者利用网络平台,获取、使用或者披露他人的商业秘密的行为。工商行政管理机关对网络环境下侵犯商业秘密行为的认定和处理,应当遵循该规定的原则,并结合网络特点,采取有效的证据保全和调查措施。①

另外,如果侵权人拒不执行处罚决定或者继续侵犯商业秘密的,将被视为新的违法行为,从重处罚。对于这种情况,工商行政管理部门可以调解,但权利人也可以直接向人民法院提起诉讼,要求赔偿。公职人员在执行公务时不得泄露或者允许他人使用权利人的商业秘密,工商行政管理部门办案人员在查处时应当监督侵犯商业秘密和不正当竞争行为,保护权利人的商业秘密。

【实践探究】

(一)信息拓展

随着互联网技术的飞速发展,网络环境下知识产权的保护已成为一个世界性难题。虽然我国在知识产权保护方面取得了一定的进展,但是仍然存在许多问题。在这个背景下,网络环境中的知识产权行政保护亟须加强和创新。

---

① 商业秘密保护规定征求意见:保护商业秘密权利人知识产权及相关利益[EB/OL].(2020-09-04)[2023-02-10].http://ipr.mofcom.gov.cn/article/gnxw/symm/202009/1954728.html.

亟须加强行政执法机构的能力建设,加强对网络领域知识产权侵权行为的监管和打击。要充分利用信息技术手段,提高行政执法机构的监管能力和执法效率。同时,也需要加强协调和合作,各有关部门和机构之间要加强沟通和协作,形成强有力的合力,共同推进知识产权保护工作。

创新方面,首先,要发挥技术创新的作用,加强技术保护,如数字水印、数字版权管理等,使得知识产权得到更好的保护。其次,要加强法律制度创新,对网络领域的知识产权保护进行立法和规范制定,确保法律法规与时俱进,更好地适应网络环境下的知识产权保护需要。最后,还需要创新保护机制,加强公众宣传和教育,提高公众对知识产权保护的意识和重视程度,使得知识产权保护成为全社会的共识和行为准则。

总之,网络环境下知识产权的保护需要各方面的共同努力,加强行政保护和创新保护机制,形成相互协调、独立协作的知识产权保护体系,保护知识产权,推动知识产权的健康运行。

(二)交流讨论

直播视频侵权行为是指未经权利人授权,将其享有著作权、商标权、专利权、肖像权等权利所涉及的作品或物品进行转播、直播或展示的行为,侵犯了权利人的知识产权。直播视频侵权行为的行政责任主要包括以下几点:其一,取缔行政措施。处以责令直播平台立即停止侵权行为,予以查封、冻结涉案账户等取缔行政措施。其二,行政处罚。处以警告、罚款或没收违法所得等行政处罚。其三,职业禁止。对涉嫌直播侵权的人员予以职业禁止,禁止其继续从事相关活动。其四,行政拘留。情节严重的,可以依法予以行政拘留。

总的来说，直播视频侵权行为违法成本较高，一旦被查处，将面临惨重的经济和名誉损失。因此，直播平台和直播用户应当严格遵守知识产权法律法规，在直播过程中要注意保护他人的知识产权，避免侵权行为的发生。

（三）典型案例

在迈克尔·杰弗里·乔丹与商标评审委员会商标争议行政纠纷再审案①中，乔丹公司恶意申请注册争议商标，损害再审申请人的在先姓名权，明显有悖于诚实信用原则。商标评审委员会、乔丹公司主张的市场秩序或者商业成功并不完全是乔丹公司诚信经营的合法成果，而是在一定程度上建立于相关公众误认的基础之上。维护此种市场秩序或者商业成功，不仅不利于保护姓名权人的合法权益，而且不利于保障消费者的利益，更不利于净化商标注册和使用环境。

就前述案例反映的情况而言，在判断商标的知名度与显著性问题上，法官基于诚实信用的价值观判断与方法论分析行使自由裁量权，具有独立的司法意义。诚实信用原则的价值观判断与方法论分析，主要建立在主观诚实信用与客观诚实信用判断与分析这两个层面。但是必须注意到诚实信用原则具有道德规范与法律规范双重意义，与之相对应兼具有法律调节和道德调节的双重功能，其法律调节功能赋予法律以一定的弹性。

【习题】

1.网络环境下侵犯知识产权的行政责任方式有哪些？

---

① 最高人民法院(2016)最高法行再第 27 号行政判决书。

2.侵犯专利权的行政责任是怎么规定的？侵犯专利权的行为有哪些？侵犯专利权的赔偿标准如何确定？

3.侵犯商业秘密行为承担行政责任的依据是什么？

第三节　刑事法律责任

一、网络环境下侵犯著作权刑事法律责任

侵犯著作权的行为也可能导致刑事责任。《刑法》第二百一十七条规定,未经许可复制发行作品达到入罪条件的,可以追究刑事责任。最高人民法院把"复制发行"解释为"复制或发行行为",也就是说单独实施复制行为,或单独实施发行行为都有可能入罪,同时最高人民法院还将通过网络传播作品的行为视为复制行为,这就意味着侵犯信息网络传播权的行为,也可以被追究刑事责任,这样的司法解释是否符合《刑法》立法者的原意值得商榷。《刑法》第二百一十八条规定的销售侵权复制品罪,意思就是故意去销售侵犯他人著作权的复制品,达到入罪门槛的也可以入罪。以营利为目的,实施《刑法》第二百一十八条规定的行为,违法所得数额在十万元以上的,属于"违法所得数额巨大"。所谓的违法所得,指的是行为人在实施知识产权侵犯行为的过程中,通过制造、储存、运输、销售侵权产品所创造的价值。已售出的侵权产品的违法所得根据实际售价计算。对于制造、储存、运输和未销售的侵权产品,其价值应根据其标价或已查明的侵权产品实际销售平均价格进行计算。若侵权产品未能明确标价或无法确定其实际销

售价格,则应以被侵权产品在市场上的中间价格为基准进行计算。

《最高人民法院、最高人民检察院关于办理侵犯知识产权刑事案件具体应用法律若干问题的解释》第十一条规定:"通过信息网络向公众传播他人文字作品、音乐、电影、电视、录像作品、计算机软件及其他作品的行为,应当视为刑法第二百一十七条规定的'复制发行'。"这一规定的目的是保护著作权人的信息网络传播权,防止网络侵权行为的发生和扩散。在网络环境下侵犯著作权刑事法律责任的适用,主要取决于以下几个因素:一是侵权行为是否构成《刑法》第二百一十七条规定的"复制发行";二是侵权行为是否达到《刑法》第二百一十七条规定的"数量较大"或者"其他严重情节";三是侵权行为是否给著作权人造成《刑法》第二百一十七条规定的"重大损失"或者"特别严重后果";四是侵权行为是否存在《刑法》第二百一十七条规定的"情节特别严重"的情形。

(一)侵犯著作权罪怎么赔偿

根据我国著作权法、最高人民法院《关于审理著作权民事纠纷案件适用法律若干问题的解释》的规定,侵犯著作权或者与著作权有关的权利的,侵权人应当对权利人进行赔偿。损害赔偿的金额包括权利人为制止侵权行为所支付的合理开支。在确定损害赔偿金额时,应结合作品的类型、合理使用费、侵权行为的性质和后果等因素,进行综合判断。双方就赔偿金额协商一致的,应予以支持。对侵权行为的损害赔偿,应当以侵权人的实际损害为依据;著作权人的实际损失很难确定的,应当根据侵权人的违法所得予以补偿;但是,如果著作权人受到的损害较大,或者被侵权人受到的损害较大,应当按照情节轻重,给予赔偿;损害赔偿金应包括权利人为停止侵害而发生的合理费用。

(二)侵犯著作权罪如何处罚

对于自然人犯下此罪的行为,法律规定可判处三年以下有期徒刑或拘役,并可处以罚金或单独罚款;赔偿标准是指侵权人因侵害著作权而依法应承担的经济补偿责任或民事侵权损害赔偿责任金额。对于那些所得数额巨大或涉及其他特别严重情节的违法行为,将会被判处三年以上七年以下的有期徒刑,并同时处以罚金。国家工作人员犯《刑法》所定罪名中一个罪或数罪,依照刑法关于共同犯罪的处罚原则,应当从重处罚。对于那些在单位内犯下侵犯著作权罪的人,应当对该单位进行罚款,并对其直接负责的主管人员和其他直接责任人员进行刑事责任的追究。对于共同犯罪人来说,必须承担连带赔偿责任,否则,就不能称其为共同正犯。需要特别留意的是,侵犯著作权罪所涉及的情节属于极其严重的范畴,指的是所获得的违法所得数额巨大,或者存在其他极其严重的情节。对于单位犯《刑法》应当处罚的犯罪分子,如果其犯罪所取得的收益足以弥补其犯罪所负的全部刑罚时,可以不适用《刑法》第二百三十六条第一款的规定。根据司法解释规定,所谓违法所得数额巨大,指的是个人违法所得数额超过十万元,或单位违法所得数额超过五十万元;对已被法院判决或裁定驳回原告起诉而要求赔偿损害金额的,人民法院应予支持。所谓其他特别严重的情况,是指具有下述情形之一:因侵犯著作权被追究刑事责任,又犯侵犯著作权罪的;个人非法经营数额在一百万元以上,单位非法经营数额在五百万元以上的;造成其他特别严重后果的。

虽然现在已经加强了对知识产权的保护,但是现实中关于著作权侵权行为还是经常发生,严重的侵权行为甚至构成犯罪。对于侵权人而言,除给权利人造成了损失之外,自己也需要对自己的侵权行为承担相应的法律责任,包括赔偿责任、行政责任,在构成犯罪的情况下,还需要承担刑事责任。

二、网络环境下侵犯商标刑事法律责任

伴随着信息科技的不断进步,网络销售也成了一种贸易的方式。在网上的交易过程中,我们对网络商品的认识主要是通过浏览页面、点击照片,但是在网络的宣传中,往往很难分辨出哪些商品是真的,哪些是假的。侵权人明知是假冒注册商标的商品,还继续出售,或者将注册商标用在商品、商品的包装、广告宣传、展示产品上,即通过使用这种"偷换概念"的方式来提高自己的营业收入,这属于网络侵犯商标权的一种典型形式。网上购物的广泛普及导致了网上店铺的数量不断增加,从家电到家具,从服装到饰品,几乎什么都有。同时,有些店铺还在网上公开以较低的价格出售仿冒注册商标的货物,有些店铺的出售行为已经触犯了刑事法规,甚至已经构成了犯罪。《刑法》第二百一十三条、第二百一十四条、第二百一十五条规定了三种侵犯商标权的犯罪及其刑事责任。

（一）假冒注册商标罪

《刑法》第二百一十三条规定:"未经注册商标所有人许可,在同一种商品、服务上使用与其注册商标相同的商标,情节严重的,处三年以下有期徒刑,并处或者单处罚金;情节特别严重的,处三年以上十年以下有期徒刑,并处罚金。"该条中的"情节严重"是指非法营业收入超过五万元,或者违法所得超过三万元;假冒两个或两个以上的注册商标,且非法经营金额超过三万元,违法所得超过二万元的。"情节特别严重"是指其中一项非法营业收入超过二十五万元,或者违法所得超过十五万元;假冒两个或两个以上的注册商标,且非法经营金额超过十五万元,或者违法所得金额超过十万元的。

（二）销售假冒注册商标商品罪

《刑法》第二百一十四条规定:"销售明知是假冒注册商标的商品,

违法所得数额较大或者有其他严重情节的,处三年以下有期徒刑,并处或者单处罚金;违法所得数额巨大或者有其他特别严重情节的,处三年以上十年以下有期徒刑,并处罚金。《最高人民法院、最高人民检察院关于办理侵犯知识产权刑事案件具体应用法律若干问题的解释》第二条规定:"销售明知是假冒注册商标的商品,销售金额在五万元以上的,属于刑法第二百一十四条规定的'数额较大',应当以销售假冒注册商标的商品罪判处三年以下有期徒刑或者拘役,并处或者单处罚金。销售金额在二十五万元以上的,属于刑法第二百一十四条规定的'数额巨大',应当以销售假冒注册商标的商品罪判处三年以上七年以下有期徒刑,并处罚金。"

(三)非法制造、销售非法制造的注册商标标识罪

《刑法》第二百一十五条规定:"伪造、擅自制造他人注册商标标识或者销售伪造、擅自制造的注册商标标识,情节严重的,处三年以下有期徒刑,并处或者单处罚金;情节特别严重的,处三年以上十年以下有期徒刑,并处罚金。"首先,该罪的构成要件包括主体、客体、主观方面和客观方面。主体是指一般主体,即任何人都可以成为犯罪主体。客体是指注册商标的专有权利和社会主义市场经济秩序。主观方面是指故意,即明知是他人注册商标标识而伪造、擅自制造或者销售的。客观方面是指伪造、擅自制造或者销售的行为,以及情节严重或者特别严重的结果。其次,该罪与假冒注册商标罪和销售假冒注册商标的商品罪的区别在于:假冒注册商标罪的对象是注册商标,而非法制造、销售非法制造的注册商标标识罪的对象是注册商标标识;销售假冒注册商标的商品罪的行为是销售,而非法制造、销售非法制造的注册商标标识罪的行为是伪造、擅自制造或者销售。再次,该罪的立案和处罚标准根据《最高人民法院最高人民检察院关于办理侵犯知识产权刑事案件具体应用法律若干问题的解释》规定,分为情节严重和情节特

别严重两种情形。最后,该罪的社会危害性和法律价值在于:该罪不仅侵犯了注册商标所有人的合法权益,损害了其商业信誉和市场竞争力,而且也损害了消费者的知情权和选择权,降低了商品质量和安全性,影响了市场秩序和公平竞争,妨碍了科技创新和社会进步。因此,该罪的立法目的是保护注册商标的专有权利,维护社会主义市场经济秩序,促进社会和谐发展。

三、网络环境下侵犯专利刑事责任

《专利法》第六十八条规定,假冒专利构成犯罪的,依法追究刑事责任。假冒专利罪,是指违反国家专利管理法规,假冒他人专利,情节严重的行为。该罪的客体是复杂客体,即国家的专利管理制度和他人的专利权。该罪的客观方面表现为未经专利权人许可,假冒他人专利情节严重的行为。该罪的主体是一般主体,自然人和单位都可以构成本罪。该罪的主观方面只能是故意,即明知未经他人许可,而有意假冒他人专利。《刑法》第二百一十六条规定,假冒他人专利,情节严重的,处三年以下有期徒刑或者拘役,并处或者单处罚金。

四、网络环境下侵犯商业秘密刑事责任

根据《反不正当竞争法》,"不正当手段"包括"盗窃、贿赂、欺诈或者胁迫、电子入侵"等方式。对于"盗窃、贿赂、欺诈或胁迫"的判断,可以结合以往或相关案件(通常是刑事或民事合同案件)的判断结果来认定。计算机网络系统被生效刑事判决认定为破坏计算机信息系统罪的,可视为窃取商业秘密;以提供财物等方式贿赂权利人的工作人员,诱使权利人为被告获取商业秘密的,该工作人员已被生效刑事判决认定为受贿罪。涉嫌行贿等犯罪的,可视为获取商业秘密,以商业

合作名义与权利人签订合同并获取商业秘密,权利人以欺诈为由请求解除合同并获得生效民事判决支持的,可视为以欺诈手段获取商业秘密;以制造把柄、散布谣言等方式胁迫权利人的工作人员获取商业秘密的,可视为为其获取商业秘密。经生效民事判决认定为侵犯隐私权或名誉权的商业秘密,可视为以胁迫手段取得商业秘密。对于新增的"电子入侵"模式,通常作为实现其他行为(如通过黑客、木马等电子入侵手段窃取商业机密)的具体手段,因此一般定义为"窃取"行为。新法实施后,上述窃密行为可作为单一行为予以规范。《刑法修正案(十一)》增加了"电子侵入"获取商业秘密的犯罪行为类型。利用电子侵入方式获取商业秘密具有很强的隐蔽性,而且成本低,收益高,已成为侵犯商业秘密犯罪的重要形式,甚至形成了集团化和跨地区化作案的趋势,应予严厉规制。将"利诱"方式获取商业秘密修改为"贿赂、欺诈"。"利诱"作为罪名表述,具有很大模糊性,其规范内涵一直存在争议,相比之下,贿赂、欺诈的规范表述能够更加明确地确定刑法打击的犯罪行为类型。[①]

【实践探究】

(一)信息拓展

互联网技术的发展促进了网络信息传播方式变革,主要是从传统复制通信到数字通信的变化。其中,深度链接表现为导致网页不跳转,直接显示结果上链方网站上的上链方作品。这种链接方式传输利益,例如点击率、流量收入和广告收入,给上链方带来了实际利益。然而,深度链接是否侵犯了信息网络传播权仍然存在争议。近

[①] 马大卫. 完善商业秘密保护刑法制度安排[EB/OL]. (2022-05-13)[2022-12-18]. https://www.spp.gov.cn/spp/llyj/202205/t20220513_556747.shtml.

年来,关于深度链接的讨论一直是学术研究的热门话题,深度链接侵权的认定影响信息网络传播权的适用。自 2001 年《著作权法》明确规定"信息网络传播权"以来,此类纠纷已成为最重要的著作权案件类型。然而,深度链接自诞生以来,一直处于合法与非法之间的灰色地带,导致法院在判定深度链接是否侵权时陷入两难境地。

在民事案件中,多采用服务器标准、用户感知标准、实质呈现标准、实质替代标准等侵权判定方法,有的案件认定为不构成侵权,有的案件认定为构成侵犯信息网络传播权。在刑事案件中,以侵犯著作权罪对深度链接行为定罪处罚的不在少数。由于刑法谦抑性及刑事启动的慎重性,在民事领域对深度链接行为是否构成侵权存在争议的情况下,该行为是否有必要上升为刑事犯罪行为由刑法调整还存在争议。

(二)交流讨论

在《布莱克法律词典》中,惩罚性赔偿被定义为:"当被告的行为具有轻率、恶意、欺诈性时,(法庭)所判处的超过实际损害的部分。"惩罚性赔偿的实施最早可追溯到 1763 年,英国法官卡梅登恩勋爵在 Huckle v. Money 案中作出的适用惩罚性赔偿判决,这是英国普通法首次对惩罚性赔偿予以确认。美国确认惩罚性赔偿制度是在 1784 年 Genay v. Norris 案中。中国惩罚性赔偿制度的起源可上溯至西周,此阶段以习惯法为主,到唐、宋两代才有了相应的法律条文。在唐宋时期,惩罚性赔偿制度的主要特点是:在赔偿了所有损失之后,对侵权损害的赔偿金额加倍。

我国在知识产权领域首次规定惩罚性赔偿制度是 2013 年修正的《商标法》,其第六十三条规定了"一倍以上三倍以下"的惩罚性赔偿。近年来我国知识产权法不断修改完善,形成了以《民法典》为最高法律位阶,各部门法各司其职的知识产权惩罚性赔偿保护体系。2020 年 5 月 28 日通过的《民法典》规定,故意侵害他人知识产权,情节严重的,被侵权人有权请求相应的惩罚性赔偿。2019 年 4 月 23 日修正的《反不正当竞争法》规定经营者恶意实施侵犯商业秘密行为,情节严重的,可以在按照上述方法确定数额的一倍以上五倍以下确定赔偿数额。2020 年 10 月 17 日修正的《专利法》规定故意侵犯专利权,情节严重的,可以在按照上述方法确定数额的一倍以上五倍以下确定赔偿数额。2020 年 11 月 11 日修正的《著作权法》规定对故意侵犯著作权或者与著作权有关的权利,情节严重的,可以在按照上述方法确定数额的一倍以上五倍以下给予赔偿。

由于知识产权无形性的特点,尤其是在网络环境下,目前,我国对短视频侵权赔偿存在着"举证难"和"赔偿不足"的问题,侵权主体的侵权成本较低,而政府的执法成本较高,导致恶意侵权的现象时有发生。民事赔偿一般以"填平原则"为基准,采用"恢复原状"为主的逻辑,侵权行为只有在实质意义上达到一定损害程度时,才有必要突破私权保护中损害赔偿的"填平原则"而进行额外的救济。

请交流讨论将惩罚性赔偿制度引入短视频侵权治理的必要性。

(三)典型案例

Hermès International v. Rothschild 案(2022)

案情:原告爱马仕(Hermès)公司对其出售的铂金包享有"BIRKIN"商标权及商业外观权。被告 Rothschild 以 METABIRKIN 为商标发布 METABIRKIN NFTS 的广告,并在 OpenSea NFT 市场上通过"智能合约"出售了将近 100 个包含 Hermès 柏金包商标(BIRKIN)的 NFT(Non-fungible token,非同质化代币)数字收藏品。爱马仕公司向纽约南部地区法院起诉,指控

Rothschild 未经授权使用 BIRKIN 商标,构成商标侵权。该案争议焦点是 NFT 上商标的作用和商标的合理使用。该案例能够集中反映当下虚拟商品以及 NFT 面临的商标侵权问题,主要包括:第一,虚拟商品、NFT 如何进行商品分类意义上的属性判断和具体操作,从而在满足日益增长的商标注册需求的基础上减少侵权行为的发生。第二,侵权行为的认定要素。第三,侵权行为的抗辩情形。

该案的商标侵权判断关键在于混淆认定。第一,商标权人商标的显著程度。交互性、可渗透性越强,用户的参与度越高,商标对虚拟世界的影响力也越大,用户对商标、服务来源的判断越容易受到影响。第二,争议商标的相似程度。在将实物商品、服务与虚拟商品在注册分类层面进行实质性区分后,相似性类别判断即可依据传统商标的功能性标准予以确定。第三,争议双方商品的接近程度。在大多数情况下,商标都被完全复刻用以吸引虚拟世界用户和 NFT 购买者的注意。第四,在先商标使用人(商标权人)扩展业务到在后商标使用人(被告)领域的可能性。商标在虚拟世界是否被用于“商业化”目的,取决于该虚拟世界是纯粹娱乐还是具有商业性质的场所,虚拟货币或商品是否可以与现实世界的货币进行交换,以及是否有人从中获益。第五,实际混淆的证据。“虚拟世界”本身的成熟度,人们对“虚拟经济”的认可度。

关于此案商标侵权抗辩关键在于合理使用:基于商品的通用名称、图形、型号;基于言论自由在作品上使用商标。第一,NFT 具有艺术品特性,做数字化转换的底层内容满足构成作品的独创性特征,否则根据现行的商标法原则,NFT 则应当被归类为数字艺术以外的类别。第二,NFT 与铸造目的紧密相连,NFT 的名称与 NFT 的铸造目的紧密相连,是对 NFT 作为数字商品本身特点的描述,即无法通过其他方式对 NFT 功能、内容等进行准确表达。

在 Hermès International v. Rothschild 案中,被告完全复刻 Hermès 所拥有的 BIRKIN 商标以及铂金包的手提包形象,致使用于铸造 NFT 的底层内容不具备任何创造性艺术表达而不能构成艺术品。

(四)调查研究

调研网络平台侵害知识产权的责任规则热点案件。

【习题】

1. 试举例说明网络环境下商标侵权的刑法责任。

2. 网络知识产权惩罚性赔偿的意义是什么?

3. 网络环境下侵害商业秘密的刑法责任主要有哪些? 试举例说明。